教育部产学合作协同育人项目

陕西省一流专业及一流课程建设成果

# 创 业 基 础

主　审　屈险峰　李成仙
主　编　袁合涛
编　委　王本周　迟超楠　熊家婕
　　　　杨　曼　岳红梅

北京大学出版社
PEKING UNIVERSITY PRESS

## 内容简介

本书响应和落实国家有关创业政策，按照教育部《普通本科学校创业教育教学基本要求（试行）》，立足大学生或青年创业者创业能力提升需要编写。全书共分 12 章，分别为创业认知、创业团队、创业机会、创业资源、创业计划、创业财务、创业风险、企业创建、创业模拟、创业训练、创业孵化、创业政策。

本书注重理论与实践的结合，强调实践性和应用性，以培养创业者的创业意识、创业素质和创业能力为主线，融课程思政、线上资源和创业实践于一体，使读者对创业知识有基本的理解与掌握，为创业奠定良好的理论基础。

本书可作为普通高等院校各专业本科生的创业教学用书，也可作为青年创业者的创业培训教材，尤其适合作为有意创业或处于创业初期的创业者的自学参考书。

### 图书在版编目（CIP）数据

创业基础 / 袁合涛主编 . —北京：北京大学出版社，2024.6
ISBN 978-7-301-35040-9

Ⅰ.①创… Ⅱ.①袁… Ⅲ.①大学生－创业－高等学校－教材 Ⅳ.① G647.38

中国国家版本馆 CIP 数据核字 (2024) 第 096171 号

| | |
|---|---|
| 书　　　名 | 创业基础<br>CHUANGYE JICHU |
| 著作责任者 | 袁合涛　主编 |
| 策 划 编 辑 | 吴　迪 |
| 责 任 编 辑 | 林秀丽 |
| 数 字 编 辑 | 蒙俞材 |
| 标 准 书 号 | ISBN 978-7-301-35040-9 |
| 出 版 发 行 | 北京大学出版社 |
| 地　　　址 | 北京市海淀区成府路 205 号　100871 |
| 网　　　址 | http://www.pup.cn　新浪微博：@ 北京大学出版社 |
| 电 子 邮 箱 | 编辑部 pup6@pup.cn　总编室 zpup@pup.cn |
| 电　　　话 | 邮购部 010-62752015　发行部 010-62750672　编辑部 010-62750667 |
| 印 刷 者 | 河北滦县鑫华书刊印刷厂 |
| 经 销 者 | 新华书店 |
| | 787 毫米 ×1092 毫米　16 开本　14.75 印张　359 千字<br>2024 年 6 月第 1 版　2024 年 6 月第 1 次印刷 |
| 定　　　价 | 45.00 元 |

未经许可，不得以任何方式复制或抄袭本书之部分或全部内容。
**版权所有，侵权必究**
举报电话：010-62752024　电子邮箱：fd@pup.cn
图书如有印装质量问题，请与出版部联系，电话：010-62756370

# 前　言

当前，我国经济由高速增长转向高质量发展，这对推动大众创业、万众创新提出了新的、更高的要求。创业是推进社会经济发展、改善民生的重要途径。大学生是我国经济、社会建设的重要力量与后备人才，加强大学生创新精神和创业能力的培养，是普通高校人才培养的战略性问题。深化普通高校创新创业教育改革，是国家实施创新驱动发展战略的迫切需要，是促进普通高校毕业生更高质量创业就业的重要举措。

近年来，普通高校的创新创业教育不断加强，一路高歌、突飞猛进，取得了积极进展，高质量的通识教育逐步实现，敢创会创的创新创业人才培养体系逐渐形成，大学生的创新精神和创业实践已成为社会经济发展的崭新力量和强劲动力。普通高校加强创新创业教育，对提高高等教育质量、促进学生全面发展、推动毕业生创业就业、服务国家现代化建设方面有重要作用。

新时代背景下，作为陕西省首批转型发展试点高校，安康学院认真贯彻落实国家创新创业政策，围绕人才培养定位、创新创业教育和课程思政目标要求，将专业教育与创业教育有机融合，挖掘各类专业课程的创新创业教育资源，并在传授专业知识过程中加强创业教育，积极探索大学生创新能力和创业素质的培养方法，开设"创业基础""创业管理""创业案例"等课程，建设依次递进、有机衔接、科学合理的创新创业教育课程群。安康学院通过大学生创新创业训练计划项目、中国国际大学生创新大赛、"学创杯"全国大学生创业综合模拟大赛、创新创业虚拟仿真实验平台、大学生创新创业实践基地等举措，营造浓厚的创新创业氛围，培养学生勇于开拓和敢于创新的精神。经过十多年的实践，创新创业教育取得了积极成效，形成了一套具有地方特色的"一二三四课堂"协同培养的创新创业人才模式。

基于上述理论和实践，安康学院组织专业教师和优秀创业者按照教育部《普通本科学校创业教育教学基本要求（试行）》联合编写《创业基础》这部教材。该教材由教育部教育现代化推进工程应用型建设高校安康学院的袁合涛副教授/博士编写第1～9章并负责统稿，迟超楠老师编写第10、11章，杨曼副教授编写第12章，熊家婕老师编写创业案例并制作课件。安康学院的屈险峰、李成仙对教材的意识形态进行审查。安康市青年创业协会会长王本周、杭州贝腾科技有限公司陕西分公司总经理岳红梅和中国大学MOOC平台创业管理课程（AKXY005）分别为本书提供创业案例、软件模拟和线上拓展学习资源，安康学院教材建设委员会审核定稿。

本书在编写过程中查阅了近年来创新创业领域的最新动态，借鉴引用了大量的文献和资料，受编写篇幅限制，没有在文中一一注明，只在最后的参考文献中统一列出，有些文献经过多次转载，难以找到首发作者，若出现引用遗漏的情况绝非本意，敬请谅解。

本书是教育部产学合作协同育人项目——创新创业教育与专业教育融合发展改革与实践（231004047284722）、陕西省高等学校一流专业—财务管理、陕西省一流课程"创业管理"（陕教〔2021〕107号）和安康学院教材建设项目（jc202203）共同资助的成果。

在此，向上述所有为本书编写提供帮助、支持、指导的单位和个人表示诚挚的谢意。由于本书编写人员水平有限，书中错误难免，恳请专家和读者批评指正，并提出宝贵意见，以便我们进一步修订和完善。

袁合涛

# 目　　录

## 第1章　创业认知 ·············································································· 1
1.1　创业的概念及要素 ········································································· 1
1.2　创业类型与创业过程 ······································································ 6
1.3　创业精神与创业价值 ······································································ 9
1.4　大学生创业现状分析 ····································································· 11
案例分析 ························································································· 14

## 第2章　创业团队 ············································································· 17
2.1　创业者及创业动机 ········································································ 17
2.2　创业团队的特征与组建原则 ···························································· 24
2.3　创业团队的管理 ··········································································· 30
案例分析 ························································································· 35

## 第3章　创业机会 ············································································· 38
3.1　创业机会识别 ·············································································· 38
3.2　创业项目的市场调查 ····································································· 47
案例分析 ························································································· 53

## 第4章　创业资源 ············································································· 56
4.1　创业资源概述 ·············································································· 56
4.2　创业资源的获取和整合 ·································································· 60
4.3　创业资源的开发 ··········································································· 65
案例分析 ························································································· 71

## 第5章　创业计划 ············································································· 73
5.1　创业计划概述 ·············································································· 73
5.2　创业计划书 ················································································· 77
5.3　创业计划书的撰写和展示 ······························································· 82
5.4　创业计划书评审重点 ····································································· 92
案例分析 ························································································· 94

## 第6章　创业财务 ············································································· 96
6.1　创业融资 ···················································································· 96

6.2　创业财务计划 ·············································································· 101
　　6.3　创业财务分析 ·············································································· 103
　　案例分析 ······························································································ 109

## 第7章　创业风险 ·············································································· 110
　　7.1　创业风险的含义及来源 ································································· 110
　　7.2　创业风险的规避 ·········································································· 113
　　案例分析 ······························································································ 116

## 第8章　企业创建 ·············································································· 118
　　8.1　创业准备 ···················································································· 118
　　8.2　创业项目的定位 ·········································································· 124
　　8.3　新企业的创建条件及法律形式 ······················································· 130
　　8.4　新企业创建的相关法律和伦理问题 ················································ 136
　　案例分析 ······························································································ 139

## 第9章　创业模拟 ·············································································· 141
　　9.1　创业模拟技术在教学上的应用 ······················································· 141
　　9.2　创业模拟软件概述 ······································································· 146
　　9.3　创业模拟平台建设方案 ································································· 149
　　9.4　创业模拟实验控制 ······································································· 157
　　案例分析 ······························································································ 176

## 第10章　创业训练 ············································································ 178
　　10.1　常见的创业训练载体 ·································································· 178
　　10.2　知名创业竞赛 ··········································································· 183
　　10.3　成功案例和经验分享 ·································································· 187
　　案例分析 ······························································································ 192

## 第11章　创业孵化 ············································································ 194
　　11.1　创业孵化概述 ··········································································· 194
　　11.2　创业孵化器与加速器的选择和申请 ··············································· 199
　　11.3　创业孵化的流程管理和案例分享 ·················································· 201
　　案例分析 ······························································································ 204

## 第12章　创业政策 ············································································ 208
　　12.1　国家创业政策 ··········································································· 208
　　12.2　陕西省创业政策 ········································································ 217
　　12.3　创业政策落地见效 ····································································· 222
　　案例分析 ······························································································ 224

## 参考文献 ··························································································· 228

# 第 1 章　创业认知

> **本章学习目标**
> 1. 了解创业类型与创业过程
> 2. 熟悉创业精神与创业价值
> 3. 掌握创业的概念及要素

## 1.1　创业的概念及要素

### 1.1.1　创业的概念

"创业"一词由"创"和"业"两部分组成。"创"作为动词具有始造的意思,即创建、创立,在《辞海》中的解释为创始、首创;在《新华字典》中的释义为开始,开始做。"业"是指事业的基础、根基。"创业"一词在古今中外有不同的定义,随着时代的发展,它又被赋予了多种含义。

1. 国内外对创业的解释

(1) 国外对创业的解释

在国外,英文中创业有两种表达方式,一种是"venture",另一种是"entrepreneurship"。"venture"更倾向于动词的创业,指一个过程;而"entrepreneurship"则表示静态的创业,如创业者、企业家精神等。

"创业"一词的形成,最早可追溯到 15 世纪,当时世界经济处于从手工作坊向手工工场转型的时期。英国等一些西欧国家,其工商业虽然已经得到初步发展,但受地域所限不得不寻求远洋贸易来促进经济的进一步发展。从事远洋贸易需要巨额资本,于是以入股合营方式设立的真正意义上的企业制度应运而生。创建远洋贸易企业无疑需要冒很大的风险,故借用"冒险"(Venture)指"创业"。此后,"venture"一词即广泛见诸各种有关创业活动的英文原著中。二三百年前,"创业"一词出现在经济学文献中。1775 年,爱尔兰经济学家和金融家理查德·坎蒂隆(Richard Cantillon)把在寻求机遇的过程中承担风险的行为与企业家(Entrepreneur)联系在一起,认为企业家的本质就是承担风险,于是"entrepreneurship"被用来表示创业活动。

创业的含义

(2) 国内对创业的解释

古代的"创业"强调的是建立事业的一种终局状态。诸葛亮在《出师表》中说"先帝创业未半而中道崩殂"，这句话里面的"创业"是一种广义的创业，指的是创立帝业，与现在所说的创业不同，其级别更高。在《孟子·梁惠王下》一文中，"君子创业垂统，为可继也"，这里的创业是指创建功业。

从20世纪90年代后期起，"创业"在中国成为非常引人关注的字眼，有关创业的政策纷纷出台，一个鼓励创业、保护创业、崇尚创业的氛围逐渐形成。创业在当今是一个十分重要的社会现象，它已成为这个时代经济增长的一个原动力。

现代的创业强调的是捕捉机会、发现机遇的过程。改革开放以来，创业被描述为个人或团队开创某种事业的活动，如开办工厂、创办企业等。在高等院校创业教育中，创业是指学生以所掌握的知识为基础、以风险投资基金为资助，开创性地将教学科研中的创新成果转化为具有广阔前景的新技术、新产品和新服务，建立起具有发展潜力和影响力的新企业甚至新产业的一系列活动。

"创业"一词在现代汉语中被频繁地使用，其含义大致可以概括为三种：反映创业起始的艰辛与困难；体现创业过程中的开拓与创新；强调新的成就与贡献。因此，创业是创业者通过自己的主观努力而取得新成果的过程。

2. 广义的创业与狭义的创业

创业有广义和狭义之分。

广义的创业重在创业行动，包括创办新企业、壮大旧企业（事业、实体），对任何企业、事业组织、实体、工程等进行拓展、创新、改造、治理、品质提升等行为，都可以划归到创业范畴中，以区别于守业、败业等消极的从业行为。因此，广义的创业涵盖了企业成长过程的任何阶段，即所谓再创业、继续创业、成长型创业、拓展型创业、竞争型创业等。广义的创业与实际的创业情况更加接近，且符合广大创业者对创业科学的认可和关注。

狭义的创业通常是指创办一个新企业，它包括从筹备到企业稳定成长的全过程。例如，创业者开办个体或家庭的小企业，开展相关业务经营活动的过程。目前，大学生所进行的创业就属于狭义的创业，是大学生结合当前经济社会发展状况，根据国家促进大学生就业和创业的政策要求，运用所学的创业知识和专业技能，寻找并抓住创业机会，创造出新产品、新服务，实现人生价值的全过程。

创业的实质是创造价值的过程、创造财富的过程和创建企业的过程。创业活动的创造性体现在实现潜在价值的创造上。创业者通过发现和识别商业机会，组织各种资源提供产品或服务的过程，就是创造价值的过程。这一过程包括创业者、创业机会、组织和资源四种要素。创业是创新的一种衍生，创新能够带来价值，可以解决具体的社会问题，使社会进步成为可能。

创业是创业者通过借鉴、模仿、学习他人的经验和方法，从头做起，独立、自主地进行财富的创造和积累的过程。从广义层面来看，创业包括人类一切带有开拓意义的社会变革活动；从狭义层面来看，创业专指社会上的个人或群体所开展的、以创造财富为目标的社会活动。因此，创业也可以定义为社会上的个人或群体为了改变现状、造福下一代，依靠自己的力量艰苦奋斗而创造财富的过程。

创业需要设立一个创业运作的实体，而这一实体就是企业。创业者依据所属国家及地区的有关法律、法规办理企业的注册登记手续，这是创业过程中的一个重要标志。由此看来，创业是一个创建企业的过程。这是创业与创新的一个重要区别，创业有具体实施的企业实体，而创新只是一种活动；创业活动包括创新，但创新不一定就是创业活动。

综合以上的观点，创业的定义可以归纳为创业者运用自己所掌握的知识和能力，利用现有的有限资源，发现和捕捉机会并由此创办企业，提供新的产品或服务，从而创造财富的过程。它具备如下几个特点。

① 创业是创造出某种有价值的新事物的过程。
② 创业需要贡献必要的时间，付出极大的努力。
③ 创业承担必然存在的风险，如财务、精神、社会领域及家庭等方面的风险。
④ 创业获得报酬、金钱、独立自主、个人满足。

### 1.1.2 创业的要素

既然创业是一个创建企业的过程，那么企业所需具备的要素就成为创业的要素。管理学认为，企业可以看作一个由人的体系、物的体系、社会体系和组织体系组成的协作体系。因此，人的因素、物的因素、社会因素和组织因素就构成创业的要素。

1. 人的因素

毫无疑问，人是创业活动的主体。创业离不开人，人的因素包括以下三个方面的内容。

（1）创业者

创业者可以是一个人，也可以是一个团队。创业对于创业者来说就是一种行为。人的行为背后存在动机，而动机又是由需要引起的。有学者将创业者的动机归纳为争取生存的需要、谋求发展的需要、获得独立的需要、赢得尊重的需要、实现自我价值的需要。可见，创业者的动机直接影响创业过程，创业者的价值观和信念会左右创业内容，从而影响企业的生存和发展。

值得注意的是，在独立经营中，不存在特殊的、似乎更有利于取得成功的个性类型，这是因为：首先，创业机会无限，有些事业适合那些较为外向型的人，而有些事业适合那些善于思考、宁愿躲在幕后的人，创业者完全可以根据自己的个性选择事业；其次，个性特征并不是不可改变的，许多优秀的创业者在他们年轻时都表现得很羞怯，他们真正需要的只是实践而已，一旦机会来临，克服了最初的羞怯后，他们的表现和业绩会令人吃惊；最后，企业并非一定是一个人单独创立的，那些成功的企业往往是由一些性格上互补的几个成员组成创业团队而共同努力的结果。

关于创业者应当具有哪些能力的问题，学者们正在进行研究。我们认为，成功的创业者应当具有敏锐的洞察能力、用人能力、筹资能力和组织协调能力。

（2）企业内部的人际关系

人在社会上不是孤立的个体，而是生活在与他人的关系中，需要与他人互相支撑、互相协作。创业过程中人的因素除了创业者外，还包括企业内部的人际关系。创业者只有处理好这种关系，才能真正发挥团队的作用，形成一种合力，使有限的人力资源发挥更大的作用。

（3）企业外部的人际关系

企业不是一个封闭的体系，而是一个开放的系统，它与外部的供应商、客户、当地政府和社区相互联系。所以，创业过程中人的因素还包括企业外部的人际关系。

> 自测：你是否适合创业？
>
> ① 有利于创业的加分条件。
>
> 无论做什么，总能兢兢业业把本职工作干好。（+20分）
>
> 做工作时容易从中发现一些兴趣。（+10分）
>
> 大多数时候不对工资或其他方面抱怨，满足于在工作中取得一些成果。（+10分）
>
> 对不同性格的人有较强的包容度。（+15分）
>
> 曾独立把一件别人看似不可能或难办的事（无论多小）办成、办好。（+15分）
>
> 认真考虑过如何与一些不好相处的领导或同事相处，并付诸行动。（+15分）
>
> 常年如一日地伺候过一名老人。（+10分）
>
> 拥有一些真心喜欢你、敬佩你的朋友。（+15分）
>
> 曾诚心诚意地向别人道过歉。（+5分）
>
> 不太受媒体的影响，比如一些流行的观点等。（+10分）
>
> ② 不利于创业的减分因素。
>
> 在一个岗位干一段时间就会发现许多问题，觉得这个工作不值得干下去。（-20分）
>
> 对同事间分配的不平衡很愤怒，极大挫伤了工作情绪。（-15分）
>
> 老板不把工资提到相应的幅度就缺乏工作动力。（-10分）
>
> 喜欢时尚，热衷名牌，醉心于广告的魅力并成为它的消费者。（-10分）
>
> 对自己最亲近的人如父母、夫妻的一些缺点总是觉得刺眼，遇到类似的问题时总吵架。（-10分）
>
> 对自己的孩子、侄子等缺乏耐心。（-5分）
>
> 对流行的"对自己一好点儿""率性而为"等观点非常认同。（-10分）
>
> 没有某种长期的、比较鲜明的爱好。（-10分）
>
> ③ 自测结果。如果得分在80分以上，说明比较适合创业；如果得分在60分以下，说明不适合创业。当然，即使当前得分在60分以下，但经过一段时间，由于种种原因，情况发生了变化，也可能由不适合创业变为适合创业。

2. 物的因素

物的因素是创业过程中不可缺少的条件。一个生产企业需要拥有原料、设备、工具、厂房及运输工具等才能生产出产品。创业过程中，物的因素主要包括以下因素。

（1）资金

新《公司法》取消了最低注册资本限制，无论是一人有限责任公司、股份有限公司还是其他类型的公司，认缴出资额、出资方式、出资期限等由股东（发起人）自主约定，并记载于公司章程，不再有最低限制。但是创业需要技术、设备、材料及人员等各方面的资金需求，应该有足够的资金准备以提高创业成功率。

（2）技术

新企业中技术含量的提高成为一个趋势。从硅谷到中关村，在新企业推出的产品中，高技术产品所占的比例越来越高。2020年初，为了遏制新型冠状病毒的传播，市场上急需能够隔离病毒传播的口罩。一些企业及时捕捉到这一信息，并依靠先进的技术占领了这个市场，使企业规模迅速发展壮大。

（3）原材料和产品

对于生产型企业而言，从原材料到产品，存在一个由投入到产出的过程。

（4）生产手段

介于投入和产出之间的是一个"处理器"，对于企业而言，这种"处理器"就是生产手段，其包括设备、工艺以及相关的人员。

3. 社会因素

社会因素是协作体系的一个重要组成部分，创业过程中的社会因素包括两个方面的含义。

（1）创业要得到社会认可

改革开放政策实施以来，创业得到了蓬勃的发展，一个重要的原因在于社会对创业的认可。创业是一个高风险、高回报的活动，如果得不到社会的认可，创业不可能顺利进行。

（2）创业要符合社会发展的要求

企业为社会提供某种产品或服务，是企业成立和生存的根本。松下幸之助曾经说过，企业需要通过事业来完成社会使命，如果事业得不到社会的认可，说明它已经没有存在的价值。

4. 组织因素

组织因素是创业协作的核心，企业只有通过组织的作用才能创造新的价值。人是所有因素中唯一具有能动性的资源，但是这种能动性要通过组织来实现。组织因素具有以下功能。

（1）决策

决策是创业活动中的一项重要职能，既包括对创业目的的规定，又包括对实现创业目的的手段的决定。从创造价值的角度上讲，创业目的的规定显得尤为重要，因为它决定着创业活动的方向，甚至影响着企业的发展。

（2）创建组织

创业通常由一个团队来进行，因此需要对团队进行组织和管理。团队通过分工与协作，才能有条理地完成创业的相关活动。创建组织既包括组织结构的构建，又包括沟通体系的形成。

（3）激励员工

创业需要最大限度地发挥现有人力资源的作用，那么对员工的激励就成为创业活动的一项重要内容。"人心齐，泰山移"，充分调动员工的积极性能够产生一种合力，同时会增加团队的凝聚力。

（4）领导

领导的作用在于能够创造新的价值。对于创业而言，领导的作用没有任何其他因素能够取代。学者将创业的要素归纳为九个以"F"开头的要素，并命名为"成功企业的9F要素"，这些要素分别是创办人（Founder）、抓住重点（Focus）、决策迅速（Fast）、机动灵活（Flexible）、不断创新（Forever Innovating）、精简机构（Flat）、精打细算（Frugal）、待人友好（Friendly）、充满乐趣（Fun）。

## 1.2　创业类型与创业过程

### 1.2.1　创业类型

创业是多种多样的，对创业进行分类是比较复杂的。

**1. 根据创业的目标分类**

根据创业目标的不同，创业可以分为三种类型：自主创业、脱胎创业和二次创业。

（1）自主创业

自主创业是指个人或团队白手起家进行创业。创业的环境及自主创业可能基于各种原因：自己有了发明创造成果，并发现了它的商业价值；独立性强，不愿为别人打工；有条件创业又抓住了创业机会；受其他人自主创业成功的影响；等等。自主创业获得成功的例子不胜枚举，一些赫赫有名的企业家都是白手起家发展起来的。

对创业者来说，自主创业的道路是充满挑战的。在自主创业过程中，创业者的智商、情商和财商可以得到最大限度的发挥。自主创业者可以接触各类人物，从事各类工作，经历各种感受，而不是固定地日复一日地从事单调乏味的工作。自主创业成功，可以获得大量的财富，实现更高的需求，而不是在就业和择业的循环中消磨人生。自主创业的魅力，使许多人跃跃欲试。但是自主创业的难度和风险较大，因为自主创业者往往缺乏足够的资源、经验和支持。资源需要费尽周折地筹集，经验需要在成功与失败的实践中积累，来自各方面的支持十分有限。在自主创业的企业中，有一部分成功了，给自主创业者带来了成功的喜悦和成就感；有一部分失败了或发展缓慢，给自主创业者带来了失败的打击和挫折感。

（2）脱胎创业

脱胎创业是公司内部的管理者从原公司中脱离出来，新成立一个独立企业的创业活动。脱胎创业又称母体脱离创业，这种创业者拥有创业所需的专业知识、经验和关系网络，生产同原公司相近的产品或提供类似的服务。脱胎创业的频繁程度与产品所处的生命周期和行业类型有关，脱胎创业更多地发生在产品生命周期的早期阶段和新兴行业中，因为这一阶段和这一行业的产品供不应求，竞争还不激烈，市场空间很大，预示着巨大的商业机会。脱胎创业的成功与否与脱胎创业者筹集资金和组建团队的能力密切相关。

（3）二次创业

二次创业是指企业内的创业。现在的大企业已经不是创业热潮中的旁观者和被动的应对者,甚至一些知名的大企业,也在积极地寻找和追逐新的、有利可图的创业机会和商业机会,在这种情况下,就会出现所谓的二次创业。

2. 按企业对市场和个人的影响程度分类

(1) 复制型创业

复制型创业是指复制原有公司的经营模式,延续创业者在原公司的流程。虽然这类复制型创业在社会中出现的比率较高,但科技创新贡献率较低、缺乏创业精神的内涵,不是创业管理主要研究的对象。这种类型只能称为"如何开办新公司",因此很少会被列入创业管理课程中作为学习的对象。

(2) 模仿型创业

这是一种特定的创业模式,它涉及创业者观察并模仿他人的成功商业模式。模仿型企业的创新成分虽然很低,但与复制型创业不同之处在于,创业过程具有一定的不确定性,学习过程长,犯错机会多,创业成本较高。创业者能否成功取决于他是否具有适合的人格特性,是否经过系统的创业管理培训,能否掌握正确的市场进入时机。

(3) 安定型创业

企业内部创业即属于安定型创业。例如,研发部门的某小组在开发完成一项新产品后,继续在该企业部门开发另一项新产品。这种类型的创业,虽然具有一定的创造价值,但对创业者而言,本身并没有太大的风险和改变,做的也是比较熟悉的工作。这种创业类型强调的是创新意识和创业精神,而不是新组织的创造。

(4) 冒险型创业

冒险型创业是一种难度很高的创业类型,典型的就是高科技创新创业,对社会而言,它具有很高的科技创新贡献,给创业者本身带来极大改变,同时个人前途命运的不确定性也很高,创业之路将面临很高的失败风险,可一旦成功,所得的回报也很惊人。这种类型的创业者要想获得成功,必须在创业能力、创业时机、创业精神、创业管理、创业模式和创业策略等方面具备很好的素质和潜质。

## 1.2.2 创业过程

创业就是创建一个新企业的过程。像所有的有机体一样,企业也存在一个生命周期。换句话说,一个企业要经历从筹备到建立、起步、发展、成熟、衰退乃至灭亡的过程。尽管每个创业者都希望自己创建的企业能够基业常青,但更多的企业却在成长过程中夭折,能够称得上"百年企业"或者"老字号"的企业更是凤毛麟角。所以,在创业的过程中,要注重企业成长的内在规律,根据其成长期的特点实施有效的管理。

1. 新企业成长期的划分

新企业的成长期是指从筹备到成熟之前的各个时期,可以分为种子期、幼年期、成长期和成熟期。各个时期不仅具有不同的特征,而且所承担的任务和可能存在的风险也各不相同。

2. 创业的过程

企业的成长是一个连续过程,很难在时间上严格地区分各个时期,也很难预测创业到守业的转折点。为了便于理解，不妨将创业过程理解为企业从种子期向成熟期过渡的过程，这个过程可以划分为四个阶段：创业机会的识别和评价、企业的创建、管理体系的形成和新企业的发展。

3. 创业过程的本质

（1）创业过程具有发展性

创业过程是一种生产活动，它以提供产品或服务作为活动的直接结果。创业与一般的生产活动的区别在于它的发展特性。就创业本身来讲，既可以是从无到有的创造，也可以是在现有基础上的革新，但不论是创造还是革新，创业的内涵都是一个从无到有、从弱到强、从幼稚到成熟的过程。发展性是创业过程最重要的特性，成功的创业都有快速稳健的发展过程，维持创业企业的健康发展是创业重要而基本的任务。

创业过程的发展性还在于它的增值效果，增值是生产的必然属性。没有增值，生产就没有意义。利润是市场法则，没有利润，企业就不能生存，在市场环境下，利润和增值是事物的现象和本质，是形式和内容的关系。利润必须以增值为基础，企业才有可能长久存在和发展，增值必须通过利润来体现，企业才能生存。创业需要相关资源，资源是创业的基础，创业的直接结果是产出，产出可以是产品，也可以是服务，但都必须是有用的，或者说是有使用价值的。创业必须增值，作为市场行为，创业必须获取利润，创业的直接目的是增值，没有增值，创业过程就没有意义。

（2）创业过程是一个系统工程

创业的实现是一个复杂的过程，创业者创立的企业是一个投入产出系统，即投入资源，产出产品与服务。创业的过程就是不断地投入资源，以连续地提供产品与服务的过程。能否以最小的资源获得最大的产出，使得企业具有竞争力并盈利，是衡量创业活动成功的标准之一。

创业过程一般包括以下步骤：识别和评价创业机会、拟订创业计划、确定和获取创业资源、管理和发展企业以收获创业价值。创业过程的每一阶段之中又可能同时蕴含着其他阶段的内容，各阶段相辅相成、不可分割，有机集成的创业才是有效和成功的创业过程。

创业过程是一个系统工程，它是由多个创业要素组成的复杂系统。创业是由商机驱动、工作团队和资源三个要素保证的。创业过程始于商机而不是资金、战略、团队或商业计划。在创业初期，真正的商机要比团队的才干和能力或适宜的资源重要。创业团体的作用就是利用自己的创造力，在模糊的、不确切的环境中发现商机或者创造商机，并利用资本市场、环境、外生因素等组织资源领导企业来实现商机的价值。在这个过程中，资源与商机是"适合—存在差距—适合"的动态过程。商业计划的作用是沟通这三个要素质量，使其相互之间达到匹配和平衡状态的语言和规则。

（3）创业过程是一个不断学习的过程

创业活动的模糊性、不确定性和风险性，使得创业团队一开始就要注重学习，学习掌握市场规律，学习组织协调创业资源，学习生产经营管理，学习塑造企业文化，等等。学习的目的在于提高创业团队的素质，使他们不仅有能力对机会和挑战做出反应，而且能根据这种反应的结果来调整和修正思路。

成功的创业过程必然是一种不断地向社会和他人学习的过程，有作为的、与时俱进的创业团队必然是一个学习型组织。

## 1.3 创业精神与创业价值

### 1.3.1 创业精神

创业精神是指在创业者的主观世界中，那些具有开创性的思想、观念、个性、意志、作风和品质等。激情、积极性、适应性、领导力和雄心壮志是创业精神的五大要素。若创业者具备这五种性格特征，则将在创业路途上勇往直前。

创业精神具有高度的综合性、三维整体性、超越历史的先进性、鲜明的时代特性这些基本特征。

创业精神与创业价值

创业精神的本质是创新意识和主动精神，表现为勇于创新、敢当风险、团结合作、坚持不懈等。创业精神的内涵有三个层次：哲学层次的创业思想和创业观念，是人们对于创业的理性认识；心理学层次的创业个性和创业意志，是人们创业的心理基础；行为学层次的创业作风和创业品质，是人们创业的行为模式。

创业者是否具有创业精神将决定创业的成败。创业精神可以在创业过程中慢慢培养，其涉及三个主题。第一个主题是对机会的追求，创业精神是追求环境的趋势和变化而且往往是尚未被人们注意的趋势和变化。第二个主题是创新，创业精神包含了变革、革新、转换和引入新方法—新产品、新服务或者是做生意的新方式。第三个主题是增长，创业者追求增长，他们不满足于停留在小规模或现有的规模上，创业者希望他的企业能够尽可能地增长，员工能够拼命工作。因此创业者在不断寻找新趋势和机会，不断地创新，不断地推出新产品和新的经营方式。

### 1.3.2 创业价值

在这个创业的时代里，传统的事业发展模式逐渐被打破，创造和创新日益得到认同。美国硅谷的发展，早已成为知识界、科技界、企业界有口皆碑的楷模，从那里，人们明白了知识原来可以这样快速地转变为财富，科技原来具有如此大的威力，甚至可以引发产业革命。

1. 经济发展的引擎

创业已成为经济发展的引擎。成功的创业者对社会的影响越来越大，他们能创造工作机会、产品、服务和财富。新的产品和服务满足了市场需求，而且可以刺激新的投资，也就是从需求和供给两个方面促进了经济的增长。在需求方面，新的产品和服务往往会创造出新的市场需求，成为促进经济增长的需求因素；在供给方面，新的资本形式将导致新的生产能力，扩大整个经济的供给能力。

创业可以推动科技创新，可以推动新发明、新产品出现，从而推动经济的发展。此外，创业对于市场体系的完善、市场竞争主体结构的合理化、企业创新能力的提高、企业核心竞争力的获得和强化，以及企业乃至整个经济的国际竞争力的提高都有着非常重要的作用。个人自主创业对于缓解就业压力、解决就业矛盾也是一个重要的途径。从社会角度来看，创业活动的展开有利于自主自强和敢于承担风险等创业精神的培养和社会氛围的形成。

2. 时代的呼唤

发展的、变革的时代要求创业。随着社会的不断进步与发展，人类积累的科技成果和物质基础为人们开创事业提供了充分的物质保障。在这个不断变革的时代中，社会越来越突出人的价值、体现人的发展、显现人的才能，而变革中就蕴藏着各种机会。新技术的层出不穷需要创业者将其产业化，经济全球化是发展的趋势，要振兴我国的经济，就必须大力鼓励创业。

3. 为社会培养精英人才

今天的大学生早已不再是"两耳不闻窗外事，一心只读圣贤书"的"书生"了。大学生创业使社会对大学生群体这一宝贵的人力资源开发和利用给予全新的认识。大学生既处在学知识、长知识的时期，同时又处在思维活跃、创造力强的阶段。对其进行创造力的培养具有十分重要的意义。广义上讲，创业活动也是一种学习，而且是一种为传统教育所忽视的学习，它能够给传统的"两耳不闻窗外事"的大学生提供一个直接接触社会的机会，对大学生开阔视野和提高创新能力都是十分有益的。在现在的许多普通高校中，鼓励开展各种学术科技创新活动和创业计划大赛，就是一种着力于培养学生的创新精神的主要途径。我国大学生群体普遍缺乏合作意识，通过创业过程中的共同合作，能够增进彼此之间的了解，增强大学生的团队精神。

4. 形成全新的成才观

大学生创业概念的出现，给传统的成才观带来较大的冲击。在新的社会环境中，大学生对未来的选择日趋多元化。创业可以作为未来的就业选择，这势必对所有大学生的学习、生活都产生深远影响。大学生将重新设计自己的成才道路，并为成才作好应有的准备。可以这样说，最终选择自主创业的大学生将永远是大学生中的少数，但是这少数创业者一定是出现在这大批有着创业准备的群体中。大学生创业活动将使大学生树立创业意识，这比创业本身更有重要意义，因为在创业意识的推动下，大学生将更重视自身素质的完善和提高，而大学生群体整体素质的提高有利于更优秀、更成熟的创业者诞生。

5. 挑战传统教育

大学生创业给教育提出的挑战包括两方面。一方面是大学生创业出现的问题，暴露出传统教育存在的弊端。传统教育的弊端之一是注重知识的传授，忽视学生能力尤其是创新能力的培养。另一方面是社会和学生对创业的需求，要求教育进行及时的改革。创业需要多学科知识的运用，尤其是商业运作知识，而这正是大学生们所缺乏的。目前，普通高校中存在着诸多妨碍创造型人才培养的因素，专业多、窄，培养的人才基础知识单薄、缺乏综合交叉优势，使人才的适用性和创造性降低；分科教育，使人精于专业，割断了科学与人文的内在联系，削弱了人才创造性思维的基础；等等。通过创业教育，有利于转变教育观念，树立以创新为重点的教育思想。

## 1.4 大学生创业现状分析

### 1.4.1 大学生创业的制约因素

调查显示，约 76.7% 的在校大学生对创业感兴趣，26.8% 的大学生打算创业，但只有 14% 的大学生参加过创业辅导课程或创业大赛，而真正创业成功的大学生仅有 2%。大学生创业存在很多的困难与挑战，主要是内在的制约因素和外在的制约因素。

1. 内在的制约因素

（1）缺乏实践经验

大学生由于实践经验不足，不知如何将所学的理论知识与社会实际联系在一起，往往眼高手低，看到投资热点就盲目跟从，而很难考虑到细节的问题，如项目能否适应社会的发展、企业能否持续生存和发展等；同时，大学生对项目所期待的回报值过高，又没有真正考虑风险所在，因此容易遭受挫折和迷失方向。

大学生创业的优势与劣势

（2）缺乏自信

大部分大学生对创业持悲观态度，缺乏自信是他们最突出的问题。有创业想法的大学生很多，但付诸实践的却很少。这主要是由于他们的创业意识不成熟，没有足够的信心，不相信自己有能力完成创业计划。此外，有些大学生长期过分地依赖父母，自身的心理承受能力较弱，害怕创业失败。

（3）社会资源少，行动能力差

大学生创业者的社会资源很少，其能够得到的社会资源主要来自家庭、亲戚、朋友和同学，且非常有限；对创业的每一个阶段、每一处细节的处理有时需要创业者亲力亲为，但很多大学生行动能力差，不能适应创业活动的开展。

2. 外在的制约因素

（1）社会竞争激烈

受国际环境、国家政策、竞争程度等多方面的影响，市场会不断发展、变化。企业一旦进入市场，就会遇到激烈的竞争。大学生非常缺乏市场意识和竞争意识，对市场不甚了解，常仅凭初步调查就对市场前景充满希望，盲目进入市场使得企业一开始就陷入困境。

（2）创业资金有限

创业的筹备、企业的启动等都需要资金投入，没有资金，再好的创业计划也难以实施，因此，创业者要准备充足的启动资金和流动资金。但是，多数大学生的经济来源主要是父母，而绝大部分家庭能够提供的创业资金很少；同时，在集资方面，大学生也非常欠缺经验。以上因素常常导致大学生的创业资金不足，这成为困扰他们创业的重要因素。

（3）缺乏系统的创业教育指导

目前，普通高校创业教育指导内容和实践还比较缺乏，很多大学生可能有好的创业想法，但由于缺少这方面的教育和经验，不知从何做起。仅少数学生凭自己的摸索进行自我学习、自我培养、自我锻炼，这很难使大学生的自主创业水平在整体上有所提高。

以上情况反映大学生创业是非常艰难的，一些大学生在选择创业后，却因为这样或那样的问题而放弃创业。但机遇与挑战并存，大学生要在创业过程中学会接受挑战、克服困难，从而提高自己的市场生存能力和适应能力。

### 1.4.2 大学生创业的优势与劣势

大学生创业既有其优势，也有劣势。清楚地认识自身的优势和劣势能够帮助大学生更加理智地看待创业活动，既不悲观失望，又不过于盲目自信，这样才能知道自己应该如何创业，如何扫除创业路上的障碍。

1. 大学生创业的优势

（1）有知识

当代大学生接受高等教育，经过大学期间专业知识的学习，学到了很多理论性的知识，有着较高层次的知识优势，是掌握先进技术的高级专业人才。当大学生真正投身于创业中时，理论能够指导实践，在实践中能够快速地学习、迅速成长。大学生有能力创办技术含量高的企业，学以致用，用知识创业。很多投资家看中的就是大学生所掌握的先进技术，因而愿意对其创业进行投资。

（2）有创意

大学生具有新颖的思维方式，容易对新奇的事物产生兴趣，在大学学习了各种专业知识后，会产生许多有创意的想法，具有创新思维。大学生敢于创新，喜欢用非传统、最吸引人的方式来表现自己的想法，有挑战传统观念和传统行业的欲望。大学生富有创意、善于创新的优点往往成为大学生创业的动力源泉，是日后创业成功的基础。

（3）有激情

大学生是年轻、有激情、有活力的一族，是推动社会进步的栋梁之材。大学生朝气蓬勃，对未来充满希望。为了心中的梦想，他们勇于挑战，具有"初生牛犊不怕虎"的精神。这些都是创业者不可或缺的。

2. 大学生创业的劣势

（1）综合素质不高

创业之路充满艰险与曲折。创业者要面对变幻莫测的市场环境及各种可能出现的问题，这需要创业者能够始终保持积极、稳健的心态。企业的运作和成长都需要创业者经营管理方面的知识。在市场经济中，企业与政府、消费者、合作伙伴、竞争对手等有着复杂的联系，这需要创业者具备社会交往的能力。大学生在这些方面的综合素质是非常欠缺的，对于创业中的挫折和失败，没有充足的心理准备。由于经验不足，大学生常不能很好地解决在创业中出现的人事、财务、物资等方面的实际问题。

（2）缺乏市场意识

不少大学生在向投资者描述产品时大谈技术如何领先与独特，却不了解产品究竟有多大的市场空间，忽略了产品本身的市场价值。对于目标市场定位、营销手段组合这些重要方面，大学生通常没有清晰的概念。由于缺乏市场意识，许多大学生没有明确的市场营销计划，不注意考察市场状况，无法把握市场脉搏，不能识别市场风险，不懂得利用产品品牌拓展市场。

（3）缺乏吃苦耐劳的精神

创业并不是一件容易的事，一个人要想有所作为，必须具备吃苦耐劳的精神，能够忍受物质生活和精神生活的极度匮乏，经受得起肉体上与精神上的严峻考验。现在的很多大学生是独生子女，从小就受到家庭长辈们的宠爱，娇生惯养，很多事情不需要亲手去做，因而在长大后遇到困难时首先想到的是向他人求助而不是独自解决，缺少劳动的锻炼，经受不了意志的考验。这些大学生喜欢不劳而获、贪图享受，甚至有的大学生因为工作辛苦而宁愿待在家中依靠父母。

## 1.4.3 大学生正确创业观的树立

如何树立正确的创业观，为自己铺就一条创业的平坦道路，对准备创业的大学生来说是十分重要的。

1. 端正态度，正确看待创业

创业是市场经济条件下大学生个体自我发展的需要。随着市场经济体制的逐步完善，市场观念深入人心，创业能够满足大学生追求进取务实、协调并重的创业观取向，能使大学生通过自己的积极思考，确定自己的人生目标，最大限度地于职业生涯中实现自己的人生价值，为社会做出应有的贡献。创业不再排除个人利益、理想、事业发展三方面的追求，能够实现社会利益与个人利益兼顾、事业与利益兼得。

在时代的大潮中，大学生创业的激情高涨，但是，创业更需要理智。拥有激情并不表示创业就能取得成功，创业需要回归理智，创业的激情只能作为创业初期的推动力，接下来还有漫长的道路要走，需要艰辛地付出。大学生应该理智地看到创业既有成功又有失败，明白大学生创业的优势与劣势，学会处理创业过程中主观和现实之间的矛盾与冲突，运用辩证的方法，明辨是非曲直，纠正认知上的误区，从思想上对创业有科学而现实的认识。

2. 明确创业目标

创业前，大学生要弄清楚自己为什么要创业、如何去创业；要了解自己的个性特征，明确自己的创业动机；要树立正确的、符合社会要求的、远大的创业目标。创业者要有高瞻远瞩的视角，知道自己的目标在哪儿，通过哪些途径可以实现目标，目前处于哪一个阶段，以及正在面临哪些问题，等等。

此外，创业者在创业前还要进行科学合理的创业规划。创业规划应包括项目的选择、商业模式的选取、盈利模式的确定等，这要以创业者对市场的充分调查为基础，体现出创业者的市场洞察力和创业的目标性。严谨的创业计划能够保证创业有一个良好的开端和正确的努力方向，有利于提高创业成功的概率。

### 3. 转变观念，提高创业能力

每个成功的创业者绝不能因循守旧、墨守成规，应学会观察国内外市场的变化，以善于变革的精神去迎接创业的挑战。创业的过程是一个系统工程，它要求创业者在企业定位、战略策划、生产组织、团队组建、财务管理等领域有一定的知识积累。

大学生创业能力能否提高是创业成败的决定因素。在校大学生应充分利用大学校园提供的平台，积极汲取各方面的知识，通过专业课学习、各种校园活动及社会实践活动不断扩大自己的视野；积极参加一些社团活动及志愿者活动，在活动中锻炼与人沟通、协作的能力，树立团队意识；增强自主学习的能力，在学习中培养创新的思维与发展的意识，在日常学习中不断积累并逐渐增强创业的自信心。

### 4. 积极实践，丰富社会经验

创业过程中，不仅要学习文化知识，还要在所从事的行业中积累相关经验，提高自己对行业特点、行业发展情况的深刻了解。大学生长期身处校园环境当中，与社会的接触很少，非常需要积累社会经验。

大学生应该积极参加学校举办的创业大赛及创业实践活动，还应该进入企业参加社会实践活动，这样可以了解社会、观察社会，不断提高自身的创业实践能力。

## 用"新"办职业教育 "创"出一片新天地

1999年，年仅19岁的王本周，放弃公办教师身份，只身闯入民办教育领域，从一间出租屋、一名教师、一个学生、一台计算机做起，创办安康育英计算机学校（现安康育英中等职业学校）。

### 必须有自己的"地盘"

下雨天，学生宿舍就要拿盆子去接屋顶的漏水；大晴天，学生又要为练车学员让场地。室外活动无法开展……每每回想起租赁场地办学的艰苦岁月，王本周总是感慨万千，拥有自己的校园，成了他那时最大的心愿。

经过反复论证，他作出了征地建校的决策。建一所自己的校园，想法很美好，现实却很残酷，资金、选址、规划、建设、审批……这背后所要经历的困难、承受的压力和拥有的智慧，是无法想象的。

几经选址，王本周最终将校址选定在了安康市汉滨区建民办长岭南路，安康学院北校区的西侧。那时的长岭南路，还是一片荒芜，道路未通的斜坡地。在这样一种环境下建学校，工程量有多大？困难有多少？常人是无法体会的。

"办法总比困难多！"这是王本周经常说的一句话。也许正是在这句话的激励下，移土添坡，昼夜施工，短短的一年时间，一期的两栋楼拔地而起。艰难困苦，玉汝于成。2014年9月，安康育英中等职业学校完成整体北迁，结束了15年租赁办学的历史，王本周实现了拥有自己地盘办学的心愿。2021年，历时8年的基础设施建设已全面完成，学校实现华丽转身，步入新征程，王本周踏上了他践行"职教梦"的新征程。

### 关起门办不出好教育

办学阵地有了，但人们对职业教育的认同感并不高，迁入新校区时全校只有300多名学生。学校没有吸引力，怎么办教育？在实践探索中，王本周逐渐认识到，职业教育不是关在屋子里的教育，而是要为社会服务，不仅社会要了解职业教育，职教人更要主动适应需求、贴近社会、服务企业。

为此，他带领一干人，始终围绕区域经济发展，积极调整办学思路，建立与市场紧密对接的运行机制，先后与陕西理工大学、西安理工大学、陕西中医药大学等联办高等函授、教育；与咸阳职业技术学院联合打通中职升高职的渠道，拓宽升学和就业两条通道，成就学生上大学和高薪就业的梦想；承担市、区人社部门就业技能工程培训。学校形成了高等教育先导、中职教育主体、技能培训补充的办学格局，走出了一条"利用专业办产业，办好产业促专业"的特色发展之路。经过不懈努力，学校的办学质量稳步提升，社会声誉与日俱增，现有各层次在籍学生5500余人，专职、兼职教职工220余人。

### 让学生成才才是硬道理

王本周认为，不是只有上高中、考好大学才有好出路，三百六十行，行行出人才，不管是学术钻研还是技能操作，要选择适合自己的赛道才是明智之举。接受职业教育的学生能实现上大学的梦想，又能阳光、体面、高薪就业，实现长远发展……

"王校长，我今年七月份大专毕业了，现在被中国工程物理研究院录用了。"这是2022年7月，2019届毕业生周礼杰发给王本周的一条微信。刚收到微信时，他还有点不相信，直到周礼杰坐在他跟前，把录取通知书递到他手中时，了解了具体情况后，他才相信。王本周对周礼杰说："只要我们坚定信念、勇于拼搏，中职生同样可以实现人生的逆袭，同样可以书写人生的辉煌。"

田鑫是2021届护理专业中职毕业生，现在是一名在校高职生。在学校学习期间，她是全校优秀学生代表，2019年获得陕西省高职技能大赛"三等奖""安康市技能之星"和首次设立的中等职业教育国家奖学金，2020年获得陕西省中职技能大赛"一等奖"，2023年她获得陕西省高职技能大赛"一等奖"。

历届学生中，类似实现"弯道超车"、更大"逆袭"的典型还有很多。"让学生成才，让家长满意，让社会认同，让政府放心，为安康经济社会培养优秀的技能型人才！"始终是王本周办学的初心。

### 职业教育的尊严是干出来的

职业教育的尊严是职教人干出来的，安康育英中等职业学校的地位是育英人干出来的。王本周带领全体育英人勠力同心、踔厉奋发，深入落实立德树人根本任务，以"316工程""教学诊改""省级平安校园创建""五星级党组织创建""双达标"等为抓手，突出党建引领，改善基础设施，巩固办学规模，提升教学质量，创新德育模式，优化师资结构，狠抓平安稳定。

历经天华成此景,人间万事出艰辛。如今的育英,颜值陡增,面貌日新,硕果累累,办学条件大幅提升,校园环境更加美丽,育人氛围更加浓厚。"办高质量的职业学校!"成了王本周办学的新目标。

资料来源:安康市青年创业协会会长王本周供稿

◆ **思考与讨论**

1. 通过上述案例,分析创业成功的关键是什么?
2. 王本周的创业精神给创业者带来哪些启示?
3. 分析创业认知对于创业实践的促进作用。
4. 探讨大学生在创业过程中存在的困难,以及应对困难的对策。

# 第 2 章　创业团队

> **本章学习目标**
> 1. 了解创业者应具备的能力与素质
> 2. 熟悉创业团队管理的内容
> 3. 掌握创业团队的组建方法

## 2.1　创业者及创业动机

创业的成败可能受多种外界因素的影响，其中最关键的因素是人的因素。在创业过程中，人才资源是第一资源，创业者及其团队在创业活动中发挥着举足轻重的作用。

### 2.1.1　创业者

创业者的概念涉及管理学和经济学。创业者是创业活动的主体，是具有创业意向和能力的早期企业家。在市场经济条件下，创业者一般都是自然形成的，其中作为核心的个人或团队往往起着决定作用。优秀的创业者具有高度的能动性，能够在不断变化的环境中主动适应局势的变动，充分利用创业环境和资源成功创业。

创业者与创业团队

1. 创业者的概念

1800 年，法国经济学家萨伊（Say）首次明确给出了"创业者"的概念。他认为创业者是将经济资源从生产率较低区域转移到生产率较高区域的人，并认为创业者是经济活动过程中的代理人。

美籍奥地利政治经济学家熊彼特（Schumpeter）和美国管理学大师德鲁克（Drucker）认为，创业者必须具备创新精神。熊彼特认为，创业者必须以与现在不同的方式运用现有的生产方法，实现新的生产要素分配结合方式。德鲁克认为，只有通过运用管理观念和技术，创立全新的市场氛围和新消费者群体，才能体现创业者的创业精神。

目前，在理论界和企业界用得相对较多的创业者的概念是把创业者看成组织、管理一个生意或企业并承担风险的人。一般认为其有两个基本含义：一是企业家，指现有企业中负责经营和决策的领导人；二是创始人，指即将创办新企业或刚刚创办新企业的领导人。

此外，还有一种定义是从创业者包含的范围出发，把创业者的概念分为狭义与广义两种：狭义的创业者是指参与创业活动的核心人员；广义的创业者是指参与创业活动的全部人员。

总体来说,创业者的概念主要包含以下内容。

(1) 创业者是创业活动的主体

创业者作为创业活动的主体,是新企业创建过程中的领导者、策划者和实践者,承担着一系列新企业所需履行的职能,主要体现在以下两个方面。

① 创业者是创业机会的发现者。创业活动始于创业机会的发现和识别。个体之所以能够成为创业者,就在于他是创业机会的发现者。创业者发现创业机会的过程是一个不断调整、反复权衡的过程,且由于不同创业者的个人能力、拥有资源等方面的差异,其关注的创业机会也不尽相同。

② 创业者是创业的主要组织者。组织是管理的基本职能之一,创业者在进行创业管理的过程中,必须有效组织创业资源,才能获得创业的成功。作为整个创业活动的发起人和领导者,创业者必须对人力资源、技术资源、物质资源和财务资源等生产要素进行有效的组织和管理,这样才能使新创立的企业迅速运转起来。

(2) 创业者是早期的企业家

创业者作为早期的企业家,具备了企业家的基本职能,主要集中体现在以下三个方面。

① 企业家是创新者。熊彼特指出,企业家是企业的一种最重要、独特的生产力要素,他将企业家置于促进经济发展的高度来理解,认为经济发展的源泉在于创新,即实现生产要素的新组合,而进行新组合的主体就是企业家。同时,熊彼特还认为,创新是企业家对新产品、新市场、新生产方式、新组织的开拓以及新的原材料来源的控制和调配,企业家是"创新的灵魂",企业家就是创新者。

② 企业家是风险承担者。爱尔兰经济学家和金融家坎蒂隆(Cantillon)曾经将企业家与风险承担者联系起来,美国经济学家奈特(Knight)则将企业家看作风险承担者的最主要的人物。奈特认为,厂商为了市场需求而生产,而市场需求存在不确定性,企业家就是在不确定的环境中进行决策并承担决策风险的人。冒险是企业家精神的天性,如果没有敢冒风险和承担风险的魄力,那么个体就不可能成为企业家。

③ 企业家是资产的代理人及决策者。制度经济学派从技术决定论出发,认为最重要的生产力要素决定社会权力转移和社会制度演进,封建时代的最重要的生产力要素是土地,资本主义时代最重要的生产力要素是资本;当储蓄超过投资时,资本的决定力下降,最重要的生产力要素变为专门的知识及与之相适应的组织形式(即管理者的才能),此时理论知识成为社会核心和决策的依靠,权力从资本家转移到"技术阶层",即科技人员、管理人员。英国经济学家科斯(Coase)在"企业的性质"一文中,从产权关系的角度研究企业、企业家及现代企业制度,提出了在产权关系下解决企业经营者的激励、约束、监督等问题,而根据经营权与所有权分离的产权理论,委托代理关系随之产生,企业家的角色就是资产的代理人。

上述三项企业家的基本职能,创业者在创业的过程中都要具体承担。由此可见,创业者作为创业活动的主体,其本质上还是早期的企业家。因此,创业者是机会发现者、中心签约人、主要组织者、创新者、风险承担者、资产的代理人和决策者,企业家是创业者创业成功的代表,是创业者的奋斗目标,是创业者的学习对象。创业者与企业家的区别和联系主要在于:早期的企业家是创业者,但创业基本完成以后的企业家一般不被看作创业者;创业者需要伴随着新企业的成长而逐渐向企业家角色转换,企业家则需要时刻保持着创业精神。

2. 创业者的类型

关于创业者的类型有多种分类标准，根据创业的相关特点，创业者大致可以分为以下几类。

（1）生产型创业者，指通过创办企业推出产品的创业者，以生产技术为主体，通常产品科技含量较高。

（2）管理型创业者，指那些综合能力较强的创业者，他们对专业知识十分精通，而且对企业的管理、运作、市场、财务等十分熟悉，能够通过各种有效的企业管理手段带动企业前进。

（3）市场型创业者，市场型创业者的一个重要特点是注重市场，善于把握市场变化机会。在中国从计划经济向市场经济转变过程中，涌现出了大批的市场型创业者。海尔集团总裁张瑞敏就有句名言："三只眼睛看世界。"意思就是计划经济时期企业只要一只眼，即盯住政府就可以了；市场经济条件下的企业则需要有两只眼，一只眼盯住市场，另一只眼盯住员工；转型期的企业则需要具备第三只眼，也就是说除盯住市场和员工之外，还要盯住政府出台的政策。

（4）科技型创业者，指与普通高校和科研机构相关联，以高科技为依托创办企业的创业者。20世纪80年代之后，为了鼓励科技成果转化为生产力，我国推出了一系列鼓励普通高校和科研机构创办企业的措施。许多知名科技企业的前身就是原来的"校办企业"和科研机构创办的"所办企业"，如北大方正、清华同方及联想集团等。

（5）金融型创业者，实际上是一种风险投资家，他们向企业提供的不仅仅是资金，更重要的是专业特长和管理经验。金融型创业者不仅参与企业的经营方针和规划的制定，还参与企业的营销战略制定、资本运营及人力资源管理。

3. 创业者的特征

创业者是创业活动的核心和创业成功的关键因素，因此需要对创业者所具备的素质特征和能力特征进行研究，探索什么样的人适合做创业者。尽管每位成功的创业者走过的道路、所从事的行业及所做的项目都不同，创建的企业的规模也有差异，但人们却能够从他们身上发现许多相同的特征。

（1）心理特征

成功的创业者一般具备以下几种心理特征。

创业活动获得成功，某种程度上不是为了获得社会的承认或声望，而是为了达到个体自我实现需要的满足；创业者希望承担决策的个人责任，在解决问题、确立目标和通过个人的能力达到某些目标时负有责任；喜欢具有一定风险的决策；对决策结果感兴趣，不喜欢单调的、重复性的工作。

① 成就需要。从成就动机理论出发，对成功的创业者具有的特征进行分析可以发现，那些具备创业心理特征的人比不具备创业心理特征的人具有更高的实施创业行为的倾向。

② 自信。创业者不仅要相信自己，还要相信自己正在追求的事业。这样不仅可以使创业者能在失败之后振作起来，还能使其从失败中吸取教训，以增加下一次创业成功的概率。自信对创业者非常重要，创业者走的是其他人没有走过或不敢走的路，因此创业者只

有自信才能顶住压力，坚持自己的目标，最终取得创业的成功。

③ 开放的心态。现代社会，新事物层出不穷，开放的心态可以使创业者发现更多的创业机会。创业者要能认识到自己的局限性和改进的必要性，意志坚定但不僵化、不拒绝改变，必要时勇于变革和敢于承担责任。

④ 创业精神。创业精神是创业团队集体的精神状态和对事业所持的态度。创业者要发扬创业精神，没有创业精神的创业不能称为创业，更不能成功。

（2）行为特征

创业者所从事的是以冒险、创新、主动行动为特征的活动，因而对其素质和能力具有许多独特的要求。一般来说，成功的创业者应具有独立性、创造性、进攻性、坚韧不拔、脚踏实地、雷厉风行等行为特征。

① 独立性。决定创业的人要认识到什么是真正的独立性。真正的独立性首先要做到思想上的独立，即承认专家权威的存在，但不盲目听从他们的建议，而是要用自己的头脑去思考他们所提出的建议对于自己是否可用。这种思想的独立性是创业者的基本素质之一。

② 创造性。市场竞争在现代经济下显得异常激烈，因此创业者一定要善于独辟蹊径，无论是在产品生产和包装设计上，还是在营销方式、售后服务等方面都要有创造性，以凸显企业产品的特性，增强产品的竞争力。

③ 进攻性。创业者必须具有进攻性，要勇于尝试、主动出击，充分发挥自己的主观能动性，这样才可能发现并抓住稍纵即逝的市场良机，从而踏上成功的创业之路。需要注意的是，创业者要善于发挥进攻性，攻击对手的弱项，但要杜绝把进攻性引入人际关系，否则会带来许多麻烦。创业者在待人接物方面，即使是在与对手谈判时，也要保持头脑清醒、冷静，不要一味地与人争斗。

④ 坚韧不拔。创业道路上既有成功也有失败，无论面对成功还是失败，创业者都要充分发挥坚韧不拔的品性，时刻做到心中有数。在面对挫折与失败时，创业者要靠坚韧不拔的精神去克服困难，凭借顽强的毅力去承受失败的打击。

⑤ 脚踏实地、雷厉风行。创业者的创业点子只有通过实际的行动才能变成现实。巴顿（Patton）将军曾说："一个能立刻执行的好计划，远胜于一个在下周才能执行的完美计划。"如果创业者只有好的创业点子而没有脚踏实地、雷厉风行的实际创业行动，那么所谓创业就是一场空谈。

（3）知识特征

如果创业者想在某一行业中脱颖而出，却没有厚实的知识基础，那么创业活动就无从谈起，因此，创业者应该具备相应的基础知识和专业知识。

① 创业者应具备坚实的基础知识。创业者掌握的基础知识的水平关系到创业者分析、判断和解决问题能力的强弱和企业的发展前途。创业者应通晓的基础知识主要有政治学、组织学、行为科学、经济学、计算机应用、逻辑学、法学、会计学、统计学及心理学等。这些基础知识为创业者正确分析企业内外环境和自身的优势、劣势，预测行业的发展趋势奠定了基础，是创业活动开展的必备智力条件。

② 创业者应具备广博的专业知识。要想取得创业的成功，把企业做强、做大，创业者还应具备人力资源管理、市场营销管理、财务管理、战略管理、生产管理等专业知识。这些专业知识为新企业的正常运转、利润赚取和长远发展提供了保障。

③ 创业者知识的更新与完善。一个人不可能同时精通上文提到的所有知识，创业者可以通过组建优势互补的创业团队，也可以通过学习来更新和完善知识。创业者学习知识的主要途径有阅读、参加学习班、与创业成功人士交流及实践等。

（4）能力特征

创业者要成功创业就需要多种能力，主要包括经营能力、领导和管理能力、人际关系能力、判断决策能力、风险评估能力等。

① 经营能力。经营能力是创业成功的关键，创业者首先要成为一个出色的经营者。创业成功的关键在于把创新思路及计划付诸实践，最后转化为现实，而经营能力是创业者实现创业梦想应具备的重要能力之一。

② 领导和管理能力。一些大学生在创业的初始阶段确实存在"孤身奋战"的状况，但这种状况不会持续很久。随着新企业的逐步发展壮大，创业必然进入集体化运作阶段。既然企业的发展要靠团队成员的共同努力来实现，那么创业者如何领导团队成员共同奋斗，并做好各项事务的管理就成为重中之重。可以说，创业者的领导和管理水平会决定新企业的发展。

③ 人际关系能力。对于处于起步阶段的新企业来说，创业者在与利益相关者打交道的过程中需要具备处理各种人际关系的能力。

④ 判断决策能力。判断决策能力是创业者必不可少的关键能力，包括创业者的创新能力、环境洞察力和应变力。创业者在判断决策过程中，经常需要多方面思考问题，并不断提出解决问题的新方法；他们要提出多种备选方案，预测各种备选方案的结果，并根据当时的具体环境选出其中最适合的方案，这一过程是上述诸多能力的结合。在新企业发展的过程中，判断决策能力会影响企业的经营思路、业务方向，对新企业成长的重要性不言而喻。

⑤ 风险评估能力。目前，创业的冒进现象较为普遍，很多人在进入某个业务领域前并没有认真评估该领域可能存在的风险，一旦在该领域创业失败，就迫不及待地进入别的领域，结果陷入了"屡试屡败，屡败屡试"的怪圈。在大学生创业的过程中，创业者的自信绝不能建立在无视风险的基础上，否则自信就变成了自大，会给创业带来极大的不利影响。

以上对创业者的素质要求，个体难以完全具备，这说明了组建创业团队的必要性和重要性，也说明了在选择创业团队成员时，创业者要考虑团队成员应具备哪些素质，还要考虑团队成员是否具有互补性。

## 2.1.2 创业动机

每个人都有可能成为创业者，但是对于大多数人来说，只有在创业的外部环境刺激和内部动力结合起来时才会真正采取创业行动。个体必须具备价值创造性、创业主动性及自身想法的独特性，才能真正算是一个创业者。不同创业者的创业动机各不相同，因此所产生的创业行为与创业结果也会有很大的差异。

1. 创业动机的概念

创业行为作为一种具有主动性、创造性的社会行动，是由创业动机所推动的。德国社会学家韦伯（Weber）在《经济与社会》一书中明确指出社会行动必须具备两个条件：一是行动者个人赋予其行动以意义，即行动者个人采取行动的动机；二是行动者所采取的行动包含着以他人的行为为目标，即行动者主观意识到与他人的联系。可见，动机是直接推动个体活动达到一定目的的内部动力。

要分析创业者成功的创业行为，就必须分析他们的创业动机。人的动机是由需要激发的。当需要得不到满足时，人们会呈现出焦虑的状态，由此产生动机，指导自身行动以达到一定目的来满足需要。马斯洛需求层次理论将人的需求从低到高分为五个层次，分别为生理的需要、安全的需要、爱与归属的需要、尊重的需要和自我实现的需要。这五个层次的需要可以分为两级，其中生理的需要、安全的需要和爱与归属的需要都属于低级需要，这些需要通过外部条件就可以满足；而尊重的需要和自我实现的需要是高级需要，其是通过内部条件才能满足的。

对于创业者而言，某方面的需求激发了其创业动机，而创业动机的形成引发了创业行为。熊彼特对创业者的创业动机在精神层面进行了剖析，将创业动机归结为建设私人王国，对胜利的热情，创造的喜悦。具体来说，创业动机主要包括以下几个方面。

① 创业可以主宰自己，充分发挥自己的才干。许多"上班族"之所以感到厌倦，对工作的积极性不高，其重要原因之一就是觉得自己是在为别人打工，个人的创意、想法往往得不到肯定，才能无法充分发挥，愿望得不到实现，缺乏成就感，行事有诸多约束。而创业则可以使"上班族"完全摆脱原有的种种烦恼，摆脱在行为上受制于人的局面，充分施展自己的才华，发挥自己最大的潜能，使自己的人生价值得到更好的体现。

② 创业可以帮助个人积累财富，一定程度上满足个人对物质的追求欲望。工薪阶层的收入有高有低，但都是有限的，没有大的提升空间，而摆脱个人收入不高的烦恼是可以尝试开创一份完全属于自己的事业。据有关资料统计，在福布斯富豪榜前400名富豪中，75%的人是第一代的创业者；而在中国富豪榜中，以创业起家的富豪也不在少数。

③ 创业能够使个人有机会和实力回馈社会，获得极高的成就感。创业者创办的企业一方面为社会提供了产品或服务，另一方面也为个人和社会创造了财富。企业应融入社会再生产的大循环之中，从多个环节为国家和社会作出贡献，而创业者能够从这种贡献中收获巨大的成就感。

④ 创业使个人能够从事自己喜欢的事业并从中获得乐趣。创业者在选择创业项目时，通常都会从个人感兴趣的领域入手，将其与自己的知识技能、专业特长等结合起来。从另一个角度讲，创业者从事自己喜欢的事业，可以使创业成为一种乐趣。

⑤ 创业可以使个人从挑战和风险中得到别样的享受。创业的过程充满挑战和风险，同时也充满克服种种挑战的无穷乐趣。创业者可以通过克服创业过程中的重重困难来丰富自己的人生体验，获得精神上的享受。

总之，创业是实现人生理想和价值、获得自身全面发展的有效途径，而创业动机有效地推动了创业活动的开展。

2. 创业动机的分类

创业动机主要分为生存型动机、机会型动机和混合型动机。

(1) 生存型动机

生存型动机一般只是因追求财务绩效和个人财富的增加而产生的创业动机，创业者关注的是如何用最小的成本获取最大的利润。这一类创业者在企业的经营上相对保守，并倾向于规避风险，注重良好的经营环境保障，通常把金钱和利润作为首先考虑的问题。生存型动机的创业者最初并不是倾向于创业，而是倾向于就业，其初始的愿望是找到满意的工作来实现自己的理想，而不是谋求独立、自主创业，他们由于就业不如意，才被迫由寻求满意的工作转向创业。生存型动机的创业者往往缺乏创业的信心，对创业成功的把握不大。

(2) 机会型动机

机会型动机是以实现个人理想、体现个人价值为目的的，创业者总能抓住市场机会进行创业。新一代的创业者思想开放、自我意识更强，他们创业的动机不再仅仅是填饱肚子，而是将创业作为自己的追求和理想。在决定创业之前，他们已经做好了独立自主、自我创业的准备。

机会型动机的创业者更倾向于利用市场机会，对创业充满信心，主动将创业作为最佳的职业选择。他们积极进取，树立良好的企业形象，努力获得社会的认可，与政府保持良好的合作关系，对政策和信息高度重视，优惠政策对于他们来说就是难得的机会。

(3) 混合型动机

混合型动机是由生存型动机和机会型动机交织形成的动机。个体的动机是复杂的，往往是由多种基本需要共同决定，而不是由单一的需要决定的，因此混合型动机更具普遍性。现实中，大学生创业者的需要是多样的，既有生存的需要，又有发展的需要，这构成了大学生创业的混合型动机。

3. 创业动机的驱动因素

创业者选择创业的动机受到诸多因素的影响，如自我实现的需要、成就需要、履行社会责任的需要、创业政策、实例激励、就业压力、职业现状等。这些因素可以分为直接驱动因素和间接驱动因素两大类。

(1) 直接驱动因素

创业动机的直接驱动因素主要是指创业者内心对创业的内在需要，它直接影响着创业动机的形成。这种创业的内在驱动力与不同个体的性格特征及价值观念有着密切的联系。直接驱动因素包括自我实现的需要、成就需要和履行社会责任的需要。

① 自我实现的需要。大学生有着强烈的自我控制和独立自主的渴望，已逐步树立起自己的人生追求，总希望寻找机会去实现梦想和计划。大学生对创业有着浓厚的兴趣，愿意冒险，希望通过创业的方式实现自己的理想、发挥自己的才能、体现自己的价值。在这种自我实现的需要的驱动下，大学生认为自己有能力创业，从而产生创业的动机。

② 成就需要。创业成功会带给创业者深切的成就体验、极度强烈的幸福感和欢乐至极的感觉，会让创业者觉得创业的过程是有价值的。创业成就的需要影响着创业者的创业动机、行为方式和管理模式，能够激励创业者在创业实践中发挥最大的潜能、积极应对创业过程中的困难。成就需要强的人对工作和学习都非常积极主动，能够约束自己的行为，充分把握时间，工作效率非常高，容易取得优异的绩效和获得较高的社会价值。大学生的成

就需要一被激发,就会产生为实现目标而克服困难、执着追求的高度热情和强劲动力,从而激发他们对成功和成就的追求动机,并为此乐意而积极地努力,因此,成就需要是产生创业动机的必备条件,它能够激励创业者奋发向上、勇往直前。

③ 履行社会责任的需要。大学生作为一名社会公民,有履行社会责任的义务。大学生创业者属于高级知识分子,接受过多年的正规教育,肩负着社会寄予的厚望,应当为社会做出应有的贡献。有的大学生懂得承担社会的责任和义务,他们认识到创业不只是为了赚钱,更是要为社会业多做贡献。此外,履行企业的社会责任,践行个人价值观,以实现企业经济、社会综合价值最大化为目标,用爱心关怀需要帮助的弱者,在服务社会、助人为乐中履行社会责任,能够体现个人的自我价值。因此,履行社会责任是一种高层次的创业动机驱动因素。社会责任远非一项成本,它是企业孕育的机会,是企业竞争和成长的源泉与动力。履行社会责任是推动企业高速、健康、持续发展的重要因素。

(2)间接驱动因素

产生创业动机的间接驱动因素主要是推动创业者实施创业的外在环境因素,包括创业政策、实例激励、就业压力、职业现状等。

① 创业政策。政府对大学生创业的鼓励和扶持政策对大学生创业的意愿能够产生积极的影响。教育部、各地方政府、各普通高校自1998年起开始大力倡导大学生创业,陆续出台了许多支持政策。现在的大学生创业者获得政策帮助的机会大大增加,因此越来越多的大学生愿意选择创业。

② 实例激励。创业成功的典型实例能够从外部间接地激发大学生的创业动机。创业成功的实例会给大学生提供创业的良好示范,能够激励大学生像实例创业者一样成就一番事业。

③ 就业压力。当今社会大学生的就业形势逐年严峻,随着大量的大学毕业生涌向人才市场,必然有一些人暂时找不到工作或短时间内找不到合适的工作。在这种就业困难的情况下,有些大学生便会改变就业观念,选择自主创业的道路。

④ 职业现状。对职业现状的不满也会促使从业人员选择自主创业。一些自我意识很强的大学毕业生,初到单位会因制度的约束无法按照自己的想法做事而选择自主创业,使自己获得一个发挥能力的空间,从而可以实现自我价值,得到社会的认可。

值得注意的是,创业者在自我内在需要的能动作用下,会将其与外在环境因素结合起来,对创业的可能性做出分析,形成切实可行的目标,进而产生创业的动机。现代动机形成理论认为,只有个体将自身的内在动力与外在环境因素有机结合,动机才能得以形成和维持。大学生创业动机的形成往往是内在需要(如自我实现的需要、成就需要等)和外在环境因素(如创业政策、实例激励等)有机结合的结果。

创业团队的特征与组建原则

## 2.2 创业团队的特征与组建原则

创业之路充满困难和艰险,仅靠创业者个人的力量是不够的,因此组建和打造一支具有共同价值观和目标,且能相互协作、共同奋斗的创业团队是必要的。

## 2.2.1 创业团队概述

**1. 创业团队的概念**

创业团队内部的角色分工各有不同,创业者在组建创业团队时需要考虑团队成员具备的素质、条件和能力等。创业者只有遵循一定的原则和程序才能组建好创业团队。另外,创业团队组建完成后,在团队运行的过程中,创业者还必须对其进行动态的调整。

团队是具有特定组织功能并协同工作的群体,它能使团队成员发挥各自的知识和技能并协同工作,最终实现共同的目标。创业团队是由两个或两个以上创业者组成的具有特定的组织功能并协同工作的创业群体。创业团队成员应有共同的创业理想、具备不同的专业知识和能力,从而能够形成一个优势互补的动态系统。

**2. 创业团队的特征**

一般来说,创业团队的构成要素包括目标、定位、职权、计划和人员。各构成要素之间相互影响、相互作用,缺一不可。创业团队具有以下四个方面的特征。

(1)创业团队成员有共同的价值观、统一的目标。这是组成创业团队的前提。创业团队成员必须为统一的目标而奋斗,并有一致的价值观,这样组成的创业团队才有战斗力。如果没有一致的目标和共同的价值观,即使创业团队组建起来了,也无法形成合力,缺乏战斗力。

(2)创业团队成员负有共同的责任。有了统一的目标和价值观后,创业团队成员还必须共同负起责任来达到目标。一个好的创业团队一定是一个其成员能共同负责任的团队。

(3)创业团队成员的才能互补。这是组建创业团队的必要条件。当组建起来的创业团队成员的知识、才能可以互补时,这个团队就可发挥出"1+1>2"的作用。如果创业团队成员的知识、能力不能互补,就失去了组建团队的意义,即使组建了团队,也不能发挥很好的作用,甚至会限制某些有能力的人发挥作用。

(4)创业团队成员愿为共同的目标做出奉献。这是创业团队能否取得成功的关键。创业团队成员除了有责任心外,还要有甘于奉献的精神和行动,只有这样才能成为新企业的核心。他们在共同奉献中,带领新企业前进。

## 2.2.2 创业团队的类型

目前,较为普遍的是依据创业团队的组成人员将创业团队分为星状创业团队、网状创业团队和虚拟星状创业团队。

**1. 星状创业团队**

星状创业团队有一个核心人物,充当带领团队其他成员前进的引路人的角色。星状创业团队的建立模式往往是核心人物先形成创业思想,而后根据其创业思想进行创业团队人员的甄选和组织。因此,在创业团队正式组建之前,核心人物应该已经就团队成员进行过详细的考虑和计划,根据自己的谋划选择相应人员加入创业团队。这些加入创业团队的成员既可能是核心人物以前熟悉的人,也可能是核心人物以前并不认识的人,但这些团队成员有个共同点，即他们在新企业中更多时候扮演的是支持者的角色。

星状创业团队具有以下特点。

（1）组织结构紧密，有很强的凝聚力，核心人物在团队中的行为对其他成员影响巨大。

（2）决策程序相对简洁，组织效率较高。

（3）权力过分集中于核心人物，大大增加了决策失误的风险。

（4）鉴于核心人物在这种团队中的特殊地位，如果其他团队成员和核心人物发生冲突，那么其他团队成员在冲突发生时往往处于被动地位。当冲突较为严重时，其他团队成员一般都会选择离开团队，因而会对团队正常运作造成较大影响。

2. 网状创业团队

网状创业团队的成员一般在创业之前都有非常紧密的联系，如亲属、同学、战友、朋友、同事等。网状创业团队的建立一般都是在这些人的交往过程中，共同认可某种创业思想，并就创业达成了一致意见，然后开始共同创业的。网状创业团队一般没有明确的核心人物，而是依据每个成员的特长进行自发的组织角色定位。因此，在企业初创时期，每个成员往往扮演的是协作者或者伙伴的角色。

网状创业团队具有以下特点。

（1）没有确定的核心人物，组织结构较为松散。

（2）进行团队决策时，需要采取集体决策的方式，通过团队成员反复沟通和讨论达成一致意见，因此团队的决策效率相对较低。

（3）团队中容易出现多头领导的现象，这是由于团队成员在团队中地位的相似性造成的。

（4）如果团队成员发生冲突，一般会采取平等交流、积极应对的态度消除冲突，不会出现团队成员轻易离开的局面。但是，一旦团队成员间的冲突升级，使某些团队成员离开团队，就容易导致团队的解散。

3. 虚拟星状创业团队

虚拟星状创业团队由网状创业团队衍生而来，是介于星状创业团队和网状创业团队之间的一种形态。在虚拟星状创业团队中，尽管有一个核心人物，但是其地位的确立是所有团队成员集体协商的结果。因此，虚拟星状创业团队的核心人物可以理解为整个团队的代言人，而不是团队的主导人物，其在团队进行决策时必须充分考虑其他团队成员的意见，而不像星状创业团队中的核心人物那样具有绝对的权威。

## 2.2.3 创业团队的组建

创业团队成员的角色分工不同，需要发挥相互之间的互补作用，因此创业者需要考虑一些条件、遵循一些构成原则、按照一定的程序才能有效地进行创业团队的组建。

1. 创业团队的组建原则

创业者在组建创业团队时，必须明确以下原则。

(1) 目标明确、合理原则

目标明确才能使团队成员清楚认识到共同的奋斗方向是什么，目标合理才能使团队成员感受到奋斗的可行性，真正达到激励的目的。

(2) 互补原则

创业团队成员合作的目的在于弥补创业目标与自身能力间的偏差。当团队成员彼此在知识、技能、经验等方面实现互补时，才有可能通过相互协作发挥出"1+1>2"的协同效应。

(3) 精简高效原则

为减少创业期的组织运作成本、最大限度地分享成果，创业团队成员构成应在保证企业高效运作的前提下尽量精简；同时，创业者要把握统一指挥与分工协作的关系，既要防止出现多头领导、责任不清的现象，保证统一指挥和命令关系，又要在明确分工的基础上适当控制管理幅度，防止出现大包大揽的现象。

(4) 动态开放原则

创业过程是一个充满了不确定性的过程，团队中可能因为能力、观念等多种原因不断有人离开，同时也有人要求加入。因此，在组建创业团队时，创业者应注意保持团队的动态性和开放性，使与能力、观念等真正匹配的人员能被吸纳到创业团队中。

(5) 责、权、利统一原则

在创业团队中，各成员都应拥有与其角色相对应的权力，并应承担对自己的行为所造成的后果的责任。同时，团队成员也应具有与完成该责任相对应的权力，创业者应使权力合理分配到每个团队成员手中。另外，在行使权力并履行责任后，团队成员应该得到与其责任和权力对等的利益。责、权、利统一原则有利于组建成功后的团队能够长期、健康、稳定地发展。

(6) 相对稳定原则

创业团队在组建时虽然要依据内外环境变化适当进行结构调整，但在调整时，应考虑保持团队的稳定性，避免频繁变更团队成员导致团队成员无所适从，造成团队人心不稳、业绩下降。相对稳定原则可以保证团队成员思维的连续性，有利于团队在前期成果基础上不断开发出更多新成果。

2. 创业团队的组建程序

虽然组建创业团队的具体程序可能会因创业团队类型的不同而出现细微差异，但仍可大致归纳为以下几个步骤。

(1) 明确创业目标

创业者为了吸引合适的创业伙伴，组建创业团队，一方面应明确自己的创业思路；另一方面则必须将自己掌握的创业机会形成一定的创意，进而形成一个创业目标，也就是为组建创业团队而设立的目标。这样创业者才能使想要加入创业团队的人员对企业未来的发展目标有充分的了解，有利于促进团队成员间的合作。

(2) 制订创业计划

在确定了创业总目标及各个阶段性子目标之后，创业者要马上围绕如何实现这些目标制订周密的创业计划。创业计划是在对创业目标进行具体分解的基础上，从团队整体出发而制订的计划。创业计划确定了在不同的创业阶段需要完成的阶段性任务以及实现的手段，其目的是通过逐步实现这些阶段性目标来最终达成创业总目标。

（3）招募合适的团队成员

招募合适的团队成员是组建创业团队最关键的一步。关于创业团队成员的招募，主要应考虑以下几个方面。

① 互补性。互补性即考虑被招募人员能否与团队其他成员在能力、技术、经验上形成互补。这种互补的形成既能够有效地加强团队成员间的合作，又能够保证整个团队的核心竞争力，从而使团队的作用在更大程度上得到发挥。通常来说，创业团队至少需要技术、管理和营销三个方面的人才，只有这三个方面的人才形成良好的沟通协作关系后，创业团队才可能实现稳定高效。

② 规模适度。适度的团队规模将成为保证团队高效运作的重要条件。如果团队成员过少，团队的功能和优势可能会无法发挥；如果团队成员过多，又可能会由于交流障碍而导致团队内部分裂，从而在极大的程度上削弱团队的向心力。一般认为，创业团队的规模控制在 2～12 人最佳。

③ 道德品质。创业者在选择创业团队成员时还应考虑对方的道德品质。与一个人的能力相比，其道德品质则显得更加重要。一个人的道德品质如何是可否与其合作的基础，也是决定这个人是否值得信任的前提。

④ 职权划分。创业团队应当有不同类型的成员负责新企业的各项事务，如有人负责企业决策，有人负责拓展市场，有人负责管理生产，等。明确团队成员的职责定位，可以使创业团队形成合力，共同实现创业目标，同时也可避免因职责不清、权力分配不明确而引发的冲突。在实际创业过程中，很多创业团队是基于亲戚、朋友的关系而组建起来的，在新企业创立初期一般能够较好地团结在一起，共渡难关，但在新企业发展到一定阶段之后，这种团队往往会遇到权限不明、责任不清等问题，甚至可能因企业进一步发展的目标不同而发生分歧，导致企业分裂。因此，在与亲戚、朋友共同创业时，创业者要处理好责、权、利等方面的关系。

### 2.2.4 创业团队的作用

对于新企业来说，选择以创业团队形式为主导建立企业比以个人为主导建立企业更容易获得成功。企业科技含量越高、创业过程越复杂，越需要借助更多人的能力。创业团队成员的不同经历会对新企业，尤其是技术型新企业，产生显著的影响，进而关系到新企业的长期生存状况。

具体来看，无论是新企业的发展潜力，还是其突破创业者的自有资本局限，以及从市场吸引资本的能力，都与企业管理团队的素质密不可分。组建了团队的创业者与单打独斗的创业者相比，其创建的企业的发展速度、规模、价值创造能力、利润分配能力、风险抵御能力都不可同日而语。创业团队的凝聚力、合作精神、立足长远目标的敬业精神都将有效地促进新企业的成长，使新企业在复杂环境中得以生存。同时，团队成员之间的协作互补以及与创业者之间的补充平衡，也起到了提升管理水平、降低运作风险的作用。

一般来说，创业团队的作用体现在以下几个方面。

1. 团队约束力

创业团队成员可以互相监督，同心协力实现团队的共同目标。这种互相约束的合力在实现创业目标方面的作用往往要大于每个创业团队成员自身能力的简单相加。

2. 优势互补

不同的创业者具有各自的资源优势和能力优势，能够促进创业活动的顺利开展。创业团队的各个成员之间能够相互协作、相互支持，实现能力互补，有助于创业的成功。在具体的创业运营过程中，团队成员能够发挥各自的优势，实现分工合作，使创业活动的每项工作任务都能得到相应的职能支持。

因此，聚集一批志同道合、互补互助的创业团队成员，对创业者而言是成功创业的保障。事实表明，大多数创业成功者之所以能取得创业的成功，其最重要的原因是拥有一支强大的创业团队。

3. 精神支持

创业环境具有极大的不确定性，因此创业不是一件容易的事情，其过程也十分艰难，在此过程中，创业者面临着各种各样的风险，要承受巨大的精神压力。同时，创业者还要面对各方面的挑战与困难，需要有很大的勇气去解决遇到的每一个问题。创业团队成员之间能够相互鼓励，形成精神上的相互支持，这样才能进一步强化共同的创业目标，并共同围绕创业目标而努力奋斗。

## 2.2.5 创业团队的优势和劣势

创业团队作为新企业的重要组织机体，会对企业带来多方面的影响。创业团队可提高生产效率、促进企业发展，也可因在团队管理上精力、时间的花费过多等给企业带来负面效应。总体来说，创业团队所具有的优势大于劣势，且创业团队的劣势能通过创业团队成员的共同努力加以解决。

1. 创业团队的优势

创业团队在组建过程中需要遵循的原则之一就是把技能和经验互补的成员组织到一起。这样不仅可以起到互补作用和平衡作用，使团队获得高于个人的机会识别能力、机会开发能力和机会利用能力，还可以使由此产生的创业团队整体的技能和经验超过团队中任何一个人的技能和经验，具有"1+1>2"的效果。这种更大范围内的技能和经验的组合使创业团队形成一种协同工作的整体优势，使创业团队能够应对多方面的问题，如来自创新、质量和客户服务等方面的挑战。这种团队之间的相互配合可以减轻个人的工作负担，从而提高团队整体的工作效率。

由于创业团队在形成共同奋斗目标和决策方法的过程中，伴随着形成能支持立即解决问题并提出倡议的交流方式，因此创业团队对待变化中的事物和需求是灵活敏感的。也就是说，创业团队能用比个人更为快捷、准确和有效的方法打入大型组织的联系网，根据新的信息和挑战调整行为方式。

创业团队能使团队的整体业绩成为团队的最终激励,形成一种激励的自身循环创业团队通过共同努力、克服障碍,能够促进团队成员加强相互了解,对工作的意义进一步理解,并对队友的能力建立起信任和信心,进而加强团队共同追求更高的团队业绩的愿望,使创业团队价值深化。

创业团队是由技能和经验互补的成员所组成的,团队内各个成员基本具有独当一面的素质和能力,这样一个创业团队就能够承担起大型的、完整的任务,这不仅有利于使目标任务更为顺利地完成,减少了不同细节负责人员之间沟通交流所需的时间成本和精力成本,还有利于创业领导者对某一时期内某项任务进行管理。

2. 创业团队的劣势

创业团队的每个成员都有其不同的思维及经历,每个人都会有自己的创业构想及主张,如果团队成员的个性较强,就极易与他人产生个性冲突,使团队难以寻求解决问题的最佳方案。此外,有的团队成员会非常在意自己在团队中的地位,尤其是团队组建初期就已经加入的团队成员,他们往往很难接纳比自己更为优秀的新成员加入团队。为避免此种状况的发生,创业者在组织团队和领导团队时,应具备高超的领导能力和协调能力。

创业团队成员间利益分配的问题容易造成团队的分化及工作效率低下。创业团队成员之间利益的分配问题是一个敏感的、复杂的却又至关重要的问题。当几个人一起创业时,股权的分配比例都是提前商定的,但即使是创业者们已达成的股权分配比例也可能带来许多负面后果,例如,由于实际创业过程中团队成员间因为能力、动机、投入程度等方面的差异,对创业的贡献程度必然会与之前的设想存在差异,这种差异会引发团队成员一定的不平衡心理,进而影响一些团队成员投入工作的积极程度,使团队的整体力量难以充分发挥。此外,如果企业的权力高度集中在一个人手中,可能对团队成员工作积极性的激励不足,就会使整个团队无法发挥其应有的力量。

创业团队成员之间互信问题带来的负面效应。团队成员相互信任是创业团队形成及发挥正能量的基础,但是互信往往要经过长期合作才能形成。如果创业团队成员间无法建立互信关系,就可能导致团队中出现不同小群体的聚集;而团队成员若盲目互信,也可能给团队带来不可估计的恶果。由此可见,在组建创业团队时,培养和发展团队成员间的互信关系,对成员正常的互信关系进行监督和约束,避免由团队成员的不信任关系带来负面影响具有重要意义。

## 2.3 创业团队的管理

创业团队组建成功后,最重要的就是进行创业团队的管理,良好的创业团队管理是新企业走向创业成功的基石。联想集团的创始人柳传志认为,管理的三要素是"搭班子、定战略、带队伍"。虽然创业团队存在一定的自身特殊性,但是对它的管理重点依然逃不出对人的管理,也就是对人力资源的管理,主要包括团队成员的岗位配置、培训开发、激励等内容。

创业团队组建成功后,创业者首先要使创业团队的理念和目标与新企业的战略、目标及文化等一致。在岗位评价分析及对团队成员的深入了解的基础上,为团队成员安排相应职位,让团队成员根据不同的岗位要求发挥所长。建立合理的绩效考评体系,对团队成员进行绩效评价、激励等工作。具体的创业团队管理工作主要包含以下几个方面。

## 2.3.1 创业团队精神的培养

只有团队成员对目标认同而凝聚在一起时,才能形成坚强的团队,激励团队成员团结奋进,因此,企业要有导向明确、科学合理的目标,把经营目标、战略、经营观念融入每个团队成员的头脑中,使之成为团队成员的共识。同时,创业者必须把创业目标进行分解,使每一个部门、每一个团队成员都知道自己承担的责任和应做出的贡献,并把每一个部门、每一个团队成员的工作与团队总目标紧密结合在一起。

1. 共同的企业价值观的培养

价值观的内化,在于企业领导者要以身作则、言行一致,还要不断把企业价值观向团队成员灌输,同时建立、健全和完善必要的规章制度,特别是相应的激励机制和约束机制,使团队成员既有价值观的导向,又有制度化的规范。

2. 领导者自身影响力的培养

领导者是组织的核心,一个富有魅力和威望的领导者自然会把全体员工紧紧地团结在自己的周围。领导者的威望不仅取决于其人格魅力、道德和思想修养、知识、经验、胆略、才能,还取决于其是否严于律己、率先垂范、以身作则、全身心地投入事业,更取决于其能否公平公正地待人,能否与员工同甘共苦、同舟共济,等等。

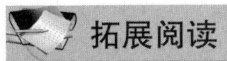 拓展阅读

### 从唐僧师徒谈领导者魅力

《西游记》里的师徒四人历尽磨难,实现了最终的目标。在中国的四大名著中,只有《西游记》中的师徒四人是一个成功的团队。其根本原因是他们拥有一个好的领导者——唐僧。他的领导魅力表现为以下几点。

(1)"没本事"。唐僧不过高评估自己,有自知之明。他不用自己的短处来应对这个世界,这就是他的长处。领导者不需要专业技能特别优秀,但他要善于把最优秀的人集合起来,让他们为自己工作。

(2)宽容。唐僧对自己的徒弟很宽容,特别是最重要的也是最有个性的孙悟空。

(3)善于用人。一个团队需要个性化的成员共存,唐僧让每个徒弟都有施展的空间,很好地发挥了他们的长处。

(4)有远景目标。有位管理学家说过:用一句话来概括,领导就是为团队成员提供一个远景目标。唐僧对团队的目标坚定不移、信心坚定。

(5)心态平和,不急功近利。唐僧遇到阻碍时不灰心,取得成绩时不沾沾自喜,始终保持良好的心态,一步一步地接近自己的目标。这是领导者魅力的核心部分,因为一个领导者遇到的困难要比任何一个下属遇到的都要多、都要严重。

（6）对下属恩威并重。唐僧对每个徒弟都有恩情，但对他们从来都是赏罚分明。

（7）有资源。充分利用资源有利于团队目标的实现。关键时刻，观音菩萨出手帮助唐僧师徒实现目标。

（8）形象好。团队最主要的形象取决于领导者的形象，这个形象是外在和内在的结合。保持良好的形象是领导者必备的素质之一。

#### 3. 激发参与热情

企业团队精神的形成有赖于员工的参与。员工只有全方位参与企业的经营管理活动，把个人的命运与企业的未来捆绑在一起，才会真心实意地关心企业的发展，并与企业结成利益共同体和命运共同体。为了激发员工的参与热情，企业领导者可以请员工提出合理化的建议，让员工参与管理，实施"从群众中来，到群众中去"的群众路线，让员工成为股东。企业通过合理的激励机制，即通过建立有效的物质激励体系，可以彻底摆脱员工给企业打短工的心理，使企业与员工之间形成荣辱与共、休戚相关的利益共同体。

#### 4. 唤醒危机意识和忧患意识

危机意识和忧患意识是团队精神形成的外在客观条件。没有压力的企业是不存在的，每年世界500强排名的变化就说明了这一点，正如微软公司总裁比尔·盖茨曾说过：我们离破产大概只有18个月。

#### 5. 经常性的沟通和良好的协调

沟通主要是通过信息和思想上的交流达到认识一致的活动，协调是取得行动一致的活动，两者都是形成集体的必要条件。企业的各种例会、内部刊物、有线电视、内部网络、电话、文件传递、汇报总结、非正式接触等激活了组织上下、左右各个方向的信息流动，进而促进了团队沟通与协调的进行。

### 2.3.2 创业团队管理制度的建立

创业者在组建创业团队时应明确地对责、权、利进行分配，建立严格的企业管理制度。

#### 1. 妥善处理各种权力和利益关系

（1）妥善处理创业团队内部的权力关系。在创业团队运行过程中，创业者必须明确每个团队成员适合从事何种工作，并据此让该成员承担相应的责任，以使其能力和责任的重复度达到最小、匹配度达到最高。

（2）妥善处理创业团队内部的利益关系。新企业的薪酬体系不仅包括诸如股权、工资奖金等物质报酬，还包括个人成长机会和提高相关技能等精神报酬。每个团队成员所看重的利益并不一致，这取决于其个人的价值观、奋斗目标和抱负。例如，有些人追求的是长远的资本收益，而另一些人可能只关心短期收入和职业安全。鉴于新企业薪酬体系的重要性，加之新企业资金有限，创业者要认真研究和设计企业整个生命周期的薪酬体系，使之具有吸引力，并使薪酬水平不受贡献水平的变化和人员增加的限制，即保证按贡献付酬和不因人员增加而降低薪酬水平。

2. 制定严格的规章制度

规章制度是一个组织的底线，联想集团的创始人柳传志曾经说："公司发展到今天，确实要有自己的行为准则了，我们要树立一面旗帜，非常鲜明地写清楚企业要干什么，什么是可以干的，什么是不可以干的，愿意跟着干的就站在旗下，不愿意干的就离得远一点儿。"

同样，对于创业团队而言，规章制度是非常重要的，如果没有明确的规章制度来规范团队成员的行为，没有规定哪些事是符合规定可以去做的，哪些事又是明确禁止去做的，所有团队成员都随心所欲地做事，那么团队成员就难以向着同一个方向努力和前进，甚至有的团队成员会为达到某种目的而触犯法律。企业规章制度不可以生搬硬套，而应具有适度化、人性化、弹性化等特点，并可根据实际情况需要灵活应变。

3. 进行适当的团队激励

每一位创业团队的管理者都希望自己的团队成员持续不断地向着既定的创业目标前进。马斯洛的需求层次理论存在着两个基本假设前提：一个是人类行为是由动机引起的，动机起源于人的需要；另一个是人的需要是以层次的形式出现的。这两个基本假设前提说明人的行为是受人的内在不断变动的优势需求控制的，创业者要想激励团队成员，使其产生持久不断的工作热情，就要满足其不断变动的需求。

著名潜能激励大师罗宾（Robin）指出："要想成功，你必须学会调动别人内心深处的积极性，让他们发挥潜能，你必须'给他们的油箱加油'。"因此，创业团队的领导者需要时刻留心观察、发掘不同团队成员内心深处所隐藏的需求，选择合适的时机以满足他们当前欲望的方式进行激励，从而不断地激发团队成员的工作热情。

4. 施行合理的分权、授权

现代创业团队的管理事务繁杂、涉及面广泛，创业团队的领导者会受到个人精力、知识、经验条件等多方面的限制，其所能够有效领导的下级团队的人数及范围是有一定限度的。如果创业团队的一切经营决策、组织指挥等事务都需要同一个领导者做决定，即便他的能力再强也会感到难以胜任。为此，在进行创业团队的管理过程中，创业团队的领导者应注意有效管理幅度问题，将集权与分权进行有机的结合，不要抓住权力不放，而要有选择地、尽可能地授权给创业团队成员。合理的分权不仅有利于创业团队成员根据实际情况迅速且正确地做出决策，也有利于创业团队的领导者摆脱日常繁杂的事务，集中精力解决重大问题。同时，合理的分权还可以调动团队成员工作的积极性和主动性。

## 2.3.3 创业团队风险规避

创业团队在组建的过程中总会遇到一些问题，可能团队尚未组建完成就四分五裂了，也可能在团队组建完成初期就夭折了或者陷于长期的分裂冲突与争权夺利中而无法自拔，即便这些问题不会摧毁一个企业，也必定会严重地损害其发展潜力，这就是所谓的创业团队溃散。当创业团队溃散达到一定程度时，它会成为创业的最大风险。创业团队的风险因素归纳起来通常有以下几种。

① 过分追求民主，没有选出创业团队的领导者。
② 创业团队盲目自信。
③ 个别团队成员有畏惧心理。
④ 创业团队成员搭配不完全合理。
⑤ 创业团队过于相信他人。
⑥ 因为性格、个性、兴趣不合，导致团队成员磨合出现问题。
⑦ 团队成员缺乏共同的创业目标、利益、思路、纲领、规则等。
⑧ 有些团队成员的能力不适应企业发展的需要。
⑨ 没有明确的利润分配方案。

从管理角度来讲，创业团队风险是系统性风险，是可以控制的。因此，在团队组建后，创业者要保持创业团队的稳定性、规避团队风险，还需要注意以下几点。

① 创业团队要有一致的创业思路和共同的目标，同时还要有自己的行动纲领和行为准则。团队成员认同团队将要努力的目标和方向。
② 创业团队要有正确的理念，要坚信组织能够健康地发展下去，不要一开始就想着失败。
③ 创业团队要保证团队成员间通畅的沟通渠道，进行持续的沟通。
④ 创业团队要及时协调立据。
⑤ 创业团队应以法律文本的形式确定一个清晰的利润分配方案。

## 2.3.4 诚信是创业团队的最好品质

在一般意义上，"诚"即诚实、诚恳，主要指主体真诚的内在道德品质；"信"即信用、信任，主要指主体"内诚"的外化。"诚"更多地指"内诚于心"，"信"则侧重于"外信于人"。"诚"与"信"组合在一起，就形成了一个内外兼备、具有丰富内涵的词汇，其基本含义是指诚实无欺、讲求信用。诚信被中华民族视为自身的行为规范和道德修养，形成了其独具特色并具有丰富内涵的诚信观。这样的诚信观在当今的市场经济和构建社会主义核心价值体系中具有极其重要的道德作用。

创业者如果不够诚信，那么他所创造的事业将不会长久。诚信是一种人们在立身处世、待人接物和生活实践中必须而且应当具有的真诚无欺、实事求是的态度和信守然诺的行为品质，其基本要求是说老实话、办老实事、做老实人。

诚信是一种社会的道德原则和规范，它要求创业者以求真务实的原则指导自己的行动，以知行合一的态度对待各项工作。在市场经济的条件下，创业者只有树立起真诚守信的道德品质，才能适应社会生活的要求，并实现自己的人生价值。诚信对待合作伙伴，就能更好地适应社会生活，实现自己的人生价值。

创业最基本的一条准则就是诚信，要让它成为一种长期稳定的经营态度，这样，无论创业路上会出现怎样的风云变幻，都能创造出丰厚的物质财富和精神财富，都能赢得市场和商机。无数成功者的经营之道，都充分证明了这一点。

 案例分析

## 阿里巴巴创始"十八罗汉"

"十八罗汉"之首:马云

马云曾任阿里巴巴集团董事局主席、雅虎中国董事局主席等职务。

"十八罗汉"之二:孙彤宇

孙彤宇1996年春加盟中国黄页,一路努力工作,2003年4月率领淘宝创业团队进行新的创业,2008年3月1日正式辞职、卸任淘宝网总裁一职,并前往包括伦敦商学院在内的海内外著名商学院休整、学习。

"十八罗汉"之三:金建杭

金建杭是阿里巴巴网站的创业员工之一,现负责阿里巴巴集团公关、政府事务、市场活动,任集团资深副总裁。金建杭在加盟阿里巴巴之前,长期在外经贸领域工作,曾在外经贸部机关报《国际商报》工作5年,1998年在外经贸部中国国际电子商务中心工作,是外经贸部官方站点的首任主编。

"十八罗汉"之四:蔡崇信

蔡崇信是耶鲁大学经济学士及耶鲁法学院法学博士,拥有很强的法律和财务背景。他于1999年加入阿里巴巴,主持成立了阿里巴巴设在香港的总部,负责国际市场推广、业务拓展及公司财务运作。2005年,蔡崇信负责协商收购雅虎中国及雅虎对阿里巴巴集团的投资。在阿里巴巴刚成立时,蔡崇信就任CFO。他的到来,才使阿里巴巴真正实现规范化运作。蔡崇信放下70万美元年薪的德国投资公司工作,千里迢迢投奔马云,每月只拿500元的薪水,帮马云注册公司。在湖畔花园炎热的夏夜,蔡崇信挥着汗水对着白板和第一批员工讲股份、讲权益,将18份完全符合国际惯例的英文合同让马云和"十八罗汉"其他成员签字画押。他曾任阿里巴巴的非执行董事、阿里巴巴集团董事及首席财务官。

"十八罗汉"之五:彭蕾

彭蕾是支付宝CEO,杭州商学院企业管理系1994年本科毕业,是阿里巴巴创始人之一,历任阿里巴巴人力资源部副总裁、市场部副总裁和服务部副总裁。

"十八罗汉"之六:张瑛

张瑛于1988年从杭州师范学院(现杭州师范大学)英语专业毕业,随即与马云结婚。1999年随马云等创建阿里巴巴。

"十八罗汉"之七:吴泳铭

吴泳铭1996年从浙江工业大学计算机系毕业后加入中国黄页。1997年,吴泳铭跟随马云进京,主做当时外经贸部的网站,一人负责网站技术开发。1999年,吴泳铭跟随马云回杭州创办阿里巴巴,是阿里巴巴"十八罗汉"第一代程序员。2003年,淘宝启动,吴泳铭是马云点名的7员"大将"之一。2004年,支付宝成立,他成为支付宝的技术总监,后来历任中国雅虎的P4P(按效果付费)产品及技术总监。2007年5月,吴泳铭组建阿里妈妈创业团队。2008年9月4日,淘宝与阿里妈妈合并。2008年9月

8日，吴泳铭被任命为新公司副总裁。2011年6月16日，淘宝分拆为3家公司，分别是一淘网、淘宝网和淘宝商城（现天猫商城），吴泳铭任一淘网总裁。

"十八罗汉"之八：盛一飞

盛一飞1995年大学毕业后，花了1600多元自费学电脑。1995年，马云创办了中国黄页。盛一飞与中国黄页结缘于"第一届上海电视节"的项目招标。1996年，盛一飞成为中国黄页的第一个设计师。在中国黄页工作一年后，盛一飞和马云到了北京，开发了外经贸部的官方网站后又回到杭州，一起投身到阿里巴巴的创业中。2005年，盛一飞接触到"用户体验"和"以用户为中心的设计"等外来词汇，开始尝试将UED的概念带入公司。

"十八罗汉"之九：楼文胜

楼文胜曾任职B2B中国市场运营部核心产品部产品规划师，负责江苏阿里巴巴销售团队的管理。

"十八罗汉"之十：麻长炜

麻长炜是阿里巴巴网站创始人之一，也是亚洲最大网络零售商圈淘宝网的创始人之一，2005年8月曾参与了阿里巴巴并购雅虎中国后的一系列前期整合工作，其领导的团队致力于人机交互、图形化设计、界面设计、用户体验研究等技术领域。

"十八罗汉"之十一：韩敏

韩敏任支付宝市场运营部总监。其在阿里巴巴的经历、任职、贡献无详细资料可查知。

"十八罗汉"之十二：谢世煌

谢世煌是阿里巴巴资深总监及公司产品开发部负责人。自1999年起曾任B2B交易平台运营的多个管理层职位，包括2000年至2002年出任业务发展总监，2002年至2004年出任国际市场分部运营及发展总监，2004年至2006年出任同一部门资深总监。自2007年1月起他一直担任阿里巴巴公司产品开发部国际市场分部主管。

"十八罗汉"之十三：戴珊

戴珊于1999年至2001年任阿里巴巴客户服务、销售及用户界面部门多个管理层职位；2002年至2005年，担任公司中国市场部诚信通高级销售总监；于2005年晋升为广东分公司总经理，负责广东省的直销及电话销售、市场推广及人力资源；2013年4月10日接任阿里巴巴集团首席人才官。

"十八罗汉"之十四：金媛影

金媛影是淘宝网创始人之一，且是马云的学生。金媛影和师昱峰是夫妻，都是淘宝网的创始人。金媛影曾为阿里巴巴集团阿里学院高级专家、资深经理，当前情况和最新职务缺乏最新资料。

"十八罗汉"之十五：蒋芳

蒋芳曾任阿里巴巴总经理助理，据称现在在阿里风险部负责反欺诈。当前情况和具体职务缺乏最新资料进行了解。

"十八罗汉"之十六：周悦虹

周悦虹是阿里巴巴创始人之一，且是马云的学生。淘宝早期采用的Turbine风格的

MVC 框架——WebX，其核心代码就是由周悦虹编写的。

"十八罗汉"之十七：师昱峰

师昱峰 1999 年在中国气象局工作，酷爱研究网络技术。师昱峰是阿里巴巴及淘宝创始人之一。

"十八罗汉"之十八：饶彤彤

饶彤彤任职于阿里巴巴国际事业部，负责 IDC 运维协调等事务。

随着时间的推移，这些人的职位可能有变化。

资料来源：中国人民大学商学院 MPACC（有删减）https://mp.weixin.qq.com/s?__biz=MjM5NTQ2NDU4Mw==&mid=200043942&idx=1&sn=69ceb2d06ca5b37463065942d67ff10f&chksm=28e0d94e1f9750588866216d33d4ff4a55430f61fc2aeaab8c3b5a15a117512fbc3ee305e844&scene=27（2014-03-16 21：09 北京）

◆ **思考与讨论**

1. 你从马云身上看到了什么特质？
2. 是什么让"十八罗汉"不离不弃？
3. 一个成功的创业团队有什么特点？
4. 如何组建并提升团队竞争力？

# 第3章 创业机会

> **本章学习目标**
> 1. 了解创业机会的含义与特征
> 2. 熟悉创业机会识别的方法
> 3. 掌握创业项目选择原则及筛选条件

## 3.1 创业机会识别

### 3.1.1 创业机会的含义与特征

1. 创业机会的含义

（1）机会

机会是指具有时间性的有利情况，是营造出的对新产品、新服务或新业务需求有利的环境。

创业机会的识别

（2）商业机会

商业机会也称市场机会，是指能为企业带来某种盈利的、对消费者具有极大创业机会吸引力的、适时的市场活动空间。商业机会产生于市场中尚未被满足的需求，是实现某种商业盈利目的的突破口或切入点。

（3）创业机会

创业机会是适合创业的商业机会。商业机会一般分为两类：一类是昙花一现的商业机会，这是一般性的商业机会；另一类是能持续一段时间且不需要较多创始人的商业机会，这一类才是适合创业的商业机会，即创业机会。

2. 创业机会的特征

（1）隐蔽性

机会时刻都在我们的生活中。但是大多数人都意识不到它的存在，这就是机会的隐蔽性。创业机会更是如此。创业机会的隐蔽性特征使它在人们心目中显得神秘和可贵。

（2）偶然性

创业机会在大多数情况下是偶然造成的，尽管它普遍存在于人们身边的事物中，但人们并不容易捕捉到它。人们越是刻意地寻找创业机会，就越难见其踪影。创业机会虽是偶然现象，却是客观事物内在的、必然性的表现。如果人们没有平时知识的积累、辛勤持久的探索，那么即使创业机会来了，也难以捕捉到。

（3）易逝性

创业机会最显著的特征是易逝性，"机不可失，时不再来"就是对创业机会易逝性的最好说明。机会是一个非常态的、不确定的时间表现形式。虽然每天都可能会有创业机会出现，但同样的创业机会是不可能再来的。此外，由于创业机会往往是社会所共有的，人们都在寻找，所以要"先下手为强"，在激烈的竞争中，只要稍一迟疑，创业机会就会被别人抢走。

（4）时代性

创业机会的时代性是指一定时代给各种创业机会打上的烙印和赋予的社会色彩。社会色彩是指不同制度的社会对创业机会产生的影响。社会制度比较宽松，则能在更为广阔的领域里为个人奋斗提供各种创业机会；社会制度比较严密，则人们是不能涉足许多领域的，当然那些领域中的创业机会也几乎为零。

## 3.1.2 创业机会的来源

创业机会无处不在，好的创业机会是企业成功的核心。创业机会的来源有很多，主要可归纳为以下四个方面。

1. 技术变革

技术变革是有价值的创业机会的最重要来源。技术变革改变了社会面貌，它以高科技手段大大提高了人们的办事效率，改变了人们日常行为的方式，制造了许多空白的市场空间，使创业成为可能。

2. 政治与体制变革

政治与体制变革使人们可以采用新的方式使用社会资源，能够更合理、更有效地将财富重新分配，如将财富从一些人手中转到另一些人手中，能够让创业者容易进入一些特殊的行业，如我国放松对电信业、银行业、运输业的管制，使这些行业出现新的竞争者，使创业者将更有效率的商业创意引进这些行业，带动这些行业的发展。

3. 社会与人口变化

社会与人口变化改变了人们对产品和服务的需求。人们会在新的生活水平上提出新的需求，需求的变化需要新的产品或新的服务来满足。通过生产和销售顾客所喜欢的产品和服务，创业者能够获得赢利的机会。因此，需求的变化可以创造新的创业机会。

## 3.1.3 创业机会的分类

1. 根据事物产生、发展及改变的过程分类

根据事物产生、发展及改变的过程，创业机会可分为问题型机会、趋势型机会和组合型机会。

（1）问题型机会

问题型机会是由现实中存在的未被解决的问题所产生的创业机会。创业的根本目的是满足顾客需求，而顾客需求在没有满足前就是问题。寻找创业机会的一个重要途径是善于发现和体会自己和他人在需求方面的问题或生活中的难处。

（2）趋势型机会

趋势型机会就是在变化中看到未来的发展方向，预测到将来的潜力和创业机会。趋势型机会考虑问题的实际时间相对长远一些，主要关注大市场环境的变化，以及随之引发的市场需求、市场结构的变化。大市场环境变化主要来自产业结构的变动、消费结构升级、城市化加速、思想观念的变化、政府政策的变化、人口结构的变化、居民收入水平的提高、全球化趋势等方面。例如，围绕城市化、老龄化这两个未来的大趋势必然引发住房、教育、医疗、养老等方面的创业机会。

（3）组合型机会

组合型机会就是将现有的两项以上的技术、产品、服务等因素组合起来，以实现新的用途和价值而获得的创业机会。创业者可以通过优化产品的方法、利用自己已有的用户群来降低成本或形成竞争力。

2. 根据市场分类

根据市场，创业机会可分为识别型机会、发现型机会和创造型机会。

（1）识别型机会

识别型机会是指通过已有技术和已知需求为供给方创造的创业机会，例如，一些婚恋类网站利用人口庞大和现代人找伴侣难的契机，结合科学心理分析，将生活背景、兴趣爱好、性格气质、学历知识水平、世界观、价值观接近甚至相同的人搭配在一起，提高配对率。

（2）发现型机会

在市场中，常常出现一些看上去似乎没有什么潜力或潜力很低的机会却最有可能变成一个很好的创业机会。发现型机会需要创业者善于挖掘，并将挖掘到的机会加以组合。这样既可以将新的技术引入相应的领域，又可以使本企业的业务与其他行业相互融合。

（3）创造型机会

创造型机会是指通过技术创新为人们带来方便的创业机会。创造型机会可在需求中寻找，根据需求来创新技术。例如，原来的制造业的整个产业链的技术水平不高，所以主要靠廉价的劳动力成本来抢占市场，但是随着劳动力成本的逐渐上升，要想保持持续的竞争力，唯一的方法就是提高产品附加值，即通过产业升级、技术创新来生产出高附加值的产品。

通过创造而获得机会的方法在新技术行业中最为常见，它可能始于满足市场需求，从而积极探索相应的新技术和新知识；也可能始于一项新技术发明，进而积极探索新技术的商业价值。通过创造而获得机会比其他任何方式的难度都大，风险也更高；同时，如果能够创业成功，其回报率将会非常高。这种情况下所产生的创新居于压倒性的主导地位。

3. 根据市场需求和资源能力分类

市场需求可能是已识别的（已知的）或是未能识别的（未知的），资源能力可能是确定的或是未确定的。市场需求表示存在的问题，资源能力表示解决问题的方法。有研究表明，创业机会的类型也可能影响机会开发的过程和创业的成败。根据市场需求和资源能力，创业机会可分为以下四类。

（1）机会类型Ⅰ

市场需求未得到识别且资源能力不确定（问题及其解决方法都未知），其表现的是将知识的发展推向一个新方向，而使技术突破现有限制。

（2）机会类型Ⅱ

市场需求已识别但资源能力不确定（问题已知但其解决方法仍未知），描述了有条理地搜集信息并解决问题的情况。在这种情况下，机会开发的目标往往是设计一个具体的产品或服务以适应市场需求。

（3）机会类型Ⅲ

市场需求未得到识别但资源能力确定（问题未知但可获得解决方法），包括人们常说的"技术转移"的挑战，如寻找应用领域和闲置的生产能力。这里的机会开发更多强调的是寻找应用的领域而不是产品或服务的开发。

（4）机会类型Ⅳ

市场需求已识别且资源能力已确定（问题及其解决方法都已知），这里的机会开发就是将市场需求与现有的资源匹配起来，形成可以创造价值并传递价值的新企业。

### 3.1.4 创业机会的识别

在成功创业的路上，如何识别创业机会是创业者首先要解决的问题。好的创业机会，必然具有特定的市场定位，专注于满足客户需求，同时能为客户带来增值的效果。创业需要机会，机会要靠发现。要想寻找到合适的创业机会，创业者应识别以下创业机会。

1. 现有市场机会与潜在市场机会

现有市场机会是市场机会中那些明显的未被满足的市场需求，往往发现者多，进入者也多，竞争势必激烈。潜在市场机会是那些隐藏在现有需求背后的未被满足的市场需求，其不易被发现、识别难度大，往往蕴藏着极大的商机。

2. 行业市场机会与边缘市场机会

行业市场机会是指在某一个行业内的市场机会，发现和识别的难度系数较小，但竞争激烈、成功的概率低。边缘市场机会是在不同行业之间的交叉结合部分出现的市场机会，处于行业与行业之间"夹缝"的真空地带，其难以被发现，需要有丰富的想象力和大胆的开拓精神；而一旦被开发，创业成功的概率较高。

3. 目前市场机会与未来市场机会

目前市场机会是那些在目前的环境变化中出现的机会。未来市场机会是通过市场研究和预测分析，认为它将在未来某一时期内出现的市场机会。若创业者提前测到某种市场机会会出现，就可以在这种市场机会到来前早做准备，从而获得领先优势。

4. 全面市场机会与局部市场机会

全面市场机会是指在大范围市场出现的未被满足的需求。局部市场机会则是在一个局部或细分市场出现的未被满足的需求。在大范围市场中寻找和发掘局部或细分市场机会，创业者就可以集中优势资源并投入目标市场，有利于增强主动性，减少盲目性，增加成功的可能。

识别创业机会的方法一般包含以下四类。

（1）新眼光调查

新眼光调查注重二级调查。查阅书籍、利用互联网搜索数据，浏览包含所需信息的报纸、文章等都是二级调查形式。

（2）通过市场调研发现机会

创业者可以从企业的宏观环境（政治、法律、技术、人口等）和微观环境（客户、竞争对手、供应商等）的变化中发现机会。借助市场调研，从环境变化中发现机会，这是发现机会的一般规律。

（3）通过问题分析和客户建议发现问题

问题分析要从一开始就找出个人或组织的需求和他们面临的问题，这些需求和问题可能是很明确的，也可能是很含蓄的。这个问题分析需要全面了解客户的需求，以及可能用来满足这些需求的手段。一个新的机会可能会由客户识别出来，因为他们知道自己究竟需要什么。客户会提出一些诸如"如果那样的话不是会很棒吗"这样的非正式建议。留意客户的这些建议，有助于创业者发现创业机会。

（4）通过创造获得机会

通过创造获得机会的方法在新技术行业中是最为常见的，它可能始于明确拟满足的市场需求，从而积极探索相应的新技术和新知识；也可能始于一项新技术发明，进而积极探索新技术的商业价值。通过创造获得机会比其他任何方式的难度都大，风险也更高。同时，如果能够成功，其回报也更高。

## 3.1.5 创业机会的评估

不是每个创业机会都会给创业者带来益处，因为每个创业机会都存在一定的风险，创业者在利用创业机会之前要对创业机会进行科学分析与评价，然后做出选择。

1. 创业机会的评估标准

对创业机会的评估主要基于以下几个标准。

（1）盈利时间

有价值的创业机会可能是项目在两年内取得盈亏平衡或者取得正现金流。如果取得盈亏平衡和正现金流的时间超过三年，那对于创业者的要求就高了，因为大多数创业者支撑不了这么长时间，其他投资者和合作伙伴也没有这么长时间的耐心，这种创业机会的吸引力就大大降低了。除非有其他方面的重大利好，一般要求创业机会在较短的时间获得盈利。

(2) 市场规模

如果市场规模和价值小，则不足以支撑企业长期发展。而创业者如果进入一个市场规模巨大而且还在不断发展的市场，即使只占有很小的份额，也能够生存下来度过发展期。即使存在竞争对手也不用担心，因为市场足够大，竞争对手对自己构不成威胁。一般来说，市场规模和价值越大，创业机会越有价值。

(3) 资金需要量

大多数有较大潜力的创业机会需要相当大数额的资金来启动，只需少量或者不需要资金的创业机会是罕见的。如果需要过多的资金，这样的创业机会就缺乏吸引力；有着较少或者中等程度的资金需要量的创业机会是比较有价值的。创业者应根据自身的资金实力和可以动用的资源来评估创业机会，不应考虑超出自己能力范围的创业机会。

(4) 投资收益

创业的目标就是要获得投资收益，这要求有合理利用创业机会的能力，包括较高的毛利率和市场增长率。毛利率高说明创业项目的获利能力强，市场增长率表明了市场的发展潜力能使投资的回报增加。如果每年的投资收益率能够维持在 5% 以上，这样的创业机会是很有价值的；如果每年的投资收益率低于 5%，这样的创业机会对创业者和投资者是没有太大吸引力的。

(5) 成本结构

竞争优势的来源之一就是成本，较低的成本会给企业带来较大的竞争优势，使得创业机会的价值较高。创业企业靠规模来达到低成本是比较可行的，低成本的优势大多来自技术、工艺的改进以及管理的优化。如果创业机会有这方面的特质，那么对于创业者来说是非常有利的。

(6) 进入障碍

如果创业机会面临着进入市场的障碍，就不是一个好的创业机会。如资源的限制、政策的限制、市场的准入控制等，这些都可能成为市场进入的障碍，因而削弱了创业机会的价值。但是，对于进入障碍要进行分析，进入障碍的大小是针对创业者自身情况而言的，如果创业者进入以后，不能够阻止其他企业进入市场，这也不是一个好的创业机会。

(7) 退出机制

有吸引力的创业机会应该有比较理想的获利机制和退出机制，便于创业者和投资者获取资金及实现收益。没有任何退出机制的创业企业和创业机会是没有太大吸引力的。

(8) 控制程度

如果能够对渠道、成本或者价格有较强的控制，这样的创业机会比较有价值。如果市场上不存在强有力的竞争对手，自己的控制程度就比较大；如果竞争对手已有较强的控制能力，如把握了原材料来源、独占了销售渠道、取得了较大的市场份额、对于价格有较大的决定权，那么新企业的发展空间就很小，除非这个市场的容量足够大，而且主要竞争对手在创新方面行动迟缓或者时常损害客户的利益。

(9) 致命缺陷

创业机会不应该有致命的缺陷，如果有一个或者多个致命的缺陷，将使得创业机会变得没有价值。

2. 评估创业机会价值的方法

（1）定性分析

定性分析侧重考虑：确定该创业机会所需的成功条件，分析自身在该创业机会上所拥有的优势，创业者所拥有的优势与期望的发展方向和目标是否一致。

（2）定量分析

定量分析主要是进行商业分析中的经济效益分析，其任务是在初步拟定营销规划的基础上，从财务方面进一步判断选定的创业机会是否符合创业目标，一般是通过量、本、利分析法进行分析的。

① 市场需求量的预测。市场需求量的预测是进行经济效益分析的基础。市场需求量的预测可以运用一定的数学方法来进行，主要方法有趋势预测法、因果预测分析法、市场调查分析法、判断分析法等。

② 成本分析。成本分析主要研究利用该创业机会所需付出的代价，可采用专门的成本预测方法，如直线回归法、趋势预测法等，从投资成本、生产成本、营销成本三个方面分析。

③ 利润分析。利润分析是在市场需求量预测、成本分析的基础上进行利润预算，一般可采用损益平衡模型、现金流量模型、简单市场营销组合模型、投资收益率等分析方法。

（3）阶段性决策方法

这一方法明确要求创业者在机会开发的每个阶段都要进行机会评价。一个创业机会是否能够通过每个阶段预先设置的评价门槛，在很大程度上取决于创业者经常面对的约束或限制，如创业者的目标回报率、风险偏好、金融资源、个人责任心和个人目标等。一个不能成功通过某一阶段的评价门槛进入下一阶段的创业机会，将被修订甚至被放弃。因此，通过循环反复的"识别—评价—开发"步骤，一个最初的商业概念或创意就会逐步完善起来。

## 3.1.6 创业时间的选择

按照大学生的学习过程，选择的创业时间可分为四个阶段。

1. 在校创业

在校创业是指大学生边读书边创业。大学生在校创业会面临学习和创业活动时间上的冲突，而且会受到周围环境较多的舆论压力。在校大学生应对在校创业持慎重的态度，以学业为主，培养创业技能，提高创业素质，在有条件的情况下进行创业实践活动的训练。目前，在许多普通高校中，已经有一部分大学生利用自己的专业特长从事创业活动，也有一部分大学生利用家族企业背景从事创业活动。这些学生的首要任务是处理好学业与创业的关系，如果两者矛盾激化而创业活动不容搁置的话，需要申请休学创业。

2. 休学创业

目前，我国多数普通高校都有最长学年的限制，在尚未完全采用学分制的情况下，休学创业是普通高校学籍管理中出现的新事物。教育部公布的《教育部关于贯彻落实〈中共中央、国务院关于加强技术创新，发展高科技，实现产业化的决定〉的若干意见》中明确规定：允许大学生、研究生（包括硕士、博士研究生）休学保留学籍创办高新技术企业。很多大学都建立了大学生休学创业的相关规章，为大学生在校创业铺平了道路。但这并不意味着教育管理部门鼓励所有的大学生都去休学创业，而是对那些慎重做出休学创业选择的大学生进行创业活动的支持。

3. 毕业后创业

毕业后创业实质上是大学生的一种就业选择，这也是政府有关教育主管部门积极倡导的。毕业后创业不影响学业，但刚毕业的大学生的资金和经营经验不足，使得许多有创业打算的大学生望而却步。我国各地政府和著名企业对大学生创业都有相关的扶持政策。

4. 毕业后一段时间创业

毕业后一段时间创业是大学生创业时机选择最普遍的形式。大学生毕业离开学校一段时间后，积累了一定的资金、一定的社会阅历和一定的管理经验，这时完全可以把自己的理想付诸实践。

### 3.1.7 创业条件的创造

1. 积累创业资源

在大学生初次创业的时候，资源一般会十分短缺，如果资源不足，创业成功的概率就会降低。在资源具备上，一般来说要符合两个条件：一是要有进入某个行业的起码的资源；二是要具备差异性资源。创业资源有很多，如资金、客户、技术、管理、人力及经营模式等，创业者不需要完全具备这些资源，但至少应具备其中一些重要资源，未具备的其他资源可以通过市场化方式来获取。创业者如有足够的财力资源，其他资源的欠缺可以弥补；如有足够的客户资源，其他资源的欠缺也容易弥补。

2. 选择正确的创业方向

很多创业者先把公司创建起来后再去找项目，这种创业很盲目，成功的概率低。创业者在创业之前一定要有明确的创业方向。假如创业者选择了某一个行业，创业前一定要积累一些该行业的经验，收集相关的资讯，如果有可能，可以先考虑进入该行业为别人打工，通过打工来积累经验与资源，等有了行业知识、客户资源渠道、盈利模式再创业，成功就指日可待了。

3. 提高经营能力

经营能力非常重要。创业者有非常出色的经营能力，才比较容易找到投资者。很多年轻人在创业时，过多强调资金因素的影响力，其实不然，创业条件中资金虽然很重要，但更重要的是创业者个人的经营能力，特别是业务能力。

**4. 选择成功的创业方式**

在创业方式中，有几种成功的创业方式：从零开始独立创业、有技术与他人合作、在企业内部创业。一般来说，第三种创业方式最容易成功。

创业者比较好的选择就是有计划、有策略地进入一家成功的公司，先取得老板的信任，再找准机会建议老板从公司发展角度投资新项目，这样就有了创业的机会，作为项目的提出者，自然会被老板委以重任。很多企业都会有发展新项目的需要，如果冒昧地找人投资，合作机会不会太大，这是因为企业用人时对忠诚度的重视甚至超过对能力的重视。

在企业内部创业有很多有利条件，如有资金的支持、管理的指导、综合资源的共享、业务资源的利用、品牌形象的借助等，如果创业公司的业务与母体公司的业务有延续性或关联性，创业更容易成功。

### 3.1.8 创造商机的方法

创业者要在创业实践中学会筛选机会、把握机会，但当没有现成的商业机会时，要创造机会。创造商机的方法有以下几种。

**1. 创造兴趣**

创造兴趣即创造新型消费。这种方法的突出特点是不拘泥于消费者现在是否有此兴趣，而是自作主张地创造出某种产品或服务，主动引导消费。这种商机创造技巧的基本原理在于，消费固然能引导生产，生产也能激励消费和创造消费。

**2. "顺藤摸瓜"**

"顺藤摸瓜"即顺着事物相互关系之"藤"去摸商机之"瓜"。"顺藤摸瓜"运用了引申需求原理。所谓引申需求，是指由一种需求带动而产生的另一种需求。

**3. "吹毛求疵"**

世界上的任何事物总有缺点，善于"吹毛求疵"也可以创造出商机。

**4. 品味经验**

实践经验远比书本知识丰富。"汽车大王"福特（Ford）曾说：任何人只要做一点有用的事，总会有一点报酬。这种报酬就是经验，这是世界上最有价值的东西，也是别人抢不去的东西。这种被称为"最有价值"的经验能否帮助我们创造商机呢？事实表明，只要创业者拥有经验并善于发现是不愁没有商机的。

**5. "带电"思考**

"带电"思考一般是从电动和电热方面去琢磨课题。用电动代替手动，其优越性是不言而喻的，利用电动机、蓄电池做动力的机械、器械及日用生活品比比皆是，各种电动产品也层出不穷。

6. 化整为零

化整为零、各个击破是军事家们惯用的制胜战术，用于商机创造则是指将历来视为整体的东西加以细分，然后进行求异思考以获得新的商机。

7. 合二为一

将两种或两种以上的事物合二为一可以引起创新。创造商机也可以应用这种智慧，常用的有主体添加、同物自组和异类组合。主体添加即在一种事物的基础上添加另一种事物而产生新的创意，并产生商业价值。同物自组是将若干相同的事物进行组合以创新的一种创新技法。异类组合又称异物组合，是将两种或两种以上的不同种类的事物组合，产生新事物的技法。

## 3.2 创业项目的市场调查

### 3.2.1 市场调查的含义

市场调查，就是运用科学的方法，通过各种途径、手段，有目的、有计划、系统而客观地收集、记录、整理与分析有关市场营销的现状资料和历史资料，预测市场发展趋势，为企业经营决策和管理提出方案或建议，为企业决策者进行科学决策提供依据的活动。在这里，市场调查主要是指创业项目的实施者在选择项目前所进行的市场调查，它是创业者正确地选择项目的前提条件。

在创业的过程中，当预选好一个项目之后，紧跟着的就是要对此项目进行市场调查，以确定是否选择该项目进行投资开发。

### 3.2.2 市场调查的作用

市场调查具有以下作用。

（1）市场调查是了解消费者需求的有效方法。一个创业项目的成功与否在很大程度上取决于市场需求的状况，而市场调查是了解市场需求的最有效途径之一。

（2）市场调查是项目实施者进行市场预测和决策的前提。实施者只有根据市场调查所掌握的信息和资料，才能对市场变化趋势作出较为科学的预测，正确地作出项目的选择。如果后来的确选择了该项目，那市场调查还将是该企业经营决策的基础，并在此基础上制订正确的经营规划和计划，为企业的生存和发展打下坚实的基础。

（3）市场调查是企业正确制定市场营销策略的保证。企业只有通过市场调查研究和分析，才能充分了解和掌握企业的内部条件和外部环境等影响因素，从而制订切实可行的市场营销策略。

### 3.2.3 市场调查的类别和内容

按调查要完成的任务划分，市场调查的类别可分为描述性市场调查、解释性市场调查、预测性市场调查。

（1）描述性市场调查。这种调查的任务在于客观反映市场各个要素及其相互关系的现状。比如，调查消费者的购买力、总需求与总供给之间的关系、竞争对手的状况等。描述性调查的主要特点是通过实地收集资料和分析资料，回答市场现状是什么和为什么。

（2）解释性市场调查。解释性市场调查的目的在于检验某种理论假设或解释某类客观现象，寻求现象之间关系发生、存在的条件。由于因果关系是建立理论解释的主要方式之一，因此，解释性市场调查也被称为因果性市场调查。比如，为什么某产品降价了，销售量反而小了？为什么某产品近期库存增加了？这种调查的特点是在一定理论的指导下，全面收集有关因素的实际资料，在此基础上对资料进行科学的分析，检验原有的理论或假设，从而对客观现象给予理论解释和证明。

（3）预测性市场调查。这类市场调查的目的在于对市场发展趋势及变动幅度作出科学的估计。它的特点是在科学理论的指导下，通过运用科学方法对过去的和目前的市场信息的综合分析研究，预测未来市场的走势。预测性市场调查结果是决策的重要依据和基础。

对市场调查类别的划分并非唯一，以不同的标准来划分，将有不同的结果。主要还有：按调查的基本方法划分，有定性调查和定量调查；按调查对象的特点划分，有宏观市场调查和微观市场调查。

（1）宏观市场调查的主要内容如下。

① 经济环境。其主要内容有国民经济发展状况、消费者收入水平及消费结构、投资环境以及市场化程度等。

② 政治法律环境。其主要内容有政治体制和经济体制、国家制定的方针和政策（特别是有关大学生创业的特殊政策）、国家及地方颁布的法律法规和章程等。

③ 社会人文环境。其主要内容有文化传统、生活习惯、价值观念、社会风尚及审美观念等。

④ 自然环境。其主要包括原料、动力等资源状况以及环境污染程度等。

⑤ 人口环境。其主要包括人口数量、人口增长速度、人口密度、人口年龄结构等。

（2）微观市场调查的主要内容如下。

① 创业项目的市场需求调查。这是市场调查的核心。其具体内容包括：创业项目行业市场潜量，即本行业在某个市场上可能达到的最大销售量；本企业销售潜量，即本企业的某一产品在某一市场的最大销售量；本企业在不同市场的市场占有率，即本企业产品的销售量与市场上同类产品的销售量的比率。

② 创业项目的购买力与供应量关系调查。这主要是从需求和供给两方面来考察创业项目，分析市场供求差异和目标客户的购买力。

③ 创业项目的竞争力调查。这主要包括：竞争对手的数量（包括生产与创业项目竞争相同的、类似的以及可以替代产品的企业数量）；竞争对手的市场占有率；竞争对手的竞争力，主要是企业的规模、资金、技术、人才结构和管理水平等。

### 3.2.4 市场调查的步骤

市场调查的目的和要求不同，其实施步骤也不尽一致，一般可分为三个阶段，即市场调查设计阶段、调查资料收集阶段和调查资料处理阶段。

1. 市场调查设计阶段

所谓市场调查设计就是根据市场调查目的，对调查工作各方面和各环节所作的全面部署和安排。这一阶段的具体内容包括明确调查目的、确定调查对象和调查单位、确定调查项目、确定调查资料的来源渠道和获取方法、设计调查表、制定调查的费用预算。

（1）明确调查目的。调查目的是指市场调查所要取得的预期效果。明确调查目的能为调查工作指明方向，找出调查工作的重点，使调查人员有的放矢地进行工作。

（2）确定调查对象和调查单位。调查对象是指市场调查所要研究的市场现象的整体。企业所面临的现实问题和潜在问题以及调查目标确定之后接下来就要明确调查对象，搞清楚对什么进行调查，调查的范围是什么。调查范围直接影响调查工作量的大小和调查工作效率的高低。一般可以从商品销售市场入手确定市场调查的区域范围。

调查对象确定之后，还要进一步深入分析调查对象的性质和特点，确定调查单位。调查单位是指构成调查对象的每一个单位，是调查项目的承担者。

（3）确定调查项目。调查项目是进行市场调查的具体内容，是根据调查目的、调查对象、调查单位的性质和特点设计出来的。调查项目的设计，必须从满足调查目的的需要出发，对各调查项目进行比较分析，选择那些能够反映调查单位本质特点的项目作为调查项目，决不能不分主次轻重。在实际工作中，要考虑调查项目对实现调查目的的实际价值，结合在现有条件下获取所需资料的难易程度以及费用开支的多少等因素，对调查项目作必要的筛选和取舍。

（4）确定调查资料来源渠道和获取方法。调查项目和调查单位确定之后，就应考虑相关资料的来源渠道和获取资料的方法。一般来说，调查资料的来源有两大类，一类是文案资料，另一类是实地调查资料。文案资料是他人收集并经过整理的资料。实地调查资料是市场调查人员直接从顾客、生产企业、中间商和竞争对手等方面收集来的原始资料，其收集的方法有询问法、观察法和实验法三种。选择哪种调查资料的收集方法，应根据所需资料的性质、调查时间、费用等来决定。

（5）设计调查表。为了方便市场调查工作，常常需要根据调查项目之间的逻辑关系，按一定的顺序，将调查项目放入一个调查表中。这样一方面能够方便被调查对象填写，避免错误；另一方面可以大大加快调查资料汇总和整理的速度，提高调查工作的效率。

（6）制定调查费用预算。调查费用对调查效果的影响很大。合理的支出是保证调查顺利进行的重要条件。调查的实施者应根据调查目的的要求、调查的规模及方法、自身的经济实力估算并合理分配调查费用。

2. 调查资料收集阶段

拟定调查方案和调查工作计划后，就进入到调查资料的收集阶段。这一阶段是调查工作的重点，主要任务是组织调查人员深入实际，按照调查方案的要求和工作计划的安排，系统地收集各种资料和数据。在调查工作中，首先要收集文案资料，当文案资料不能满足需要时，就要进行实地调查。实地调查是市场调查的主体，是市场调查能否取得成功的关键，也是花费财力和人力最多而且最容易产生差错的阶段。

3. 调查资料处理阶段

调查资料的处理，是将收集到的分散的、零星的资料进行归类整理与分析，向决策者提供具有参考价值的信息资料的过程。它包括以下两个阶段。

（1）整理分析资料。当取得大量的市场调查资料后，需要对其进行审核、校正、筛选和分类汇总并制成一定的图表，使之成为系统的、完整的和可靠有用的资料。

（2）撰写调查报告。市场调查报告要根据调查的目的和所收集到的信息资料，经过分析研究，作出判断性结论，提出建设性意见，使其在实际工作或理论研究中发挥应有的作用。调查报告的内容一般包括以下五个方面。

① 提出问题，说明调查的目的及意义。
② 说明调查对象及其范围、调查单位、调查项目、资料来源及收集方法等。
③ 对经过整理的各种数据和资料作归纳性的分析。
④ 对调查结果作出结论，并提出建议与意见。
⑤ 其他需要说明的事项，包括有关需要提供的详细资料、各种统计图表以及有关参考资料。

### 3.2.5 市场调查的手段

1. 普查法

普查法是对被调查对象无一例外地、逐个进行的一次性全面调查，是市场调查的一种重要方法。普查法主要用于收集那些不能或不宜通过其他调查方法取得的比较全面的、细致的、可靠的资料。但是，普查工作牵涉面广，调查工作量大，需要花费较多的人力、物力和财力，有时需要较长时间才能得出全部结果，在变化多端，竞争激烈的市场环境中，调查资料的时效性差；有时还会因调查组织工作不力，容易产生较大的调查误差。所以普查法不宜经常采用，一般只适用于某些小范围的市场调查或特殊现象的调查。

2. 访谈调查法

访谈调查法是指通过直接的或间接的问答方式搜集市场信息，是一种最常用的实地调查方法。具体来说一般可以分为如下4种方式。

（1）走访调查。走访调查是指调查者直接与单个的被调查对象进行面对面交谈以收集资料的方式。其优点是调查有深度、记录的真实性高、调查的灵活性较高、拒答率比较低。其缺点是调查的周期较长、调查的费用较高。一般来说，走访调查适用于调查范围小，而调查项目较复杂的情况。

（2）电话调查。电话调查是指依据调查提纲或问卷，用电话与选定的被调查对象交谈以收集信息的一种个别访问的形式。其优点是获取所需资料的时间短、节约时间和费用。其缺点是项目比较简单明确，调查的效果不是很好。总体而言，电话调查的特点就在于迅速地获得有关信息，因而特别适合用于调查项目单一、问题相对简单明确，并需要及时得到调查结果的情况。

（3）书面问卷留置调查法。书面问卷留置调查法是指调查者将调查表当面交给被调查对象，经说明和解释后留给被调查对象自行填写回答，再由调查者按约定的时间及时上门收回调查表的一种收集资料的方法。这种调查方法的特点主要在于将"面谈"和"笔谈"结合起来，既可缩短调查的周期，降低调查者经验不足或调查者经验之间的差异对调查质量的影响，又能对被调查对象回答的完整性和可信性给予及时的评价和检查，并保证问卷有较高的回收率。其缺点是调查费用比较高，并对调查者的责任心有较高的要求。

（4）邮寄调查法。邮寄调查法是指调查者将预先设计好的询问表格或问卷，邮寄给被调查对象，请他们按要求填好后寄回，从而收集所需资料的方法。其优点是调查范围广、费用低、被调查对象有充裕的时间来考虑回答问题。其缺点是询问表格或问卷回收率低，时间拖延往往较长。一般来说此法适用于有一定文化程度的被调查对象和简单易于作出明确回答的调查问卷。

### 3. 网上调查

运用互联网进行调查，是伴随互联网使用不断普及、技术不断发展而新增的调查方式。网上调查的优点是方便易行，只需在自己建立的网站发布调查项目或者将调查项目委托给相关网站即可，其缺点是难以保证调查问卷回收率。为提高调查问卷回收率，需要委托知名度、点击率较高的网站以及在调查过程中辅以一定的激励措施，当然这将增加调查的成本开支。一般而言，直接针对网络用户进行调查，调查的项目不宜过多。

企业的经营者有必要养成使用互联网的经营习惯，要经常上网浏览和查询信息。对于需要花费较多时间的大量信息收集，则可委托有关服务公司定期提供所需的国内、国外最新信息以供决策参考。

### 4. 实验调查法

实验调查法是在给定的条件下，通过对比实验，对市场现象中的某些变量之间的因果关系及其发展变化过程加以研究分析的一种调查方法。

对比实验是自然科学研究中普遍使用的一种方法。在市场调查中，一般是先进行一项小规模的营销策略实验，然后对比分析这种实验性的营销策略是否值得大规模推行。

为了保证实验效果，可以在不同时期，对所选定的特定的实验市场分别实施不同的营销策略，以测定各种策略的不同效果；也可以同时在两个特定实验市场中，分别实施不同的营销策略，以对比分析两种策略的优劣。但无论采用哪种营销策略实验，都必须注意排除诸如购买力、价格、消费习惯以及季节变化等非实验因素的影响。

实验调查法的应用范围非常广泛，凡是在改变商品品质、包装、设计、价格、广告、陈列方法等因素时，都可以运用本调查方法，先作小规模的实验性改变，以了解顾客的反映。实验调查法的优点是调查结果的客观性较强、可信度较高。其缺点是所需时间往往过长、成本高、实施过程中的困难较多。

### 5. 抽样调查法

（1）抽样调查的概念

抽样调查是指在总体中按随机原则抽取一定数目的调查单位（样本）进行调查，用所得的样本数据推断总体指标的非全面调查。所谓随机原则，又称概率法则，即保证总体各单位有同等被选中机会的原则。根据样本理论设计出来的一些抽样方法，原则上必须是无意识的。因此，按照随机原则，无论采用何种抽样方法所得的样本，都应完全取决于随机，而把种种人为因素，诸如态度、倾向、情感好恶等降低到无的境界，使样本能在毫无外在因素影响的状态下被抽出。

(2) 抽样调查的特点

只对抽取的样本单位进行调查，调查单位数目和调查工作量较少，能够节省人力、费用和时间；按照随机原则抽取样本单位，能保证被抽取的样本单位分布特征与总体分布特征基本一致，具有充分的代表性。因而，可以根据样本的指标数值比较准确地推断出总体指标数值，取得与普查非常相近的全面资料；以样本数据推断总体指标数值会产生代表性误差（抽样误差），但各个可能样本的抽样平均误差可以用统计方法计算出来，并可将其控制在一定的范围内。

(3) 抽样调查的抽样方式

应用抽样调查方法必须遵循两项基本原则：其一，抽样技术要符合随机原则，使总体单位中的每一个调查单位被抽出的机会均等；其二，在不影响调查精确度的条件下，尽量运用比较简单、直接的方法，使抽样工作程序更加简单。最基本的抽样调查的抽样方式有简单随机抽样、机械抽样、分层抽样、分群抽样4种。

① 简单随机抽样。简单随机抽样也称单纯随机抽样，就是事先不对总体单位中的单个调查单位进行分类、排队，直接用纯粹偶然的方法抽选调查单位进行调查的抽样方法。采用这种抽样方式，一般必须事先对总体单位进行编码，但如果总体单位数目过于庞大，或由于总体单位本身特点的限制，无法进行编码时，就不可能采用简单随机抽样方式。因此，这种抽样方式在理论上是比较简单的，但在实际应用中却是比较困难的。假如总体单位都能成功地进行编码，则可采用以下两种具体的抽样方法。

抽签法。抽签法就是对总体单位中的所有单位进行编码，然后将编码写在事先备好的标签上并搅拌均匀，从中任意抽选，每抽出一个标签，就对应一个单位，直到抽足预先确定的样本数为止。

随机数表法。随机数表法是利用预先编制好的随机数表来抽选样本单位的方法。随机数表（乱数表）是利用特制的摇码机或计算机，在0到9的10个阿拉伯数字中，按每组数字位数的要求，自动地逐个随机产生一定数目的号码编成的数字表格。利用随机数表抽选样本单位时，首先要对总体单位中的所有单位进行编码，在数表中随机选择任意一行、任意一列的数组作为始点，然后从上向下或从左到右按顺序取数，如果不是重复抽样，碰上重复码应予舍弃，直到抽足预定的样本数为止。

② 机械抽样。机械抽样又称等距随机抽样或系统抽样，是指将总体单位中的所有单位按照一定的顺序排列，并以总体单位数除以样本单位数计算出抽样距离，然后按相等的抽样距离抽取调查单位组成样本的抽样方法。

对总体单位的排列必须选择一定的标志，标志的选择有两种情况：第一，按与调查项目无关的标志排列，如按户口册序号、姓氏笔画、时间顺序进行排列；第二，按与调查项目有关的标志排列，如职工家庭调查中按家庭人均生活费高低排列。

等距随机抽样获得的样本比单纯随机抽样获得的样本更具有普遍的代表性，也更能较好地体现随机原则，而且依照机械次序抽取样本单位，比较容易操作。我们在运用这种方法时，一般可以通过编码方法，并按机械次序来抽取样本。如果事实上难以进行编码时，也可以采用一定间隔的办法来实现这种等距随机抽样。

③ 分层抽样。分层抽样又称分类抽样或类型抽样，就是先将总体单位按一定标准分层

（类），然后在各层（类）中采用简单随机抽样或机械抽样抽取样本的一种抽样方法。

分层抽样可以分为等比例抽样和非等比例抽样两种组织方式。等比例抽样要求在各层次中抽取样本数量的比例是一致的，等比例抽样易于理解和操作，可以保证样本结果与总体单位结构在选中的分类标志方面的一致性，因而提高了样本的代表性。然而，在实际操作中，特别是在各层次（类别）的数量差别很大时，等比例分层抽样显得很不经济。

非等比例抽样不受各层次（类别）中抽选样本数量比例相等的限制，是根据实际情况和大数定理的要求，对有较大影响但数量较少的层次（类别）分配给较大的抽样比例，而对数量较多的层次（类别）分配给较小的抽样比例的一种抽样组织方式。

总之，分层抽样较简单随机抽样和机械抽样更精确，能够通过对较少的样本单位的调查，得到较精确的推论结果。这是因为，通过对总体单位的分类，划分出同性质较高的各层次（类别），从而减少了各层次（类别）内部的离散度。

然而，与简单随机抽样方式一样，分层抽样严格要求抽样之前必须具有完整的抽样框。这不得不使分层抽样的应用范围受到很大的限制。尽管如此，在市场调查中，调查者只要有可能还是尽量采用分层抽样的方法，因为对抽样框的研究和管理是调查者所能控制的，特别是这种研究和整理可以减少抽样单位数量，极大地提高市场调查效率。

④ 分群抽样。分群抽样就是依据总体单位的特征将其按一定标志分成若干不同的群（组），然后对抽中的群（组）中的单位进行调查的一种随机抽样方式。在实际操作中分群抽样最主要的特征是组建样本的多阶段性。与前面所介绍的三种抽样方式不同，分群抽样不是从总体单位中直接选取最终的调查单位，而是首先随机抽取包括样本单位的群，最后再从样本单位群中随机抽出样本单位。

分群抽样在大规模市场调查中应用很广泛，特别是在不可能直接得到拟调查样本单位的抽样框时，或者说抽样框需分阶段才能最终组建起来时，分群抽样的优点最为明显，它可以使调查者得到一个随机的调查样本。从操作上看，分群抽样是对简单随机抽样和机械抽样方式的综合利用，具有调查样本抽选和实施调查组织的方便性。但这样的方便性是以整体抽样方案设计、抽样误差计算以及总体推论的复杂性和严格性为代价的。

## 比尔·盖茨与他的"厕所革命"

演讲台前，比尔·盖茨举起一只烧杯，向观众展示其中盛装的物体。那不是什么新材料、新科技，而是携带有两百万亿个贺氏菌、轮状病毒，十万个寄生虫卵的人类粪便。

盖茨盯着这半烧杯粪便，向观众认真解释："在没有安全卫生设施的地方……正是这些病原体引发了腹泻、霍乱、伤寒等疾病……导致每年近五十万名五岁以下儿童的死亡。"

这里是新世代厕所博览会，是盖茨十一月造访中国四天来出席的为数不多的公开活动。会展由盖茨基金会、中国国际贸易促进委员会、中国国际商会联合举办，地点位于北京嘉德艺术中心。

在这桩三层楼三千平米的建筑内，陈列着来自全球16家大学和科研机构提供的20余种新式厕所。这是盖茨基金会发起厕所创新挑战七年的成果总结。

新式厕所形色各异。有的被放置在架高1米的展台上，坐式或蹲式马桶下方是复杂的污物处理系统；有的制成了全透明外壳，厕所内各部分功能的差异以彩灯示意……它们的共同点是利用高科技消除有害病原体，将排泄物变废为宝。

七年里，盖茨基金会先后投入超过2亿美元，以寻求新世代厕所的最佳解决方案。停止在微软的全职工作后，盖茨为何执着投入"厕所革命"的事业中？而我们究竟需要怎样的新世代厕所？所谓的"厕所革命"又会是怎样的未来？

早在2009年，盖茨已经开始思考人类的粪便问题。他曾向一些科学家和工程师提问，能否采用更加经济的方法消灭病原体，既能满足城市快速发展需求，又可以无须连接下水道，还可以节省已经短缺的水电资源？

有些人怀疑这根本行不通。盖茨便会以身说法：在我创业之初，大家觉得计算机只能是大公司和政府才能买得起的大型机，这是大家对计算机的认知惯性。但当时我们有一部分人并不这样认为。我们梦想着开发人人都能使用的个人电脑……现在大家已经无法想象大型机时代的世界是什么样子。

盖茨相信在公共卫生领域利用新科技能够改变全人类的如厕环境。于是，他身体力行地宣传推广。在其个人博客中，盖茨发布了20篇关于厕所问题的文章与视频，记录他在美国、印度、中国等地参观厕所的见闻。2015年，在华盛顿一家粪便处理厂，盖茨面对镜头喝下了工厂从粪便中生成的纯净水。"通往厕所革新之路有很多种，比如渐进式的改变方法。在不改变整体管网体系的情况下，优化粪便处理的各个环节，像是在运送环节使用新型吸粪车，保证它不会出现跑冒滴漏的情况。"刘东介绍。

把粪便收集、运送、处理三个环节合并，则成为一种新型厕所，这便是展会上陈列的新世代厕所。它是一种可以自己处理废物，自给自足的新世代马桶。

美国加州理工学院带来的发明是ECO-SAN处理系统。它可利用太阳能从粪便中提取纯净水用于厕所冲洗；利用电化学反应器将水与排泄物分解成氢气与肥料，氢气可作为能源续航氢燃料电池，肥料则可用于农业种植。这个系统每天可供50～800人使用。

英国克兰菲尔德大学推出了干式燃烧型新型厕所。厕所前端是个坐便器，采用新型无水冲厕方式，所有废物处理组件全都安装在底座内。厕所后端通过专门设计的螺杆提取固体废物，然后干燥、燃烧，同时将液体预热并用疏水膜纯化。区别于加州理工学院的设计，这款产品面向家庭推出，每天最多可供10人使用。

加拿大多伦多大学郑毓玲教授带来的新型厕所也是面向家庭设计的。在新世代厕所博览会上展出的样品，前端是一个蹲便厕所，后端是配有固液消毒功能的装置。这台装置的优势是利用焖烧技术处理粪便物时可持续、稳定产生的热能，以及通过回收固体干燥时的蒸汽热能，实现液体的巴氏消毒。2011年，收到新世代厕所的项目邀请后，郑毓玲提交初步方案的时间只有1个月。"因为留的时间太少了，以至于都没有怎么思考成熟。"郑毓玲对极客公园说。七年来，他们一直在对方案进行修改，到如今已经是第四代版本。"研发这款环保厕所既有挑战性，又让人兴奋。"郑毓玲说，在学术实验室中证明一个概念是一回事，但建立一个原型并加以开发，使它能够在一个家庭中使用却要难得多。目前，通过盖茨基金会的协助，他们在印度哥印拜陀市的一所大学建筑工地安置了自己的产品，进行现场测试。未来，家庭、单元楼、工厂、公园等场所都将是新世代厕所的使用场景。只是，这些产品价格高昂的问题至今还未找到有效的解决方案。此次参与新世代厕所博览会，郑毓玲也提到，他们希望在展会上结识更多伙伴，以期在设备制造、污染物处理技术等方面有更多合适的商业化合作。

为了吸引更多力量加入，在新世代厕所博览会的演讲里，盖茨甚至将解决厕所问题比喻成一个巨大的商机。他说："如果你来自企业，想必你已经意识到，随着技术的不断进步，如何满足45亿人安全用厕蕴含着巨大的商机。这么大的商机并不常有。"

资料来源：极客公园 https://baijiahao.baidu.com/s？id=1619293573855037733&wfr=spider&for=pc（2012-12-08）

◆ **思考与讨论**

1. 通过上述案例分析比尔·盖茨的创业机会属于哪种类型？
2. 你认为比尔·盖茨的创业机会有哪些特点？
3. 请对比尔·盖茨的创业机会进行评价。
4. 从这个案例，你还看到了哪些相关的创业机会？

# 第4章 创业资源

**本章学习目标**

1. 了解创业资源的含义与特征
2. 熟悉创业资源整合的方法
3. 掌握创业资源开发的技巧

## 4.1 创业资源概述

创业资源是创业者开展创业活动的基础,是新企业在创业过程中为了实现企业生存与发展战略目标,先后投入与利用的内外部各种有形资源与无形资源的总和。没有创业资源的支撑,创业者即使有再好的外部创业机会也无法开展创业活动。从企业创业初始到企业退出市场,创业资源的整合与获取伴随着整个创业过程,并对创业过程的展开产生重要的影响。

### 4.1.1 创业资源的特征

相对于既有企业,新企业的创业资源不仅具有资源的一般特性,还具有其自身的一些特征,主要包括以下几个方面。

1. 创业资源的稀缺性更高

创业资源的稀缺性包括两个方面的含义:一是创业资源相对于创业者的创业需求而言是稀缺的,不是说这种资源不可再生或可以耗尽,而是指这样一个普遍的现象,即在给定的时间段内,与创业活动对创业资源的需求相比,其供给量相对不足;二是新企业所拥有的与所需要的资源结构往往是不平衡的,既有企业是由新企业逐步成长和发展起来的,伴随着企业的发展,既有企业往往会开发出较多的资源,这种开发过程所奠定的基础往往使既有企业更容易获得外界的资源,而新企业则没有既有企业那样的资源开发的积淀,因此新企业比既有企业获取外界资源的难度更大。在一定的时空范围内,新企业资源的充裕程度、资源结构平衡程度等都将影响新企业的规模、形式、路径的选择及创业绩效。实际上,成功的创业过程就是一个创业资源总量逐渐丰盈、资源结构逐渐平衡的过程。

2. 创业资源的外部依赖性更强

新企业创业资源稀缺,这就意味着新企业直接控制的内部资源不足。同时,相对于既有企业的管理者,创业者往往还缺乏企业运作相关的知识、经验及能力。因此,新企业往往存在着资源稀缺和部分资源利用不充分的双重矛盾，而利用外部资源既能解决创业资源的稀缺问题，又能解决部分资源利用不充分而导致的资源结构不平衡的问题，大大减少了新企业的风险与成本。例如，许多创业者在创业过程中特别注重学习先进的管理经验，吸引既有企业的优秀管理人才加盟创业团队，从而快速提升创业绩效和有效地规避创业风险。

新企业利用外界资源的根本目的是解决创业资源的匮乏问题，而既有企业利用外界资源可能更多是从扩张、竞争战略等方面考虑。因此，在日趋动态多变的商业环境下，创业者如何创造性地获取及利用外界资源，对于新企业的生存与发展显得越来越重要。

3. 创业资源的个性化特征更明显

任何企业都被深深地打上了其创造者的烙印，只不过新企业的个性化特征更为明显。与既有企业相比而言，新企业的各种生产要素往往与创业者自身的社会网络联系在一起。例如，新企业中重要的人力资源往往是创业者的家庭成员或相关群体的成员，新企业的创业资金往往来自创业者自身或亲朋好友等相关群体。

### 4.1.2 创业资源的分类

根据创业资源的内容、控制主体、形态和利用方式等，分别将其分为不同的类型。

1. 按内容分类

按内容对创业资源进行分类有利于区分不同创业资源的性质和作用。从内容方面看，创业资源可以分为人力资源、信息资源、财务资源、实物资源、技术资源和组织资源。对于一般的创业者而言，成功的创业活动离不开这些资源。

（1）人力资源

人力资源是开创事业的基础，既包括创业者与创业团队的知识、经验、判断力、技能等，也包括创业者本身的人际关系网络。其中，创业者自身的洞察力和领导能力是最核心的资源，直接决定了创业者能否洞察合适的创业机会，并领导其他团队成员有效地采取创业行动。

人力资源大致可分为三类，即智力资源、声誉资源和社会网络。

① 智力资源。智力资源不仅包括企业员工的学历、经验和技能，也包括企业员工的学习能力、创新精神和对变革的适应能力。企业员工的创新精神与主动变革能力，往往比其学历更为重要。

② 声誉资源。声誉资源是指市场环境中的人群对于企业及其产品的综合评价。对于新企业来说，声誉资源十分重要。企业的声誉往往是通过企业的产品质量、服务质量、企业员工的工作水平及态度、对消费者的服务态度和社会承诺履行程度等方面积累起来的。

③ 社会网络。社会网络是指社会成员之间因互动而形成的相对稳定的关系体系。社会网络关注的是人们之间的互动和联系，社会互动会影响人们的社会行为。社会网络作为一种重要的社会资本，同经济资本一样属于重要的创业资源。事实证明，世界各国创业团队的社会网络对其创业活动开展的路径、方式及绩效都有重大的影响。

（2）信息资源

信息资源是企业生产及管理过程中所涉及的一切文件、资料、图表和数据等信息的总称。信息资源涉及企业生产和经营活动过程所产生、获取、处理、存储、传输和使用的一切信息，贯穿新企业管理的全过程。由于市场竞争十分激烈，对于新企业来说，就更加需要丰富、及时、准确的信息，以争取到更多的其他要素资源。当创业者比竞争对手掌握更多的信息时，就能获得更多的创业机会。

（3）财务资源

财务资源是创业所需的资金，包括现金、股票、债券等。随着市场的发展，市场竞争越来越激烈和残酷，新企业要想在激烈的市场竞争环境中生存，创业者就必须掌控充足的资金。如果创业者仅有良好的创业环境以及创业机会，却缺乏资金来实施具体的项目运营，那么再好的创业环境与创业机会也无法让创业者实现创业理想。

在创业初期，财务资源主要来自创业者本人或其家人、朋友。随着企业规模的扩大，经营记录及声誉资源的积累，新企业外部财务资源的筹集将变得更加容易。

（4）实物资源

实物资源是新企业在生产和管理过程中使用的有形资源，包括长期存在的生产物质条件，如土地、矿山、厂房、机器设备、运输工具等，还包括生产过程中投入的主材、辅材等原材料。实物资源是创业活动得以开展的重要条件。许多实物资源属于一次性固定成本，它们在使用中会逐渐被损耗掉，因此加强对实物资源的维护和保养、推动实物资源的保值增值显得特别重要。

随着市场规模不断扩大，专业化分工程度持续深入，金融市场的效率不断提高，实物资源越来越容易通过采购等渠道获取。在这种情况下，实物资源往往难以构成既有企业竞争优势的重要来源，但对于新企业而言，实物资源是其创立的基本条件。

（5）技术资源

技术资源一般指专利权、商标权、著作权等。对于新企业来说，技术主要包括两个方面的内容：一是与解决实际问题有关的软件方面的知识；二是为解决这些实际问题而使用的设备、工具等硬件方面的知识。这两者的总和构成了一个组织的特殊资源，即技术资源，技术资源是无形的且受法律保护的，是创新资源产生的结果及表现，一般与声誉资源结合在一起使用，可以提升其潜在的价值。在竞争激烈的现代社会背景下，加强技术资源开发与保护的独有性是保证新企业赢得市场的关键。企业必须对研发而生成的技术进行知识产权的保护，以免自身的利益被他人侵犯。加强技术资源的目的是创新企业已有的技术、研发并拥有独立知识产权的核心技术，达到占领市场的目的，从而促使新企业不断地发展壮大。

（6）组织资源

组织资源是管理活动进行资源配置整合的表现形式，包括组织结构、作业流程、工作规范、质量系统等。组织资源通常指组织内部的正式管理系统，包括信息沟通、决策系统以及组织内正式的和非正式的计划活动等。组织资源为企业的生产经营活动提供了坚实的保障，可随着企业规模的扩大、管理规范化程度的提升而不断积累和优化。对于新企业，其组织资源还处在萌芽阶段，需要创业者不断培育和积累，并且创业者要在培育和积累的过程中使组织资源发挥充分的作用。大多数新企业的失败都是由于无法有效地培育、积累和运用其组织资源而导致的。

以上几种创业资源相互作用，共同构成了创业者的创业资源基础，并在很大程度上决定了新企业的绩效，进而影响新企业成长发展的速度。

2. 按控制主体分类

创业资源按控制主体可分为外部资源和内部资源。

（1）外部资源

外部资源指存在于新企业外部，可以被新企业吸引购买并加以利用和共享的创业资源，如金融机构的资金、企业外部的优秀人才、科研机构的技术成果及现有成功的营销网络等。

（2）内部资源

内部资源是指存在于新企业内部，已经被新企业掌控的创业资源，如新企业的自有资金、新企业的研发成果及新企业自有的营销网络等。

3. 按形态分类

美国学者巴尼（Barney）和霍尔（Hall）把资源按形态分为有形资源和无形资源。

（1）有形资源

有形资源指具有固定生产能力特征的实体资产及可自由流通的金融资产，包括财务资源、组织资源、实物资源和技术资源。

（2）无形资源

具体来说，无形资源是那些根植于企业的历史、长期以来积累下来的资产。无形资源包括人力资源和声誉资源，指那些不具有实物、实体形态的资源，如企业名称、声誉、商标、专利、专有技术、营销网络、管理制度、信息资料、企业文化等。

新企业在拥有有形资源如厂房、装置、设备及资金等的同时，也会拥有各种不易计算其价值的无形资源，而后者往往是创业核心竞争力的主要来源。

4. 按利用方式分类

创业资源按其利用方式可分为直接资源和间接资源。直接资源指新企业可直接利用的资源。间接资源指需要新企业通过一定的转化才可利用的资源，如信息资源往往只有通过加工处理才能具有决策参考价值。

## 4.1.3 创业资源与商业资源的关系

商业资源是在日常商业活动中由众多商业企业提供的对企业有价值的资源，包括融资、采供、营销、人力等方面的资源。创业资源与商业资源既有相同点，又有不同点。

1. 创业资源与商业资源的相同点

（1）有共同的价值作用

创业资源与商业资源都是能够为新企业所利用的、有价值的资源。创业资源能够帮助企业在创业阶段快速地成长起来,而商业资源能够为新企业的发展提供必要的商务活动的支持。两者都有利于提升企业的核心竞争力,为企业的发展提供更为广阔的空间和机会。

(2)有重合的内容

创业资源与商业资源在内容上有一些重合的地方。商业资源主要是为商业企业服务提供的社会性资源,包括专业技术资源、投融资资源、原材料供应资源、产品营销资源、影响企业发展的关键人力资源、政府资源等,涵盖了场地服务、培训服务、投融资服务、人才招聘服务、专业技术服务等内容,这些内容属于创业资源的一部分。

2. 创业资源与商业资源的不同点

(1)资源的所有权不同

创业资源是新企业所拥有、控制的资源;商业资源是新企业外部的、可供新企业利用的,但不属于新企业所有的资源。

(2)资源的稀缺性不同

新企业的竞争优势建立在其拥有稀缺的、独特的、难以模仿的或难以替代的创业资源的基础上,这是决定新企业在市场环境中得以生存的关键因素。商业资源属于一种社会公共资源,为大多数商业企业服务,具有公共性和共享性。

(3)服务范围不同

创业资源是新企业成长所必需的资源,服务于新企业的创业过程,是面向新企业的资源。商业资源不仅为新企业提供服务,还为其他商业企业提供社会化服务,是资源提供者为了获取商业利润而向社会提供的资源,是商业化的社会资源。

## 4.2 创业资源的获取和整合

资源获取是指在确认并识别资源的基础上,创业者利用其他资源或途径获取创业资源并使之为创业服务的过程。资源的获取是资源整合过程中不可或缺的重要环节。创业活动的开展需要多种创业资源的投入,这要求创业者在创业过程中不断地开辟多种渠道,从多方面获取所需的各种资源,确保新企业的生存与发展。

### 4.2.1 创业资源的获取途径

资源获取是企业生存与发展的必要步骤,创业资源获取的途径主要有自有资源、内部积累、外部协作、资源购买、无形资源吸引及社会网络等。

1. 自有资源

自有资源是创业者自身所拥有的可用于创业的资源,如自有资金、自己掌握的技术、自己获得的机会信息、自己创建的营销网络、自我管理才能等。大学生在创业之初,创业资源以自有资源为主。

2. 内部积累

创业资源的内部积累是指利用现有资源在企业内部经过培育后所形成的资源,包括企业自建的厂房、装置、设备，在企业内部开发的新技术，通过培训增加员工的技能和知识，通过企业自我积累获取资金，等等。

3. 外部协作

企业的创新和成长需要消耗大量的创业资源，一般来说，新企业实力非常弱小、资源有限，因此新企业可以从外部环境中获取创业资源。例如，新企业通过与供应商、销售商及消费者间的交流或合作获取物质、技术、信息等资源；通过同行业企业为新企业提供技术，并促进技术的标准化；通过外部市场的调查研究发现消费者的需求缺口，获得更多商机信息；等等。

4. 资源购买

资源购买主要是利用资金通过市场购入所需要的资源，包括购买厂房、装置、设备等物质资源，购买专利和技术，聘请有经验的员工，等等。例如，新企业可以购买他人的成熟技术，对创业技术市场寿命进行分析，然后通过后续的完善和开发，使技术达到商业化的要求；此外，企业还可以通过股权收购或资产收购的方式，将企业外部资源内部化。资源购买的前提是所购入的资源与企业原有的资源具有高度的关联度。

5. 无形资源吸引

无形资源吸引是指发挥新企业、创业者、创业团队的形象魅力和声誉，通过无形资源的吸引作用，向外部展示新企业的商业计划、阐述新企业的美好前景，利用创业者或创业团队的形象和威信获得厂房、设备、装置、专利、技术，吸引有行业经验的员工，获得资金支持，等等。

6. 社会网络

在创业者自有创业资源有限的情况下，社会网络就成为获取所需资源的重要途径。据调查，基于家庭关系的社会资本是创业资源的主要来源，约占创业资源的51%；其次是基于关系网络的社会资本，约占创业资源的38%。

大学生利用社会网络来获取创业资源，一方面可以绕过难以获得的借贷资本与风险投资的障碍；另一方面可以大大简化融资的程序，缩短了融资时间，降低了交易成本。通常新企业在实力和声望等方面都较为薄弱，很难通过传统的市场关系获取自身所需要的资源。因此，新企业会倾向于利用自身的社会网络获取相关资源，用以弥补通过市场关系获取资本的不足。社会网络作为介于企业和市场之间的一种资源配置方式，在获取资源方面起到了决定性的作用。

**4.2.2 创业资源的获取方法**

创业者获取创业资源的方法主要有以下几种。

1. 提升学习能力

学习能力包括创业者个人的学习能力和新企业的学习能力两个方面。

① 创业者个人的学习能力。创业者个人的学习能力与资源获取呈正相关的关系。创业者通过不断的学习能够增强自身的市场洞察力,能够根据市场需求和企业的内部需要来获取资源;创业者通过学习可以提高自身的管理素养,有利于规避动态环境所带来的不利影响;创业者通过学习能够更加了解外部市场的变化和新企业内部的需求,有助于自己对外部的竞争和内部的需求做出理性的判断,运用一定的方式如购买、收购或签订合同等获取企业所需的资源。

② 新企业的学习能力。企业内部组织学习、交流经验是提升新企业学习能力的重要机制。新企业可以通过网络关系交换所获取的显性的和隐性的知识,在企业的学习活动中进行知识交流和技术创造。学习交流活动越有效,知识转移就越多,组织学习能力也就越强。新企业学习能力越强,企业越容易从外部识别和获取所需的信息。

2. 提升经营管理能力

企业在创建时期必然面临激烈的竞争、更加复杂的环境,要创业成功,创业者就必须具有独特的管理能力。成功的创业者能够很好地评估、发现和挖掘机会,能够洞察购买者的需要,能够利用自己的能力、技术和知识去获取资源,开发出购买者需要的产品。具有优秀管理能力的创业者是能够获得企业所必需的,而对于竞争对手来说是不可模仿的、不可替代的稀缺资源。因此,创业者应该加强自身的素质培养,提升经营管理水平。

3. 提升内部协调能力

具有良好内部协调能力的创业者能够正确解读团队成员所传达的关于资源的信息,能够倾听其他成员的意见并协调好团队的内部人际关系,使创业团队表现出巨大的凝聚力,带动创业团队共同行动,获取必要的外部资源。创业者较强的内部协调能力能将内部各种资源进行完美的匹配与重组,使企业的运作更有效率,能够根据成员的要求和企业发展的需要,从外部吸引更多的人力资源和其他无形资源。

4. 提升社会交往能力

创业者的社会交往能力是指创业者通过外部交流与沟通实现外部协作,获取资源的能力。创业者的社会交往能力越强,与合作者达成一致的可能性就越大,创业者就可以利用外部资源为企业服务。中国正处在经济转型期,创业者难以独自处理面临的各种问题和不确定性,需要他们构建各种关系来帮助其克服种种困难。社会网络为获取资源提供了一种可能,创业者只有充分利用自己的社会交往能力,积极地与外部成员互动,才能有效地获取各种创业资源。创业者经过社会交往,可通过合作来交换资源,这样不仅获取了必要的资源,也为企业创造了良好的外部环境,这是一种资源获取的双赢行为。

### 4.2.3 影响创业资源获取的因素

资源是企业创业的基础,获取必要的创业资源对企业的生存至关重要,但是大学生创业者获取创业资源是非常困难的。影响创业者获取创业资源的因素主要有以下几个方面。

**1. 社会网络健全**

在社会网络中，网络关系影响着个体能否获取相关的资源，以及采用何种方式来获取资源。社会网络的规模大小取决于凝聚在每个网络成员身上的关系数量。一般来说，某一成员身上所凝聚的关系数量越多，他在社会网络中就越重要。在创业的初始阶段，新企业的内部资源相对短缺时，良好的社会网络能够帮助创业者获取所需的创业资源。一般来说，大学生刚步入社会，还没有形成足够广泛的社会网络，这导致他们在创业中常无法获取必要的创业资源。

**2. 信任机制尚未形成**

新企业在创业初期阶段存在着新生劣势，使其在经营中面临着高度的技术和市场的不确定性。在我国目前所处的经济转型时期，市场机制不完善，信息不对称，新企业通过要素市场获取资源的难度要比西方成熟市场条件下的企业高得多。同时，新企业缺少与其他企业合作的良好信用记录，往往阻碍了资源所有者对新企业的正确认识和判断，使新企业很难获得其他企业和投资者的支持。

**3. 行业经验的缺乏**

行业经验是创业者所拥有的前期工作经验及行业技能，它会随着创业者转移到新的企业当中。创业者先前的工作经历和创业经历对获取创业资源将产生很大的影响，拥有丰富行业经验的创业者要比那些缺乏行业经验的创业者更懂得如何获取创业资源。这是因为有先前行业经验的创业者更加了解顾客的需求偏好，更加熟悉行业的市场情况，更加懂得不同市场战略实施的有效性，并且能够掌握如何与利益相关者建立关系的技能，这些都有利于他们赢得其他企业的认可，从其他企业或投资者那里获取创业资源。

**4. 创业者的领导能力不强**

在企业创建初期，企业的社会网络尚未完善或者刚刚建立后的企业网络不稳固，这时，企业的资源获取在相当大的程度上依赖于创业者的领导能力，如创业者的内部领导能力和外部协调能力等。

在企业内部，创业者发挥其卓越的领导才华可以调动创业团队成员的积极性，鼓励团队成员为企业的发展带来更多的创业资源。在企业外部，创业者能够与其他供应商、分销商协调一致、共同协作，从外部争取更多的资金和物质的资源支持。领导能力强的创业者会运用合理的管理手段和协调技能，迅速补充企业的创业资源。如果创业者的领导能力不强，就会阻碍企业对创业资源的获取。

**5. 缺少互惠合作的企业机制**

互惠合作机制的构筑能够形成多种渠道，有利于新企业的资源获取。新企业应善于与其他企业建立合作的机制，积极参与其中。在合作中，企业之间能够以比较低的成本获取创业资源，彼此可以利用对方企业的资源结识更多的企业。当合作的企业不断增加时，创业资源获取的渠道便随之扩大。在其他条件不变的情况下，建立新的合作关系、新的企业加入能够帮助企业获得新的资源。善于构筑互惠合作机制的企业，其创业资源获取的能力会更强，成功的机会更多；反之，企业则难以获得创业资源。

### 4.2.4 创业资源的整合

尽管与已存在并进入成熟发展期的大型企业相比，创业企业的资源比较匮乏，但实际上创业者所拥有的创业精神、独特创意以及社会关系等资源同样具有战略意义。因此，对创业者而言，一方面要借助自身的创造性，用有限的资源创造尽可能大的价值；另一方面更要设法获取和整合各类资源。

1. 善用资源整合技巧

创业者通常可利用身边能够找到的一切资源进行创业活动，有些资源对他人来说也许是无用的，但创业者可以通过自己独有的经验和技巧，将这些资源加以整合、创造，并应用到创业活动中去。例如，很多高新技术企业的创业者并不是专业技术人员出身，却可能因兴趣或其他原因，对某个领域的技术略知一二，进而凭借略知的"一二"敏锐地发现了创业机会，并迅速实现了相关资源的整合。

整合已有的资源、快速应对新情况，是创业的利器之一。创业者要善于用发现的眼光洞悉身边各种资源的属性，将它们创造性地整合起来。这种整合很多时候甚至不是事先仔细计划好的，而是具体情况具体分析和尝试的产物，这也体现了创业的不确定性，考验着创业者的资源整合能力。

2. 步步为营

创业者分多个阶段投入资源并在每个阶段投入最有限的资源，这种做法被称为步步为营。步步为营的策略首先表现为节俭，即设法降低资源的使用量、降低成本。应注意的是，过分强调降低成本，会影响产品和服务的质量，甚至会制约企业的发展。例如，为了求生存和发展，有的创业者不注重环境保护或盗用他人的知识产权，甚至以次充好，这样的创业活动尽管短期内可能赚取利润，但就长期而言，这种企业的发展潜力有限。因此，创业者需要有原则地节俭。

步步为营的策略还可表现为自力更生，减少对外部资源的依赖，其目的是降低经营风险，加强对所创事业的控制。很多时候，步步为营不仅是一种经济的做事方法，也是创业者在资源受限的情况下寻找实现企业目标和理想的途径，更是在有限资源的约束下获取满意收益的方法。习惯于步步为营的创业者会形成一种审慎的控制和管理的价值理念，这对创业企业由成长期向稳健成熟发展期的过渡尤其重要。

3. 发挥资源的杠杆效应

资源杠杆效应是以尽可能少的付出获取尽可能多的收获。资源杠杆效应的发挥是创造性产生的过程。著名的投资银行家库恩（Kuhn）说过：一个企业家要具有发现价值和创造价值的能力，要具有在沙子里找到钻石的功夫，要具有识别一种没有被完全利用的资源能力。尽管存在资源约束，但创业者并不会被当前控制或支配的资源所限制，成功的创业者善于利用资源杠杆效应，利用他人或者其他企业的资源来完成自己创业的目的：用一种资源补足另一种资源，产生更高的复合价值；利用一种资源撬动和获得其他资源。很多既有企业不只是一味地积累资源，而是擅长资源互换，进行资源结构更新和调整，积累战略性资源，这是创业者需要学习的重要经验。

对创业者来说，容易产生杠杆效应的资源主要包括人力资本和社会资本等非物质资源。人力资本由一般人力资本与特殊人力资本构成。一般人力资本包括受教育背景、以往的工作经验及个性品质特征等。特殊人力资本包括产业人力资本（与特定产业相关的知识、技能和经验）及创业人力资本（如先前的创业经验或创业背景）。有调查显示，一般人力资本可为创业者提供知识、技能、资格认证、名誉等资源，同时也为创业者提供了同窗、校友、老师及其他连带的社会资本。特殊人力资本可直接作为资源，有产业相关经验和先前创业经验的创业者能够更快地整合资源，实施市场交易行为。

4. 设置合理利益机制

资源通常与利益相关，创业者之所以能够从家庭成员那里获得支持，是因为家庭成员之间不仅是利益相关者，更是利益整体。创业者在整合资源时就一定要设计好有助于资源整合的利益机制，借助利益机制把潜在的和非直接的资源提供者整合起来，实现借力发展。因此，创业者整合资源就需要关注有利益关系的组织或个人，要尽可能多地找到利益相关者。同时，创业者要分析并确认这些组织或个人与自己及自己想做的事情是否有利益关系。创业者与利益相关者的利益关系越强、越直接，创业者整合到资源的可能性就越大。设置合理的利益机制是资源整合的基本前提。利益相关者是指与创业者创建新企业有直接利害关系的自然人或法人单位。

利益相关者要为新企业提供资源并做出承诺，而创业者的责任则包括以下两点。

① 满足利益相关者的需求。创业者要寻找那些与自己具有共同利益的相关者，同时也需要寻找可以互补的利益相关者。如果创业者要让利益相关者对自己有信心，那么创业者首先就要对自己有信心。

② 创业者要有诚实可信的声誉，与利益相关者在利益上公平分享收益。以利益相关者为核心，形成资源整合机制，以保证企业机会的顺利获得和企业的持续发展。

## 4.3 创业资源的开发

### 4.3.1 有限创业资源的开发

在市场竞争中，企业的优势不仅来源于独特的资源，还来源于对这些资源的合理开发。企业合理地对资源进行开发能够为消费者创造更大的价值，也能为企业带来财富。因此，新企业应善于开发不同类型的资源，将创业资源转化为企业的绩效，实现价值创造的功能。下面主要阐述企业如何对人力资本、社会资本、技术资源、资金资源和信息资源等进行开发。

### 1. 人力资本的开发

企业一般应具有善于管理、果断决策、勇于开拓的管理者，精于核算与理财的会计人员，善于交际、公关的销售人员，具有过硬的技术、擅长研发的技术人员，擅长外向型经济的专业人员。要拥有这样一批高素质的员工，企业应根据发展的需要，制订一套人力资本规划方案，以人才战略作为企业发展的重点。人力资本的开发可以分为两种方式：一种是在企业内部培养；另一种是从企业外部引进。

（1）在企业内部培养

在企业内部培养人才可以提升员工的有关专业技能，同时能够激发员工的工作积极性。一般来说，企业内部可以开设专业培训讲座，有目的地让员工获得更多的岗位知识；也可以通过岗位变换的方式，让员工在不同的工作岗位上得到实际的锻炼，提高员工素质。此外，企业还可以进一步完善激励机制，从精神上、物质上激发员工的最大潜能，使人力资本得到充分的开发。

（2）从企业外部引进

企业内部人才培养的周期一般较长，见效较慢，因此除企业内部培养、委托培养外，还可以通过外部的人才市场招聘，引进中高级的专业人才，以及中高级技工。企业可以利用吸引人的薪酬制度求才，用事业发展吸纳高科技人才，用各种奖励和激励制度留住骨干人才。

### 2. 社会资本的开发

企业的社会资本和物质资本、人力资本一样，既有先天的成分，也有后天的获得性的特点。随着经济活动的频繁开展，人们后天获得性的社会关系在企业日常运作中日益凸显。企业应该利用好自己所控制的显在的和潜在的社会网络，并加以开发，有利于实现企业的经营目标。社会资本的开发能够派生出其他多种创业资源，具体的开发途径如下。

（1）长期投资

社会资本的形成需要花很多时间和精力，是一种长期投资。企业在日常工作中要注意社会资本的积累，不要有需要帮忙的事情时才去找别人。此外，在业务来往过程中，企业要注意积累可能的客户资源，开发社会资本。

（2）经常维护与开拓

社会资本可以通过合作、交流、拜访、帮助、友情等进行维护。只有经常性地进行维护，社会资本才会不断巩固，不断地开拓出新的社会资本。

（3）充分利用社会网络关系

社会网络关系具有辐射性，每个人一生中所认识的人包括老师、同学、同事、朋友、客户等，是非常有限的，所以创业者应该好好珍惜，充分利用现有的社会网络关系。

### 3. 技术资源的开发

技术是决定产品市场竞争力和获利能力的关键要素，如微软公司和苹果公司在创业初期的资本都不过几千美元，团队成员也只有几人，它们能够发展壮大及取得成功依靠的就是其独特的技术资源。成功的企业要有好的产品，好的产品必须达到专业化、专一化，且技术在同行业领域内一直领先。

技术资源的开发首先要对其进行整合，既要整合企业内部的技术资源，还要吸收企业外部的有价值的技术资源。技术资源整合的目的是通过技术的开发，对技术不断创新，自主研制新的产品，获取自主的知识产权，使企业在市场竞争中保持技术领先地位。

4. 资金资源的开发

资金资源的开发是为了解决企业资金来源的问题，在新企业的发展过程中主要体现为选择新的战略投资者加入，他们的加入必定带来新的资金来源，同时还会为企业带来其他资源，如政府关系、行业资历、市场驱动力、营销支持等。在选择新的战略投资者时，新企业要考虑他们是否与企业当前所处阶段的发展目标相吻合，能否提供其他增值服务；要结合创业项目的发展空间、经营计划，确定新的战略投资者的出资数额与股份比例，明确投资者的人员构成及各方所担任的职务，做好风险的控制等问题。

5. 信息资源的开发

企业的外部环境在不断地变化，企业必须掌握及时、准确的信息，对环境的变化进行预测和分析，进而进行科学合理的决策。信息资源的开发有利于企业抓住难得的成功机会，争取更多的生产要素资源，为创业者研发、采购、生产、销售的决策提供参考。信息资源的开发分为企业内部信息资源的开发和企业外部信息资源的开发两个方面。

（1）企业内部信息资源的开发

企业要管理好内部的信息资源，就需要对信息资源进行规划，建立企业信息资源管理标准，建立集成化信息系统的功能模型、数据模型和结构模型，实施系统的企业信息解决方案，在企业内部建立高效率、高水平的现代信息网络系统。

（2）企业外部信息资源的开发

企业外部及时、有效的信息是新企业健康、快速发展的重要保障。创业活动需要相应的政策扶持和行业指导，只有在政策允许和鼓励的条件下，企业才能获得更多的国内外人才、海内外投资、配套服务与优惠等。企业充分开发外部信息资源，享受政府的扶持，得到行业的帮助，可以使创业活动少走弯路，达到事半功倍之效。

企业应安排专人负责搜集有关政策信息、行业动态，掌握行业内各种关系网，如竞争对手、供货商、经销商、管理部门等。通过信息资源开发，企业能够与大客户合作，并能够在第一时间了解大客户的需求。此外，创业者对于科研机构、行业协会、行业展会、专业书刊等资源都需要加以关注和开发，挖掘其价值，为企业的成长服务。

## 4.3.2 有限资源的创造性利用

资源是企业构建竞争优势的重要基础，在企业创立之初，企业所拥有的各种资源都是非常匮乏的，新企业应该在资源有限的约束下，通过创造性地构建独特的能力，对现有资源加以有效利用。在创业过程的不同情况下，有限的资源都可以被创造性地利用。

1. 人力资本与社会资本的利用

创立初期，新企业面临的创业机会很多，但所拥有的资源却相对不足。在这种情况下，新企业应该发挥团队的作用，利用团队的力量充分协调创业机会与创业资源之间的关系。在企业还没有完成注册登记、产品营销模式还没有确定下来、创业资金还没落实的情况下，广泛而有效的社会关系将成为企业创立的有力工具。创业者需要调动自己社会资本中的一切有利因素，活用社会资本，顺利完成企业的注册登记，并为企业筹集足够的资金。社会资本的公共特性和互惠特性使创业者在使用有形的物质资源的同时，还可以创造性地开发并使用一种新的资源，即社会关系网络资源。这些资源是可以共生和再生的，是可以成为共享资源的，而且这种资源不会因为人们的使用而减少。

企业在内部无法拥有所需的资源时，从外部获取资源就显得十分必要，尤其是在企业创立初期和早期成长阶段。企业并不需要所有资源，而是要拥有资源的使用权。通过各种各样的关系与其他社会成员发生联系，构成一个连环交错的社会网络，能够为企业接触并获取外部资源提供一个很好的途径。

2. 利用初始资源撬动其他资源

初始资源是指企业在创立初期所拥有的特定资源和能力的总和。初始资源具有一定的价值性、稀缺性、难以模仿性等特点。初始资源可以是资金资源、物质资源、技术资源、个人声誉资源、人力资本等。初始资源可以作为工具性资源用以撬动企业所需的其他资源。创业者需要利用自身具备的初始资源与其他合作者、供应者、顾客等建立联系，运用初始资源开发其他资源。新企业可以在初始资源的基础上构建新的社会网络关系以获取新的资源。例如，企业与科研机构、金融机构、中介机构、关联企业等建立良好的网络联系，获取新企业所需要的资源；通过组织网络，企业能够从大学及其他科研机构获得核心人力资本、技术资源及有价值的商业性科技成果，从金融机构获得资金资源，从中介机构获得廉价的人力资本及物质资本。通过以上方式，企业能够节省从外部购买资源的成本，也能够节省搜寻资源的时间。

3. 企业能力与资源的结合

资源利用是指企业通过资源整合增强发展能力，将企业的外部资源与企业的内部资源进行有效的组合和配置，形成企业的战略，最终为企业创造价值。有限资源的创造性利用包括两个方面：一方面是创业者或创业团队利用个人资本禀赋获取外部资源为企业创造价值；另一方面是创业者或创业团队利用已整合的资源获取外部资源并为企业创造价值。

因此，企业能力的发挥与企业的资源分不开，能力需要与资源进行互动，能力作用于资源，资源要与能力相适应，达到相辅相成的效果。在有限的资源条件下，企业应分析当前拥有哪些能力，如何利用自身的能力抓住市场机会，如何制定发展战略，如何对现有的资源加以利用。发挥能力的过程就是高效地利用有限资源的过程，能力越大，越能充分地将资源的潜在价值挖掘出来，实现有限资源的创造性利用。

能力发挥的重点在资源的有效利用上，如果资源不能被有效地利用，就会逐步散失。新企业在内部通过能力的整合，能够让企业的最大能力与资源的最大功效结合在一起，凭借市场的利好机会，为企业赢得发展中的一个又一个胜利。

4. 对异质性资源的利用

对异质性资源的利用主要是指利用资源的差异性和互补性，充分发挥整体资源的优势作用。拥有异质性资源是企业形成竞争优势、创造价值的一个必要条件。研究发现，最优资源组合的构建取决于创业者对各类型资源的整合与重组，企业拥有的异质性资源越多，资源整合的作用就越大。

5. 有效的资源整合

面对有限的创业资源，企业可以采用不同的资源整合方式，结合创业团队的资源情况，分析企业资源储备的规模，提出吸纳外部资源的方案，积极地寻找和整合所有能够利用的内部资源和外部资源，发挥资源的最大效用。在创业过程中，创业者应定期考察创业资源的情况，并及时加以整合。对于经常出现的人力资本短缺现象，企业可以采取以老带新的方式来保持人员梯队；对于新加入的人员，可以先进行短期专项培训，然后在参与项目运作中不断加以辅导，使他们在实践中成长。

资源有限的新企业更加迫切需要对资源进行有效的整合，在技术不断变革、环境不断变化的条件下，提高资源整合效率已经成为企业竞争优势的重要来源。企业资源整合效率不同是企业拥有相似资源而产出却有较大差异的主要原因。

### 4.3.3 创业资源开发的技巧和策略

1. 创业资源开发的技巧

（1）对资源的识别

创业资源开发的技巧的关键在于对资源的识别及调整企业内外部关系两个方面。每种资源都能产生一定的作用，与企业发展目标相匹配的资源能够促进新企业的发展，而与企业发展目标不相匹配的资源则会为企业带来负面影响，造成企业资源的浪费。创业者由于缺乏企业管理经验，缺少忠诚的客户基础，不能通过无形的声誉带来业绩，因此更要好好地把握现有的创业资源，掌握资源识别的技巧。创业者要学会有意识地识别企业的资源需求，确定潜在资源的来源渠道，分辨哪些资源对于企业的创建和早期成长是必要的和关键的。创业者只有掌握了资源识别的技巧才能更好地开发资源。

（2）调整企业内外部关系资源

资源开发既包括对新资源的发现，也包括对原有资源的创造性利用，往往要与企业各职能部门经常交流与沟通，从而引起企业内部关系资源的调整，带动外部关系资源的流动与重新组合。在对内外部关系资源的调整中配置资源，可提升企业的整体能力，使企业内外部关系资源相互作用、相互推动。

在资源开发中，创业者应考虑如何发挥重要资源的作用，如何实现各职能部门的协调合作，能够清晰地描述如何调整内外部关系资源的资源配置，让整个项目更好地运作起来。在资源开发中还涉及对资源的补充、资源的积累和资源的调动等行为，创业者应关注重要的资源，拥有核心的资源，积累异质性资源，更新核心技术，重置关键设备，拓展市场资源，培养合适的专业人才。创业者要重视内外部关系资源的构建与管理，实现企业内外部关系资源的共同协作，在关系资源的调整中积累更多的创业资源。

2. 创业资源开发的策略

创业资源开发的策略包括以下几项。

（1）以创业资源为基础进行开发

资源整合对于创业过程的促进作用是通过创业战略的制定和实施来实现的。对于高科技企业来说，战略定位不清晰、核心竞争力不明确是其发展的主要障碍，因此有效的资源整合能够帮助创业者重新认识企业的竞争优势，从而制定切实可行的战略规划，为新企业的成长打下良好的基础。一方面，创业战略的制定和实施需要一定的资源支持，只有拥有充分的资源，创业战略才有制定和实施的基础，新企业所拥有的创业资源越丰富，创业战略就越有保障；另一方面，创业资源还可以适当校正企业的战略方向，帮助新企业选择正确的创业战略，因此创业资源开发的策略要以创业资源的状况为基础，企业获取的创业资源越多，创业战略的实施也越有利。

（2）利用利益战略联盟进行开发

创业过程充满许多不确定性和风险，因此新企业仅仅依靠自身的能力开发创业资源是不够的。创业者可以通过整合利益关系网络的资源，与其他企业建立战略联盟，这样可以大大降低创业的不确定性和风险性。此外，利益战略联盟容易产生知识的外溢，员工的非正式交流和频繁流动能够使每个联盟的企业可以从中获取新的管理方式和新产品的研发、生产运作及营销推广的技能，企业可以利用这些技能对创业资源进行有效的整合与开发。

（3）集中资源进行开发

在资源开发时，创业者应立足于经济效益的角度对创业资源的开发进行思考，确保资源的有序利用、集中开发，即要掌握各类资源的存量、特征、优势等方面的情况，坚持集约性开发原则，利用重点资源，开发关键资源。创业者通过对资源的集中开发，可提高每一个单位资源的开发力度，提高创业项目的产出效益。需要注意的是，在集中资源开发中还要注意将资源节约放在首要位置，在资源保护中开发，在开发中保护资源。

（4）以构建创新体系为目标进行开发

在创业阶段，新企业的规模相对较小，其核心产品的自主知识产权比率很低。从长远发展来看，新企业在未来的一段时期内，应投入大量资源重点开发一批属于企业自身的、拥有自主知识产权的核心技术。创业者应当及时把握国内外最前沿的科研动态，了解国际最新的技术和科研成果，着力于高新技术、实用技术的应用开发，将高新技术含量的资源与其他创业资源融合在一起，以高科技作为产品的内涵，以高科技打造产品的竞争力，凭借高科技提高企业的经济效益，以高科技赢得市场、占领市场。

（5）在动态发展中进行开发

在一定时期内，企业所拥有的资源是企业发展的一个必要条件，在现有的资源条件下开发资源、提高资源的利用效率是非常重要的。企业资源的开发是为了促进企业的可持续、稳定发展，因此资源的开发应该是动态的开发。企业一方面要解决资源的合理配置问题，优化企业的生产结构，提高企业的生产效益；另一方面要考虑资源的存量与流量的变化，不能为了追求眼前的经济效益目标而过度浪费资源，造成资源枯竭，影响企业以后的进一步发展，企业在追求现有资源开发利用的最大效用的同时，还要注意资源的长久保护，从更长远的时间、空间范围考虑，在资源的开发过程中形成一个良性的资源循环体系，即"创业资源－资源开发－创造资源－新的资源"路径。这就意味着在资源的开发中通过资源的创造能够产生新的资源，保证企业在充足的资源条件下持续健康地发展。

**案例分析**

## "源"来好创业

近日，在电子科技大学成都学院（什邡校区）图书馆内，80余名创业青年围坐一起，分享创业故事，交流创业心得，使得创业火花在此次活动中碰撞。

为进一步给广大创业者搭建交流平台，共同探讨当前形势下创业面临的困难与机遇，什邡市人力资源和社会保障局、共青团什邡市委共同举办了"源来好创业"青年创业资源对接服务季分享沙龙。活动现场充满了浓厚的创新创业氛围。

### 创业代表寄语创业者，攻坚克难贵在坚持

筚路蓝缕，玉汝于成。这群创业青年穿梭于什邡、奋斗于什邡，他们不懈追求着自己的创业梦想。

从创业青年代表经历分享到特邀青年创业明星交流分享，活动现场，青年代表们结合各自的创业经历和职业特长，从创业方向选择、创业心理调适、创业财会业务、创业金融赋能和融资风险防范等方面分享了自己的经验和体会。

四川象仔知识产权服务有限公司总经理魏雅丽向创业青年们介绍了自己从学生时代到成功创业的心路历程，分享了创业心得体会。她表示，自己在销售行业摸爬滚打多年，这为她之后的创业积累了丰富的经验。从职场小白到拥有自己的公司，魏雅丽深知创业的艰辛与不易，但认定了这条路她将为之一直奋斗下去，争做行业领头羊。同时，她也鼓励创业青年们："要有远大的理想和坚定的信念，用自己的奋斗和汗水淘尽挫折的泥沙，成为那一颗闪光的金粒。"

在德阳市人大代表、什邡青联委员、什邡市福诚商贸有限公司总经理徐璐看来，要想成功就必须不断努力学习，学会审时度势，同时勇担社会责任，"现在的创业政策非常好，希望大家多了解人社的政策，为自己的创业梦想插上腾飞的翅膀"。

活动中，参会人员纷纷表示分享沙龙这一形式非常不错，不仅为青年创业者与知名企业家、创业达人搭建了交流互动的平台，还营造了良好的创新创业氛围，有力推动了什邡高校毕业生和广大青年人才创新创业，让创业之路有了新方向。

### 创业政策宣讲，助力青年创业就业

强化政策宣传，营造创业舆论环境。此次活动还特邀什邡市人力资源和社会保障局工作人员对创业补贴、创业吸纳就业奖励、场租补贴、创业担保贷款、招用就业困难人员社会保险补贴等相关创业政策作了宣讲。

创业政策宣讲无疑是为青年创业就业者送上了一场"及时雨"。让有志创业的青年更加全面了解创业政策，消除创业就业焦虑，让青年创业者们轻装上阵、无后顾之忧。

"毕业就是我们创业就业的开始，这次宣讲活动为我们普及了很多创业就业知识，以前很多疑惑今天都得到了解答，让我受益匪浅。这次创业政策宣讲活动干货满满，这么多优惠政策，让我们大学生对创业更有信心和底气了。"来自电子科技大学成都学院（什邡校区）的有志创业青年说道。

近年来，什邡创新活动形式、丰富活动内容、加强统筹协调、强化部门联动、形成工作合力，不断营造创业就业良好氛围、激发普通高校毕业生等青年创业就业活力和内生动力，促进创业带动就业。下一步，什邡将不断创新和丰富活动载体，多渠道整合政策资源助力青年创业创新，营造良好的创业创新氛围，为什邡经济高质量发展贡献青春力量。（付瑶）

资料来源：中国就业网 http://chinajob.mohrss.gov.cn/c/2023-10-19/389102.shtml（2023-10-19）

◆ 思考与讨论

1. 通过上述案例分析，你如何有效识别创业资源？
2. 你认为创业资源的识别需要遵循哪些原则？
3. 青年创业者如何开发利用创业资源？
4. 对于创业者来说，资源整合有何重要作用？

# 第 5 章  创业计划

**本章学习目标**

1. 了解创业计划书的评审重点
2. 熟悉创业计划的主要内容
3. 掌握创业计划书的撰写方法

## 5.1  创业计划概述

创业计划是对新企业创立之前的所有准备工作的总结和整合，是为实现创业战略而制定的完整的、具体的、深入的行动指南。许多创业者成功的经验表明，只有科学周密地制订创业计划，才能在创业过程中少走弯路、减少损失，提高创业成功的把握度。

创业计划是吸引投资的工具，同时也是确定创业目标和制订行动计划的参考资料，是一个企业管理和操作的行为指南。创业计划是执行所有创业活动的第一步，如果没有创业计划，那么创业的风险就会相对提高。虽然创业计划并不一定能保证创业活动的成功，但它可以提高创业成功率。

### 5.1.1  创业计划的分类

根据不同的分类标准，创业计划可分为许多类型。

1. 按照创业计划的内容分类

（1）综合创业计划

综合创业计划是全面实现创业战略的创业计划。例如，创业者计划开发、销售一种新产品，那么这份创业计划就需要涵盖产品的开发、生产、销售等各个方面，其具体内容非常详细而烦琐，这就是一份典型的综合创业计划。综合创业计划的主要阅读者为利益相关者，如投资者、供应商、潜在客户、应聘的关键员工等。综合创业计划的目的是让利益相关者了解创业计划，激发他们的兴趣，使他们积极投入创业活动中，进而促进创业活动的进行。

（2）专项创业计划

专项创业计划是创业中的某一项目的专门计划，如创业融资计划、产品开发计划、市场开拓计划等，其中最重要的是创业融资计划，因为资金是确保其他项目顺利开始的基石。专项创业计划为某一项目的发展定下了比较具体的方向，从而使创业项目中的相关员工了解该项目的发展规划，并激励他们为创业成功而努力。

2. 按照创业计划的目标分类

（1）吸引风险投资者的创业计划

吸引风险投资者的创业计划主要面向风险投资者，目的是向风险投资者募集资金。风险投资者评估投资项目的首要资料就是创业计划，一份简练而强有力的创业计划能让风险投资者对投资项目的运作和效果心中有数。

吸引风险投资者的创业计划在撰写过程中要注意：以风险投资者的需求为出发点，尽量说明创业项目有足够大的市场容量和较强的持续赢利能力；展示创业者有完善的、务实的和可操作的项目实施计划，有完全具备成功实施项目能力的管理团队，并且具备项目运营的成功保证。

吸引风险投资者的创业计划通常包括10项内容：计划概述、产业背景和公司概述、市场调查和分析、公司战略、项目总体进度安排、关键风险和应对策略、管理团队的组成、企业经济状况、财务预测、假定公司能够提供的利益。

（2）吸引创业伙伴的创业计划

吸引创业伙伴的创业计划是为了吸引创业团队的新成员及有特定意义的关键员工。在最初准备创业的时候，创业者无论是从身边的亲朋好友中寻找创业伙伴，还是从并不熟悉的人群中寻找创业伙伴，此时一份结构清晰、前景良好的创业计划是吸引创业伙伴最有力的武器。

吸引创业伙伴的创业计划不仅要清晰地阐明企业的商业模式和未来发展规划，更要对创业团队成员的利益分配和权限给出清晰的说明。通常，吸引创业伙伴的创业计划应包括以下8项内容：创业机会及其商业价值描述、新企业将提供的产品以及可能的消费者、可能的市场竞争与拟采取的市场策略、可能的市场收益、可能遇到的风险及应对策略、希望创业伙伴以怎样的方式参与、将给新进入的创业伙伴哪些利益、有待与新进入的创业伙伴讨论的问题。

（3）获取政府支持的创业计划

政府部门所制定的各项政策对创业活动的成败具有重要的影响。只有在政策允许和鼓励的条件下，新企业才能获得更多的人才、贷款、投资、配套服务及优惠等。获取政府支持的创业计划应当强调新企业项目投资的可行性，尤其要着重说明新企业的社会收益和社会成本，只有创业项目的社会影响较为良好，才有可能成为政府关注的对象，进而获得政府的支持。

获取政府支持的创业计划，通常包括10项内容：总论、团队情况、产品的市场需求预测、项目的技术可行性、项目实施方案、投资估算与资金筹措、项目收益分析及对社会的影响、项目风险及不确定性分析、关于项目可行性的综合结论和希望政府给予的具体支持。

## 5.1.2 创业计划的基本内容

创业计划的制订源于创业者把握商机，并针对商机的实现分析环境因素，组合各种资源，研究应怎样打破市场壁垒，进行风险评估，采取有效措施规避风险，进入市场并建立起属于自己企业的网络，制定营销原则和策略，争取市场份额等问题。同时，创业者应根据市场的变化及时进行决策和调整,以增强企业对市场的适应能力,避免企业出现僵化,这也是企业生存和发展的需要。

完整的创业计划包括以下几个方面的内容。

1. 行业分析

行业分析应包括对该行业的展望,即该行业的历史成就和将来的发展趋势,还包括对该行业新产品开发的看法。竞争分析也是行业分析的重要内容,创业者应识别每一个主要的竞争对手,分析他们的优势与劣势。

2. 企业描述

对新企业进行的描述主要应明确企业的经营范围和规模,关键要素应包括产品和服务、企业的地点和规模、所需人员和办公设备、创业者的背景及企业历史。

3. 生产计划

如果新企业属于制造业,则必须制订周密的生产计划,生产计划应该描述完整的生产过程。如果新企业准备将某些甚至所有制造工序分包给其他企业,则应该在生产计划中对分包商加以说明;对于创业者自己将要实施的全部或部分制造工序,则需要描述厂房的布局、制造运营过程中所需要的机器设备、原材料的供应商的姓名、地址、供货条件,制造成本,设备将来的需求,等等。

4. 市场营销计划

市场营销计划是创业计划中的一个重要组成部分,它主要描述产品或服务将如何被分销、定价及促销。市场营销计划是新企业成功的关键,因此创业者应该尽一切努力把该计划准备得尽可能全面而具体,以便投资者了解新企业的创建目标是什么,以及为了有效地实现这一目标将实施什么样的创业战略。

5. 组织计划

组织计划主要描述新企业的所有制形式,即新企业的所有制是独资形式、合伙制形式还是公司制形式。如果新企业的所有制形式是合伙制,那么创业计划中就应该加上合伙的有关条款。

如果新企业的所有制形式是公司制,那么创业计划中就应该明确被核准的股份份额,优先认股权,公司的经理及高层管理者的姓名、地址及简历。此外,组织计划还应提供组织结构图,用以表明组织内成员的授权及责任关系。

6. 风险评估

创业者有必要进行风险评估,以便制定有效的战略来应对这些威胁。新企业的主要风险可能来自竞争对手的反应,来自自身在市场营销、生产或管理等方面的弱势,来自技术的进步带来的自身产品的过时等。创业者有必要在创业计划中提供备选战略以应对上述风险的发生。

7. 财务计划

财务计划也是创业计划的重要组成部分，它表明了新企业所需要的潜在投资承诺，还表明了创业计划的可行程度。

### 5.1.3 创业计划的作用

创业者制订的创业计划具有以下三个方面的作用。

1. 帮助创业者厘清思路

在创办新企业时，创业者必须清楚：市场机会究竟在哪儿，产品该如何设计；如何让人们更倾向于购买自己的产品而非竞争对手的产品；要和谁竞争，该如何迎战；如何为自己准备足够的客户资源，使企业从正式创立之日起，就有源源不断的销售收入；准备在产品开发、人员使用、办公地点租用、购买原材料上花费多少资金；有没有一套适合自己企业的赢利模式；如何管理公司，公司的员工有多少、员工组成结构如何、员工各自的工作目标是什么；融资渠道是否可行；等等。这些都需要创业者将其写在创业计划中。创业计划详细可行，将是创业者创业路上遇到困难时最可靠的支撑，也是巩固创业者创业信心的坚实保证。

创业计划是创业者的事业蓝图。有了明确的创业计划，创业者才不至于在创业过程中迷失方向和打乱思路；在受到干扰或遭遇挫折时，才不至于打乱创业活动的节奏和进程。许多创业者在刚开始投入一项事业时凭借的仅仅是一腔热情，当真正着手去做时，会发现需要考虑的问题多而杂。制订创业计划需要创业者以认真务实的态度分析市场状况及自己所拥有的资源等，冷静地观察和分析自己的创业理想是否切实可行，清晰地认识创业机会与创业风险，明确创业活动的方向和目标，并对某一项具有市场前景的产品或服务进行总体安排，进而厘清思路。

2. 帮助创业者寻求外部资源支持

除了使创业者更加了解自己要做的事情外，创业计划更大的意义是要向他人进行展示，尤其是那些能给创业者提供资金帮助的人。因此，创业计划的另一个重要作用就是帮助创业者把新企业推销给风险投资者，说服风险投资者对创业活动进行投资。

没有一家新企业不在创业初期遇到资金问题，如果这时创业者能清晰地向潜在投资者和其他风险投资者描绘本企业正在追寻的创业机会，以及实现这种机会的有效商业模式，则能够显著增加企业获取投资的机会，而创业计划的好坏，往往决定了投资交易的成败。

目前，我国企业在国际上的融资成功率不高，不是项目本身不好，也不是项目投资回报不高，而是创业计划编写草率与创业者的策划能力让投资者感到失望。对新企业来说，创业计划的作用尤为重要。当选定了创业目标与确定创业动机后，创业者就必须提供一份完整的创业计划，它将是整个创业过程的灵魂。从企业成长经历、产品服务、市场、营销、管理团队、股权结构、组织人事、财务、运营到融资方案，只有内容翔实、数据丰富、体系完整、装订精致的创业计划才能吸引投资者的注意。只有让投资者看懂创业计划，才能使企业的外部资源支持成为现实。

3. 帮助企业员工明确方向

员工是创业者所需要的重要人力资源，员工将其人力资本投资于新企业的目的是获取投资回报及个人的发展。因此，创业计划应明确拟建企业需要什么样的员工来从事什么样的工作，将带来什么样的回报。通过描绘新企业的发展前景和成长潜力，使员工对企业及个人的未来充满信心；明确员工要从事什么项目和活动，从而使员工了解将要充当什么角色，完成什么工作，以及自己能否胜任这些工作。因此，创业计划可以为企业的发展定下比较具体的发展方向和工作重点，从而使新企业的员工了解企业的经营目标，有助于员工协同工作，并通过一致的行动向经营目标前进。

## 5.2 创业计划书

创业计划是对所有创业活动事项进行总体的安排。在创办企业之前，创业者不但要明确创业投资的方向，而且应对创业投资所涉及的一些具体情况做深入的调查了解，包括市场前景展望、人员、资金、技术、设备、经营思想、创业战略等，这样创办企业才能有的放矢，使创业计划具有可实施性。

常言道：万事开头难。大学生创办企业也一样，但只要拟出翔实可行的创业计划，则一切都可能向着既定的目标发展。好的计划是成功的开始，拟定创业计划，创业才能有的放矢地进行。拟定创业计划最好是以书面的形式把它全面地、完整地表达出来，也就是把选定创业项目的基本方法和创业策略通过编制创业计划书的形式来阐述说明。

创业计划书的概念与作用

创业计划书是按照国际惯例通用的标准文本格式形成的项目建议书，是全面介绍企业和项目运作情况，阐述产品市场及竞争、风险、未来发展前景和筹资等创业计划的书面材料。

### 5.2.1 创业计划书的重要意义

创业计划书的第一个意义是很明显的，为了取得风险投资者的融资。风险投资者借以了解创业者的创意和技术的内容及市场前景的主要途径就是创业者提交的创业计划书。对于风险投资者来说，他们需要处理大量的创业计划书，从中选出他们认为最具有获利前景的创意或技术来投资，因此如果创业者的创业计划书没有很好地展示自己的实力和盈利前景，就无法打动风险投资者，很可能根本不会被风险投资者作为进一步考虑的对象。而且，如果创业计划书编制得成功，还可以为企业找到能够带来更多知识、经验和合同的投资人。

创业计划书的第二个意义是项目仍然处于酝酿中的时候，在企业运营的细节上往往还是很模糊的，比如企业的名称、标志如何确定，组织结构应该如何构架，经营的地点如何选择，营销方案如何制订，第一场营销战如何打，等等。创业计划书的目的正是在于说服风险投资者为自己的创业计划投资，而要说服他们，首先要说服自己这个创业计划是否确实在技术上、经济上、市场上、资源上都是可行的。编写创业计划书的过程，正是创业者对这些因素全盘把握、深入思考和基本确定的过程。

创业计划书的第三个意义是确定了企业架构、运营业务、精神信念、发展方向和经营原则，从而在随后的几年里，能够有效地对创业团队乃至整个企业起到"宪法"的作用，为企业制定各项政策和措施起到指导性的作用。对于员工来说，它还能够有效地凝聚他们的集体力量，使员工同心同德地克服创业初期的各种困难。

创业计划书的第四个意义是可以帮助创业者把创办的企业推销给可能的合伙人、银行家、供应商、销售商、行业专家、政府行业管理部门、新闻媒体。从这个意义说，创业计划书的主要目的是寻求外部资源的支持。

正是由于上面所述的意义，创业计划书可以说是创业者准备的商业文件中最为重要的一个。

### 5.2.2 创业计划书的编制要求

一份好的创业计划书必须是符合市场的需求、呈现竞争的优势和符合投资者的利益的，同时要具体可行、便于实施，还要提出符合实际的客观数据。创业计划书的内容必须完整地包括企业重要的经营方向、经营目标、企业预测分析和经营风险分析、对企业内外环境的认知及实现创业计划的信心。现今的知识经济时代，高新技术和创新已经成为时代的主流，大学生创业要结合自己的专业特长，学有所用，在创业中充分显示自己的才华，撰写一份高品质的创业计划书。

创业计划书的撰写原则归纳为以下几方面。

1. 市场导向

创业者要充分认识到企业的利润来自市场需求，没有依据明确的市场需求分析，则所撰写的创业计划书将是空泛的、无说服力的。因此，创业计划书必须按照市场导向的观点来撰写。

2. 客观、实际

一切数据要尽量客观、实际，切勿凭主观印象进行估计。通常，创业者容易高估市场潜力或报酬，而低估经营成本。在创业计划书中，创业者应尽量呈现出客观、可供参考的数据与文献资料。

3. 呈现竞争优势与投资利益

创业计划书不仅要将资料完整陈列出来，更重要的是整份创业计划书要呈现出具体的竞争优势，并明确提出投资者的利益所在。而且创业计划书要显示创业者获取利润的强烈意图，而不仅是追求企业的发展。

4. 呈现经营能力

创业计划书要尽量展现创业团队的企业经营管理能力与丰富的经验背景，并显示对于市场、产品、技术，以及未来经营运作策略已有完全的准备。

5. 一致性

整份创业计划书前后基本假设或预测估算要相互呼应，也就是前后逻辑要一致。例如，财务预估必须根据市场分析与技术分析所得的结果，方能进行各种报表的规划。

6. 明确性

创业计划书要明确指出企业的市场机会与竞争威胁，并尽量以具体资料作证；同时，要分析可能的解决方法，而不是含糊交代而已；另外，要明确说明所采用的假设、财务预估方法与会计方法；还要应说明市场需求分析所依据的调查方法与事实证据。

7. 完整性

创业计划书应完整包括企业经营的各项职能要点，尽量提供投资者评估所需的各项资料信息，并附上其他参考佐证的资料，但内容的用词应以简单明了为原则，切勿烦琐、冗长。

### 5.2.3 创业计划书的编制步骤

创业计划书的编制首先应把创业要点抽出来做一个1、2页的摘要，放在前面；其次，检查一下，千万不要有错别字之类的错误，否则投资者会怀疑创业者做事是否严谨；最后，设计一个漂亮的封面，编写目录与页码，打印、装订成册。

准备创业计划书是一个展望项目的未来前景、细致探索其中的合理思路、确认实施项目所需的各种必要资源、寻求所需支持的过程。第一阶段：经验学习。第二阶段：创业构思。第三阶段：市场调研。第四阶段：方案起草。第五阶段：修饰。第六阶段：检查。

需要注意的是，并非任何创业计划书都要完全包括上述全部内容。创业内容不同，创业计划书之间的差异也就很大。

创业者可以从以下几个方面对创业计划书加以检查。

① 创业计划书是否显示出创业者具有管理公司的经验。

② 创业计划书是否显示了创业者有能力偿还借款。

③ 创业计划书是否显示出创业者已进行过完整的市场调研。

④ 创业计划书是否容易被投资者所领会。创业计划书应该备有索引和目录，以便投资者可以较容易地查阅各个章节，还应保证目录中的信息流是有逻辑的和现实的。

⑤ 创业计划书中是否有计划摘要并放在了最前面，计划摘要相当于创业计划书的封面，投资者首先会看它。为了保持投资者的兴趣，计划摘要应写得引人入胜。

⑥ 创业计划书是否在文法上全部正确。

⑦ 创业计划书能否打消投资者对产品（服务）的疑虑。

如果需要，创业者可以准备一件产品模型。

### 5.2.4 创业计划书的基本内容

1. 概要

创业计划书的基本结构

这部分主要说明资金需求的目的，并把说明整份计划书的重点作为摘要吸引投资者进一步评阅的兴趣。概要的内容有：公司名称与经营团队介绍，申请融资的金额、形式、股权比例及价格，资金需求的时机与运用方式，未来融资需求及时机，总计划成本与预算资本额，整份计划书的摘要，投资者可望获得的投资报酬。概要的目的是总括整个商业计划书的主要内容，并且简洁明了地告诉投资者该创业项目是否适合对方，一般 500 字左右为宜。

2. 公司简介

公司简介主要介绍公司的成立时间、形式与创立者，股东结构、股东背景资料、股权结构，公司发展简史和业务范围。

3. 组织与管理

经营管理团队的学历背景资料、专长与经营理念；说明拥有的成功经营经验与优势的组织管理能力；企业的组织结构，以及未来组织结构的可能演变；人力资源发展计划，包括各功能部门人才需求计划、员工分红与认股权利、招募培训人才的计划；等等。

4. 产品与服务

这部分内容可用简洁的方式，描述创业项目的产品或服务，注意不必透露公司的核心技术，主要介绍公司的技术、产品的功能、应用领域、市场前景等；说明公司的产品是如何向消费者提供价值的，以及公司所提供的服务的方式有哪些；产品的发展阶段（包括创意、原型、量产）、开发过程，是否已具有专利；产品的功能、特性、附加价值，以及具有的竞争优势；公司产品与其他竞争性产品的优劣势比较。

5. 市场分析

这部分内容可简要叙述公司处于什么样的行业、市场、专项补充区域。市场的特征是什么？创业者的分析与市场调查机构的投资分析有什么不同；分析创业项目是否有新生市场，创业者将如何发展这个新生市场；用具体数字分析公司的产品或服务的市场前景，有多少成长型的客户群，创业者的目标市场是什么，公司的竞争对手的市场状况如何；等等。明确界定产品的目标市场，包括销售对象与销售区域，过去、现在以及未来的市场需求与市场成长潜力，过去、现在以及未来的市场价格发展趋势；说明过去、现在以及未来的公司销售量、市场成长情形、市场占有率变化情形；说明主要市场顾客的特征，其接受公司产品的事实证据，以及该产品对顾客的基本利益与价值；说明市场上主要的竞争对手，包括竞争对手的市场占有率、销售量、排名，彼此的优劣势与绩效，以及因应的竞争策略（包括价格、品质或创新等）。若尚无竞争对手，则分析未来可能的发展及竞争对手出现的概率。说明其他替代性产品的情形，以及未来因新技术发明，而威胁到现有产品的可能性与后果，并提出因应对策。

6. 竞争分析

这部分内容可分别根据产品、价格、市场份额、地区、营销方式、管理手段、财务力量等划分企业面对的竞争对手。研究创业者在自己的细分市场上的主要障碍及竞争对手模仿的障碍。

7. 营销策略及销售

（1）营销计划

这部分内容可描述创业者希望进行的业务的情况，以及希望进入的细分市场，曾经使用的分销渠道，希望达到的市场份额。

（2）销售战略

这部分内容可说明现在与未来 5 年的销售策略，描述创业者进行销售所采取的策略，包括如何促销产品，如通过广告、邮件推销、电台广播或是电视广告等方式；说明销售计划与广告的各项成本。

（3）分销渠道和合作伙伴

这部分内容可说明创业者的目的是加强、促进并支持产品能更好地满足消费需求，那么唯一的原则就是寻找一切可能的有利途径进行沟通。

8. 技术研发

这部分内容可说明产品研发与生产所需的技术来源，以及技术与生产团队的专长与特质；说明技术特性与应用此技术所开发出来的产品，技术研究所具有的竞争优势与利益，以及技术未来的发展趋势；说明企业的技术发展战术，包括短期、中期计划，技术部门的资源管理方式，以及持续保持优势的策略；说明未来研究发展计划，包括研究方向、资金需求和预期成果。

9. 生产制造计划

这部分内容可说明建厂计划，包括厂房地点、设计，以及所需时间与成本；说明产品制造流程与生产方法；说明物料需求结构，原料、零组件来源和成本管理；说明品质管制方法，包括优良品率的假设；说明委托外制与外包管理情形；说明制造设备的需求，包括设备厂商与规格功能要求。

10. 财务分析

这部分内容为财务预算，可列出主要财务数据，包括未来 5 年的数据和报表，其中第一年要按月编制；包括销售与生产预测、损益预估、现金流量预测、资产负债预估、财务比率分析、盈亏平衡分析、敏感性分析以及资金的来源和运用说明（有关方法可参阅财务分析方面的书籍）。

11. 风险评估

这部分内容可列出可能的风险因素，并估计重大风险发生的概率，且提出解决方法。从事风险评估是为确认创业计划附随的风险，并以数据方式衡量风险对创业计划的影响，目的是向投资者说明应对风险的策略。

12. 总结

这部分内容是综合前面的分析与计划，说明企业整体竞争优势，并指出整个创业计划的利益所在，尤其强调投资方案可预期的远大市场前景，以及对于投资者可能获得的显著回报。

13. 相关证明材料

这部分需附上能够证实前述各项计划、制造流程与技术方面的资料。

本书提出的创业计划书的架构为一般结构，可作为学生在编制创业计划书时的参考模板，学生应根据具体的创业项目和内容进行增减。

## 5.3 创业计划书的撰写和展示

创业计划书是创业活动的相关内容借由白纸黑字最后落实的载体。创业计划书的质量往往会直接影响创业者能否找到合作伙伴、获得资金及其他政策的支持。因此，一份好的创业计划书往往可以节省创业者大量的时间、金钱和人力成本，还会为创业者寻找资金来源提供清楚而准确的书面保证。

### 5.3.1 创业计划书的撰写

为了确保创业计划书能起作用，创业者在编制创业计划书时应严格注意其撰写的范围、原则、要点和内容。

创业计划书的撰写原则与技巧

1. 创业计划书的撰写范围

创业计划书的撰写要求创业者必须从不同的角度进行广泛而深入的思考，以确定创业计划书的范围。

（1）创业者的角度

创业者应比任何人都了解包含在新企业中的创造力和技术。创业者首先必须清楚地表达出新企业在经营什么、有什么特色和卖点。

（2）市场的角度

创业者如果是一位技术专家，他往往只考虑技术和产品本身，而不去考虑产品能否卖得出去，这就是创业失败的前奏。因此，创业者必须以消费者的眼光来审视企业的经营运作，采取以消费者为导向的市场营销策略，这就需要创业者进行大量的市场调查工作，必要时还可向市场营销专家请教。

（3）投资者的角度

创业者应用投资者的眼光来考察企业的生产经营，投资者往往特别关注创业计划书中的财务分析，如果创业者不具有财务分析和预测的能力，可聘请外部的财务顾问提供帮助。

2. 创业计划书的撰写原则

创业者在撰写创业计划书时应遵循以下五个原则。

（1）针对读者，突出主题

创业计划书的读者可能是风险投资者、创业伙伴、主要雇员及管理团队。创业者在编制创业计划书时一定要考虑目标读者,因为每位目标读者感兴趣的内容不同:如风险投资者对创业计划书中的市场增长及盈利感兴趣,创业伙伴主要关注产品或服务、市场、盈利及管理团队的运作能力,主要雇员、管理团队则主要关注新企业今后的发展前景。因此,为了引起目标读者的阅读兴趣,创业计划书的撰写要确定主题,围绕创业产品或服务展开阐述,避免撰写与主题无关的内容。

(2)结构完整,内容规范

创业计划书要有一套完整的格式,各部分的内容应具有连贯性并严格按顺序编排。首先,创业计划书要有索引和目录,以便于读者查阅各个章节;摘要应位于创业计划书的最前面。其次,在具体内容上,产品或服务的描述、行业分析、营销策略、创业团队等应使用专业术语,尽量做到规范化、科学化;财务分析最好采用图表,尽量做到形象、直观。最后,还应注意创业计划书的排版和校对,因为拼写和排印错误很可能使创业者丧失获得投资者或创业伙伴的机会。

(3)周密计划,协调统一

由于创业计划书涉及的内容很多,创业者应事先做好计划工作,使写作过程有条不紊地进行。通常,创业者可成立一个写作小组制订创业计划书撰写计划,确定创业计划书的种类与总体框架,并确定创业计划书撰写的日程安排与人员分工。写作小组成员分工协作、各负其责,最后由组长统一协调定稿,避免内容零散、不连贯,写作文风相异,等等。

(4)合理预测,数字准确

创业者在撰写创业计划书时,一定要对相关数字以合理的方式进行预测。例如,市场占有率、财务预测分析、投资回报率等都尽可能做到数字准确,不要过分强调或夸大收益状况与可能的成就,不要依据生产能力来预估销售量。同时,创业计划书中对目标市场消费特性的描述也要有确实的依据。为此创业者需要做好市场调查研究,并引证官方或学术研究机构的客观统计资料。如果已有具体产品原型,创业者应考虑先进行消费者使用测试并取得专家的检验意见,这样有助于提高创业计划的质量与可信度。另外,创业者还要注意使用资料的时效性,应及时更新有关资料的数据。

(5)保护知识产权,注意保密

创业计划书是创业者辛勤的智力劳动成果,其内容往往具有巨大的商业价值,可能涉及一些技术和商业机密,因此要求读者阅读创业计划书后对其内容进行保密是合理的,也是必要的。创业者应尽量不把敏感信息写进创业计划书,但要有充分的阐述以令人信服。在创业计划书中处理保密问题有多种办法,如:在创业计划书中添加一段保密条款,其内容的多少和复杂程度视情况而定;要求读者在一份保密协议上签字;等等。

3. 创业计划书的撰写要点

为了确保创业计划能"击中目标",创业者在撰写创业计划书时应重视以下几点。

(1)关注产品或服务

在创业计划书中,创业者应提供所有与企业的产品或服务有关的细节。例如:产品品牌和商标是什么;产品组合策略是什么;产品正处于什么样的生命期阶段,它的独特性怎样;产品的生产成本是多少,基于什么定价;企业分销产品的方法是什么;谁会使用企业的产品,为什么使用;企业新产品开发计划是什么;等等。创业者应尽量让投资者理解企业的产品或服务,这样投资者才会对创业者的产品或服务产生兴趣。

（2）关注竞争对手

在创业计划书中,创业者应细致地分析竞争对手的情况,界定竞争对手（竞争对手都是谁）,识别竞争对手的目标和战略（竞争对手的战略目标和选择是什么,竞争对手所采用的营销策略售是什么,包括竞争对手的产品特点、产品价格、销售额、毛利润、收入以及市场份额）,分析竞竞争对手的优势和劣势（本企业的产品或服务与竞争对手的产品或服务相比有无差异,本企业相对于每个竞争对手所具有的竞争优势是什么）。

总之,创业者要向投资者展示消费者偏爱本企业的具体原因,如本企业的产品质量好、渠道顺畅、定价合理等。此外,创业者还应阐明竞争对手给本企业带来的风险及本企业所采取的对策。

（3）关注市场需求

创业者编制的创业计划书要为投资者提供新企业对目标市场的深入分析和理解。创业者要通过市场细分变量细致分析地理、人口、心理和行为等因素对消费者的影响,并由此选择适合本企业发展的目标市场。目标市场选择完成后,创业者应为目标消费者生产其所需要的产品或服务,进行市场定位,而不是盲目生产、大规模营销,造成企业资源的不足或浪费。

（4）关注财务状况

创业企业的财务计划是投资者最为关注的内容之一,因为它直接关系到新企业能否成长并且成功运作。融资后的资金该如何运用、利润能否保证,创业者只有提供详细的财务信息才能告诉投资者其投资是否值得、投资风险如何。因此,创业计划书中必须包括企业的资金明细表、预计的财务报告、资产负债表、现金流量表、盈亏分析、比率分析,具体的生产和设备的成本是多少,企业是买设备还是租设备,解释与产品组装、储存及发送有关的固定成本和变动成本的情况,等等。

（5）关注创业团队

创业者要把创意转化为成功的企业,其关键的因素就是要有一支强有力的创业团队,这支队伍的成员必须有较高的专业技术知识、管理才能和多年工作经验。在创业计划书中,创业者应描述整个创业团队成员及其职责,再分别介绍每位成员的才能、特点和造诣,细致地描述每位成员对公司的贡献。创业计划书中还应明确企业管理目标及企业组织结构图。

（6）关注创业计划书的撰写质量

投资者主要是依据创业者提供的创业计划书来做出是否对新企业进行投资的决定的,故创业计划书的撰写质量是十分重要的。因此,创业计划必须包括企业内部的基本情况、企业的能力及局限性、企业的竞争对手、营销和财务战略、企业的管理队伍等情况。如果公司是一本书,那么创业计划书就是这本书的封面,只有将其做好,创业者才能够吸引投资者的关注。

4. 创业计划书的基本结构与内容

由于新企业的类型不同,则创业计划书的基本结构与内容可能并不一致,但基本结构大致相同。一般来说,比较全面的新企业的创业计划书的基本结构与内容如下。

（1）封面

创业计划书的封面要给人积极、正面的印象，应该看起来既规矩又专业。一般应包括创办企业的名称、地址及传真，创业者的姓名、电话、电子邮件，日期，创业计划书编号，保密要求等内容。创业计划书的首页则可以放一张企业的项目或产品彩图，但须留出足够的版面排列上述内容。

创业计划书的编号是为了记录发放的具体名单，以免创业计划流传到未授权的人手中。保密要求是对有关报告保密性的陈述，对创业者来说很重要。保密要求可放在标题页，也可放在次页，主要是要求投资方项目经理妥善保管创业计划书，未经融资企业同意，不得向第三方公开创业计划涉及的商业机密。

创业计划书是比较严肃、认真的文件，不可过于耀眼或花哨。封面的设计要具有艺术性，简洁、美观的封面会使读者产生最初的好感，形成良好的第一印象。

（2）目录

目录紧接于封面之后，列出创业计划书的主要章节、附录及其对应页码，以便于查找创业计划书的内容。在创业计划书送出之前，增减书上的内容会打乱原来的页码，且一般较容易忘记修改目录中的页码，因此创业者要反复核对目录中的页码是否与正文页码一致。

（3）摘要

摘要是对整个创业计划的概括，目的在于用最简练的语言将创业计划的核心、要点、特色展现出来。摘要列在创业计划书的最前面，然而它并非仅仅是创业计划书的前言部分，而是整个创业计划书的精华和核心，吸引读者仔细读完全部文本，因而一定要简练，以求一目了然，以便读者能在最短的时间内评审创业计划并做出判断。

创业计划书的摘要十分重要，它是读者首先要看的内容，因而必须能让其感兴趣，进而渴望得到更多的信息，好的摘要将给读者留下长久、深刻的印象。创业计划书的摘要应从正文中摘录出投资者最关心的问题，包括对公司内部的基本情况、公司的能力及局限性，公司的竞争对手、营销和财务战略，公司的管理队伍等情况的简明而生动的概括。

摘要如同推销产品的广告，编制人要反复推敲、精益求精，使其形式完美，语句清晰流畅而富有感染力，以引起读者阅读创业计划书全文的兴趣。摘要特别要详细说明自身企业与众不同之处及企业获取成功的市场因素。

此外，对于一些以技术研发为重点的高新技术企业来说，还要对相关技术及其企业研发情况进行分析，包括企业技术来源、技术原理、技术先进性、技术可靠性，公司的技术研发力量和未来的技术发展趋势，公司研究开发新产品的成本预算及时间进度，技术的专利申请权属及保护情况、技术发展后劲和技术储备等，以使投资者对公司的技术研发队伍的实力、公司未来竞争发展对技术研发的需要等有所了解。

（4）正文

正文是创业计划书的主体部分，创业者要分别从企业简介、产品分析、市场分析、组织计划、生产计划、营销计划、财务分析、风险分析、退出机制等方面对投资者关心的问题进行介绍，既要有使人信服的丰富的数据资料，又要实事求是地突出重点。

① 企业简介。企业简介是创业计划书正文的第一个部分，在很多情况下，创业者还没有建立起实际的企业，此时创业者应当尽可能地对自己的创业设想和对企业未来的发展规

划做一番介绍，让投资者认识自己。在介绍新企业时，创业者首先要说明新企业的发展思路、创意的形成和发展过程，以及企业的目标和发展战略。在这一部分主要介绍企业基本情况（如企业名称、地址、性质等信息）、企业理念和宗旨、企业近期以及未来发展规划、市场前景等。

② 产品分析。具有市场前景的产品或服务是新企业利润的源泉，创业伙伴和风险投资者最关心的问题之一就是新企业的产品或服务的创新性和实用性。创业者要对产品或服务做出详细的说明，且该说明应该准确、通俗易懂，尽量避免用专业性很强的术语，使即使是外行的投资者也能够清楚地理解。需要注意的是，创业者在描述产品或服务时，应力求实事求是，计划中的每一笔承诺都要在未来尽力去兑现。

通常产品分析应包括六个方面的内容：产品的名称、特征及性能用途；产品的研究和开发情况；产品处于生命周期的哪一阶段；产品的成本分析；产品的市场前景和竞争力如何；产品的技术改进及改进的成本。

③ 市场分析。市场分析有助于创业者确定企业的业务性质和种类，也有助于创业者了解消费者的需求和购买行为特点，从而提供相适应的产品或服务。此外，市场分析能够描述出企业预期的销售额和市场份额，有助于企业说服投资者相信创业者对于创业机会的把握是准确的。市场分析主要涵盖需求调查、购买行为调查及销售预测等。

通常来说，市场分析应包括以下五个方面的内容。

市场对产品或服务的需求。企业要想在市场中取得有利地位，就必须对市场及需求有深入的了解和敏锐的洞察力。

市场细分及其特征。市场细分即把潜在的消费者按某种特点进行细分，如地理因素、人口统计学变量（年龄、性别、家庭人数、收入）、行为变量（利益追求、产品使用率、品牌忠诚度）和产品种类（因产品而异），并在此基础上确定本企业的目标市场，包括销售对象（目标消费者与主要消费者）、销售区域以及销售范围。

目标市场的竞争状况。创业者要明确新企业在目标市场面临的主要竞争对手，他们的产品优势、产品定位和销售策略，以及他们在市场中占有的份额，通过与本企业进行对比，评估本企业的市场竞争力和竞争地位，进而说明本企业的相对竞争优势及其原因。

未来市场的发展趋势。创业者要结合具体的企业营销战略和竞争情况，建立营销预算，然后根据预算结果及创业者对竞争的分析，综合预测未来市场的前景和发展趋势。

预计的市场份额和销售额。创业者应以上面陈述的各种因素为基础，从行业协会中寻找一家具有可比性的企业或出售具有可比性产品的企业，分析其销售数据，预测本企业1～3年能够获取的市场份额，以及1～3年的销售额。

④ 组织计划。作为创业计划书的一部分，组织计划主要应介绍以下内容。

企业的组织情况：具体包括企业的性质（有限责任公司、合伙企业还是个人独资企业），企业的股本情况和股权结构，企业的组织结构及各部门的职能。

团队介绍：介绍当前或未来有可能参与企业经营和业务发展的主要人员（包括董事、监事、高级管理人员及主要技术人员），描述他们的背景及能够为企业业务发展作出贡献的特殊才能。

人力资源发展计划：具体包括企业的人才招聘计划、员工培训计划、企业的报酬和分红体系及激励机制。

聘请中介机构情况：介绍企业聘请的财务顾问、会计师、律师及关联银行等中介机构。中介机构的作用不可忽视，它们一般有一定的行业背景，新企业聘请中介机构，借助"外脑"可以高效地拓宽公共关系。

⑤ 生产计划。如果新企业是零售企业或服务型企业，则这一部分计划内容为生产计划，其内容应包括货物购买、存储控制系统及库存需求等的具体描述。

生产计划应主要包括：产品的生产流程、产量或生产规模，需要的生产设备和购置设备的成本，产品的质量控制和质量改进计划，产品进一步的研发计划。

⑥ 营销计划。潜在的投资者通常认为营销计划是新企业成功的关键。营销计划是系统性的经营计划，包括产品从生产直至到达最终用户手中的全过程。营销计划可以充分展示创业者的创业能力，其主要内容如下。

预期的销售渠道构成及实现的方案。创业者在选择销售渠道时，应从畅通高效、覆盖适度、稳定可控等方面来考虑，并确定销售渠道的构成及实现的方案。

销售队伍人员的配置及管理方法。创业者应比较完整地介绍销售队伍的组建方式，包括人员安排、具体职责、培训计划、激励机制及考核和管理办法等，尤其要提到培训计划和激励机制的相关内容。

销售渠道建设中可能遇到的问题及解决方案。创业者应列出销售渠道建设中可能出现的问题，并提出可能的解决方案，提前做好准备。

销售渠道的发展方向及各阶段目标。创业者需要展示新企业销售渠道的动态变化过程，明确销售渠道未来的发展方向和各阶段目标，统一、协调、有效地引导各渠道充分合作，确保总体营销目标的实现。

产品的价格及制定依据。产品的价格受多种敏感因素的影响，如成本、市场需求等。创业者既要考虑成本的补偿，又要考虑消费者对产品价格的承受能力，因此在创业计划书中应该明确表述这些内容，并讲清缘由。

产品的促销策略。产品的促销策略主要包括人员推销（推销人员和消费者面对面进行推销）和非人员推销（广告、公共关系、营业推广等）。创业者在创业计划书中应结合市场和产品的实际情况，设计切合实际的促销策略，通过向消费者传递产品信息，引起他们的注意和兴趣，激发他们的购买欲望和购买行为，从而达到扩大销售的目的。

⑦ 财务分析。投资者会根据财务分析这部分内容来判断企业未来经营的损益状况，进而从中判断能否确保自己的投资获得预期理想的回报，因此财务分析需要创业者花费较多的精力来做具体分析，以吸引风险投资者。

财务分析一般要包括以下内容。

投资估算。准确、全面估算创业计划的投资需求是创业计划可行性研究的重要内容，对投资决策具有重大影响。投资估算包括创业者预计的投资金额、创业者期望从风险投资者那里获得的投资金额、可能的融资方式、投资资金的收支安排、企业的投资收益和未来再投资的安排。

制作现金流量表。现金流量表是反映企业一定期间内现金及现金等价物流入和流出信息的财务报表。通过现金流量表，创业者可以评价企业的支付能力、偿债能力和周转能力，可以了解企业未来的现金流量，有助于分析企业收益及影响现金净流量的因素。这些信息对外部投资者来说非常重要，因为现金流量影响银行的贷款能否顺利地收回、风险投资者的资金能否及时地退出。

制作损益表。损益表是反映一定期间内，企业经营成果的财务报表，主要提供企业经营成果方面的信息，包括收入、成本、费用、利润等。利用这些信息，投资者可以了解这一期间内收入实现情况和费用耗费情况，了解生产经营活动的成果，了解企业的赢利能力和变化趋势。

制作资产负债表。资产负债表是反映企业在某一特定时期财务状况的报表。通过资产负债表，投资者可以了解企业资产和负债的总额及构成情况，可以了解所有者的权益，企业未来的每一笔经济业务都会影响资产负债表。资产负债表就是根据"资产＝负债＋所有者权益"这一关系，依照一定的分类标准和顺序，把企业一定时期的资产、负债和所有者权益各项目予以适当排列。创业者至少应给出新企业开始的3～5年的预计财务报表，以便投资者对企业的长期经营有一个全面的估计和认识。资产负债预估表应与损益预估表和现金流量预估表的数据保持一致，汇总创业者的资产、负债、财产净值。

盈亏平衡分析。盈亏平衡分析是通过盈亏平衡点分析创业项目成本与收益的平衡关系的一种方法。各种不确定因素（如投资、成本、销售量、产品价格、项目寿命期等）的变化都会影响投资方案的经济效果，当这些因素的变化达到某一临界值时，就会影响投资方案的取舍。盈亏平衡分析的目的是找出临界值，即盈亏平衡点（在这一点上，项目刚好不亏不盈），以此判断投资方案对不确定因素变化的承受能力，为决策提供依据。

预计投资回收期。投资回收期是指项目投产后用所获得的年净收益抵偿全部投资（包括固定资产投资和流动资金投资）所需要的时间，又称投资返本期。投资回收期的计算分为静态和动态两种。静态投资回收期是指项目从建设开始之日起，到项目每年所获得的净收益将全部投资补偿所需的时间，通常以年来表示。动态投资回收期是指项目在某一特定折现率下，各年净现金流量现值累计和为零的年限，是使累计净现金流量现值从负变正的临界点。

⑧风险分析。由于创业环境的动态变化性，任何一家新企业都将面临一些潜在的风险。即使这些风险对新企业不构成威胁，创业计划书中也应讨论为什么新企业不受这些风险的威胁。一般来说，创业计划书中的风险分析应包括市场风险、技术风险、经营风险、财务风险、人力资源风险、自然灾害风险及其他不可预见的风险等，且创业者要针对所提出的各种风险逐项进行风险应对分析。对于企业可能面临的各种风险，创业者最好采取客观的、实事求是的态度，不能因为其产生的可能性小就忽略不计，也不能为了提升获得投资的机会就故意缩小、隐瞒风险因素，而应该对企业所面临的各种风险都认真地加以分析，并针对每一种可能发生的风险制定相应的防范措施，这样才有利于取得投资者的信任，也有利于引入投资后双方的合作。

⑨退出机制。如果新企业准备吸引风险投资，那么在创业计划书中就必须说明风险资本退出的方式，因为风险投资者并不愿意长期持有企业的股份。风险投资者退出的方式包括以下几种。

偿付协议退出。创业者在一定的时候按照约定的价格和比例回购风险投资者持有的股份。

上市退出。如果企业能够实现公开上市，则风险投资者能够通过证券市场把手中持有的股份抛出，这样就能够成功地退出企业。

兼并收购退出。在创业计划书中规定风险投资者在一定的条件下可以将手中持有的股份通过协议的方式转让给其他股东或企业。

（5）附录

创业计划书的附录主要是对创业计划中涉及的一些问题的细节和相关的证书、图表进行描述或证明，如企业的营业执照、公司章程、验资审计报告、税务登记证、高新技术企业（项目）证书、专利证书、鉴定报告、市场调查数据、主要供货商及经销商名单、主要客户名单、场地租用证明、企业及其产品的介绍、宣传等资料、工艺流程图、各种财务报表及财务预估表专业术语说明等，其与创业计划书主体部分一起装订成册。

> **"都市快餐店"创业计划书（正文和附录）**
>
> 1．快餐店概况
>
> （1）本店属于餐饮服务行业，名称为"都市快餐店"，是个人独资企业，提供中式早餐，如油条、小笼包等各式中式点心和小菜；午餐和晚餐，多以炒菜、无烟烧烤为主。
>
> （2）本店位于×××路商业步行街，开创期是一家中档快餐店，未来将逐步发展成为像肯德基、麦当劳那样的快餐连锁企业。
>
> （3）本店的所有者是×××、餐厅经理是×××、厨师是×××，3人均有6年以上的餐饮工作经验，以大家的智慧、才能和对事业的一颗执着的心，一定会在本行业内大展拳脚。
>
> （4）本店需创业资金×××万元，其中×××万元已筹集到位，剩下×××万元向银行贷款。虽然开始时只是梦想，但只要不停地努力，不轻易放弃，梦想就能成真。
>
> 2．经营目标
>
> （1）由于本店处于商业步行街，客源相对充足，但竞争对手也不少，特别是本店刚开业，想要打开市场，必须在服务质量和产品质量上下功夫，并且要进一步扩大经营范围以满足消费者的不同需求。短期目标是在×××路商业步行街站稳脚跟，1年收回成本。
>
> （2）本店将在3年内增设3家分店，逐步发展成为一家经济实力雄厚并有一定市场占有率的快餐连锁企业，在本市众多快餐品牌中闯出一片天地，成为餐饮市场的知名品牌。
>
> 3．市场分析
>
> （1）客源。本店的目标消费者包括：到×××路商业步行街购物娱乐的一般消费者，约占50%；附近学校的学生、商店工作人员、小区居民，约占50%。客源数量充足，消费水平处于中低档。
>
> （2）竞争对手。本店附近共有4家主要竞争对手，其中规模较大的有1家，其他3家为小型快餐店，这4家饭店的经营期均在两年以上。其中，×××快餐店中西兼营，价格较贵，客源相对较少；另外3家小型快餐店卫生情况较差、服务质量较差、就餐环境拥挤、脏乱。本店抓住这4家快餐店现有的弊端，推出"物美价廉"等营销策略，力争在激烈的市场竞争中占有一席之地。

4. 经营计划

（1）本店主要是面向大众消费者，因此菜价不太高，属中低价位。

（2）大力开发便民小吃，早餐要品种丰富、价格便宜，因地制宜地推出中式早餐套餐。

（3）午餐、晚餐提供经济型、营养丰富的菜肴，并提供优雅的就餐环境。

（4）随时准备开发新产品，以适应变化的市场需求，如本年度目标是设立"送餐到家"服务。

（5）经营时间：6：00—21：00。

（6）对于以上经营计划，我们将分工协作、各尽其职。我们将会在卫生、服务、价格、营养方面下功夫，争取获得更多的客源。

5. 人事计划

（1）本店开业前期，初步计划招收×××名全日制雇员（包括×××名厨师），×××名临时雇员（含厨师），具体内容如下。

① 通过劳务市场招聘有本市户口、有一定工作经验、有良好职业道德、年龄为20～30岁、有意加入餐饮行业的人员。应聘者持"招聘员工登记表"并附个人资料来本店面试。

② 经面试、笔试、体检合格者，与其签订劳动合同（含试用期）。

（2）为了提高服务人员整体素质，应聘上岗的人员需要接受两个月的培训，具体内容如下。

① 制订培训计划，确定培训目的，制定评估方法。

② 实施培训计划，学习劳动纪律和各项规章制度。

③ 考核上岗：对于考核不合格者令其停职学习，扣除20%的工资，直至合格为止；对于连续3次考核不合格者，扣除其当月全部工资和福利。

6. 销售计划

（1）开业前进行一系列企业宣传工作，向消费者介绍本店"物美价廉"的销售策略，还会发放问卷调查表，根据消费者的需求完善本店的产品和服务内容。

（2）推出会员制的季卡、月卡，从而吸引更多的消费者。

（3）每月累计消费1000元者可参加本店每月末的大抽奖，中奖者（1名）可获得价值888元的礼券。

（4）每月累计消费100元者，赠送价值10元的礼券；每月累计消费200元者，赠送20元礼券；以此类推。

7. 财务计划

本店内所有账目情况必须及时入账，支出与收入的钱款必须经由会计入账或记录后方能使用，记账使用复式记账法，以科学的方法进行管理，以免账务混乱。每日的收入应及时进行清点，所有点菜的菜单及收款的凭据必须保存并一式两份，以便核对及入账。店内所有的物品属店内的固定资产，不得随意破坏或带走，每月的总收益，除去一切费用，剩下的存入银行；如果每月结算后，收入比计划高，将适度调整工资，以调动大家的工作热情，如发现有员工在工作中无故破坏本店的财产，将损失折算成现金将从责任人的工资或奖金中扣除，以弥补损失。

（1）本店固定资产×××万元。桌椅×××套。营业面积×××平方米。冷冻柜×××台。灶件：若干。

（2）每日流动资金为×××万元（主要用于突发事件以及临时进货）。

（3）对于账目，要做到日有日账，月有月账，季有季账，年有年终总账。这样企业的盈亏在账面上一目了然，避免了经营管理工作的盲目性。

注：因本店刚开业，所以在各种开销上要精打细算，但要保证饭菜的质量，尽量把价格放低。

8.附录

附录1：法律要求

为保证食品卫生，防止食品污染和有害因素对人体的危害，保障人民身体健康，增强人民体质，严格遵守国家、地方有关法规要求。

附录2：菜单

附录3：联系方式

本店地址：×××商业步行街。

联系电话：×××。

本店的营业时间：×××。

本店提供品种：×××。

### 5.3.2 创业计划的路演

创业计划书的编制完成并发放后，如果创业者的创业计划引起了投资者或银行的兴趣，或者创业者需要与其他竞争对手竞争商业机会，那么创业者通常就需要对自己的创业计划进行口头介绍和展示。要想获得投资者或银行的最终肯定，创业者如何展示自己的创业计划是关键。

1.准备并发表精彩的创业计划演讲

首先，创业者尽可能多地收集听众的信息，通过网络搜索和仔细调查听众的背景信息；其次，创业者要清楚自己的演讲时长，并提前做好规划，严格控制时长，反复练习演讲；再次，创业者的着装要得体，团队成员的着装最好统一；最后，创业者要使演讲生动有趣、充满激情，如介绍个人经历或趣闻逸事、通过手势和激昂的语调显示热情等。

2.充分利用展示媒介

一场成功的展示仅有激情澎湃的演讲是不够的，通常还要结合多种展示手段，多渠道、全方位地展示创业计划。通常，创业者在创业计划的展示过程中能用到的展示手段有视频、实物（产品、模型）、幻灯片等。

（1）视频

视频可以大幅度地增强视觉信息的传递效果、提高信息的传递效率，这是仅凭口头话语无法达到的。创业计划展示的开场视频一般都可以很好地打开局面，渲染出展示的气氛，吸引投资者的目光。

（2）实物

实物一般指实际产品、模型，具有极强的说服力和吸引力。实物展示主要有两类：一是产品功能效果的展示；二是技术原理的说明。实物展示可以增加真实性，提高创业计划的可信度。

（3）幻灯片

幻灯片展示是创业计划展示必不可少的部分，也是最关键的部分。创业者需要注意以下内容。

幻灯片的风格要符合整个展示的主基调，要与创业计划保持统一；幻灯片的背景不要选用太多色彩，一般1~2种颜色比较合适，背景图案要尽量简单大方；幻灯片的版式要统一，有统一的展示模式和模板，要给人规范、专业的感觉。

幻灯片的内容安排要合理，其内容安排主要是指每一张幻灯片展示内容的安排和布局，幻灯片首页设计要美观，在一致性的基础上，增添团队和创业计划个性设计；幻灯片展示要确定一个整体展示思路，按一般的展示顺序进行，通常有概述、问题引出、企业简介、产品或服务介绍、市场分析、团队介绍、生产与销售、财务分析、风险控制和总结。

## 5.4 创业计划书评审重点

创业计划书撰写完成后，要对照评审重点进行检查完善，现参照"挑战杯"中国大学生创业竞赛创业计划书评分标准说明创业计划书的评分内容。创业竞赛要求参赛者组成优势互补的竞赛小组，提出一个具有市场前景的产品/服务，围绕这一产品/服务，完成一份完整、具体、深入以及可行性、操作性俱佳的创业计划。创业计划基于具体的产品/服务，着眼于特定的市场、竞争、营销、运作、管理、财务等策略方案，描述公司的创业机会，阐述把握这一机会创立公司的过程并说明所需的资源。

### 5.4.1 执行总结

要求：简明、扼要、具有鲜明的特色。重点包括对公司及产品/服务的介绍，对市场概貌、营销策略、生产销售管理计划、财务预测的说明；指出创业思想的形成过程和对企业发展目标的展望；介绍创业团队的特殊性和优势；等等。

### 5.4.2 产品/服务

要求：说明如何满足关键用户的需要；市场进入策略和市场开发策略；说明其专利权、著作权、政府批文、鉴定材料等；指出产品/服务目前的技术水平是否处于领先地位，是否适应市场的需求，能否实现产业化。产品若不过分超前市场，则无法被接受。

### 5.4.3 市场

要求：市场容量与趋势、市场竞争状况、市场变化趋势及潜力，细分目标市场及客户描述，估计市场份额和销售额。市场调查和分析应当严密科学。

### 5.4.4 竞争

要求：公司的商业目的、市场定位、全盘战略及各时期的目标等，同时要有对现有的和潜在的竞争对手进行分析。总结本公司的竞争优势并研究竞争对手的方案，并对主要的竞争对手和市场驱动力进行适当的分析。

### 5.4.5 营销

要求：阐述如何保持并提高市场占有率，把握企业的总体进度，对收入、盈亏平衡点、现金流量、市场份额、产品开发、主要合作伙伴和融资等重要事件有所安排，构建一条通畅、合理的营销渠道和与之相适应的新颖而富于吸引力的促销方式。

### 5.4.6 经营

要求：原材料的供应情况，工艺设备的运行安排，人力资源安排等。这部分要求以产品或服务为依据，以生产工艺为主线，力求描述准确、合理、可操作性强的经营方式。

### 5.4.7 组织

要求：介绍管理团队中各成员的教育背景和工作经历、经验、能力、专长。组建营销、财务、行政、生产、技术团队；明确各成员的管理分工和互补情况，公司组织结构情况，领导层成员、创业顾问及主要投资人的持股情况；指出企业股份比例的划分。

### 5.4.8 财务

要求：包含营业收入和费用、现金流量、盈利能力和持久性、固定成本和变动成本（包括前两年财务月报、后三年财务年报）。财务数据应是基于对经营状况和未来发展的正确估计，并能有效反映出公司的经营绩效。

### 5.4.9 表述

要求：表述条理清晰，应避免冗余，力求简洁、清晰、重点突出、条理分明；专业语言的运用准确和适度；相关数据科学、诚信、翔实。

### 5.4.10 "挑战杯"中国大学生创业竞赛创业计划书评分标准（表 5-1）

表 5-1 "挑战杯"中国大学生创业竞赛创业计划书评分标准

| 比赛项目 | 评分内容 | 得分 |
| --- | --- | --- |
| 项目概述分析（10分） | 简明、扼要，能有效概括整个创业计划；具有鲜明的个性，具有吸引力；有明确的思路和目标；能突出自身特有的优势 | |
| 项目开发创意（10分） | 创意独特新颖，创新力度大 | |
| 市场及竞争分析（10分） | 市场分析数据完整；市场分析科学、客观，结合自身项目能准确把握市场发展趋势；明确竞争对手的优势和劣势及公司的优势 | |

续表

| 比赛项目 | 评分内容 | 得分 |
| --- | --- | --- |
| 营销策略（10分） | 营销策略具有创新和对顾客具有潜在的吸引力；成本及定价合理；营销渠道顺畅，有一定创新 | |
| 盈利模式、经济及财务状况（10分） | 盈利模式可行，列出关键财务因素、财务指标和主要财务报表，财务计划及相关指标合理、准确 | |
| 融资方案和回报（10分） | 需求合理，估计全面；融资方案具有吸引力 | |
| 经营管理和运作方案（10分） | 开发状态和目标规划合理；操作周期和实施计划恰当；各阶段的目标合理、重点明确；对经营难度和资源要求分析准确 | |
| 创业团队（10分） | 团队成员具有相关的教育及工作背景，能力互补且分工合理；组织机构严谨；产权、股权划分适当 | |
| 项目可操作性分析（10分） | 项目、服务或产品的各项分析和预算的可行性较高、运营计划明确 | |
| 项目附加分（10分） | 整个创业计划书书写规范，文章前后逻辑紧密、语言流畅，内容全面、系统、科学性强，对整个经营模式的体系设计创新性高，具有很大的商业价值 | |

案例分析

## "八大计划"推进重点群体创业

为加大对重点群体的创业帮扶力度，激发劳动者创新创业活力，催生更多市场主体，更好发挥创业带动就业倍增效应，近日，太原市人社局联合市发展和改革委员会、市教育局、市财政局、市农业农村局、市工信局、市市场监督管理局、市审批局、人行太原中心支行等单位联合印发《太原市重点群体创业推进行动工作方案》，通过实施"八大计划"，推进重点群体创业工作。

实施"创业环境优化"计划，优化创业生态。深化"证照分离"改革，提高市场主体登记效率，推行"照、章、税、金、保、医、银"数据一次采集、集成办理，企业开办"一网通、一窗办、半日结、零成本"。开展个体工商户智能审批，实现无人工干预，登记全过程"零见面、零跑腿、零干预"，提升市场主体登记便利程度。

实施"创业主体培育"计划。支持高校毕业生创业，各县（市、区）可开展创业训练营、创业者沙龙、创业项目推介、创业访学交流等创业活动，提供项目指导、风险评估、商业实战模拟等"沉浸式体验"。支持农民工返乡入乡创业，聚焦农民工能力短板和创业需求，针对性提供培训、资金、场地、用工、营销等扶持。倾斜支持返乡农民工联合创办的企业承担高标准农田、产业集群、产业强镇、农林文旅康融合发展、预制菜产业等项目建设，优先扶持吸纳农民工就业较多的龙头产业。

实施"创业服务护航"计划。加快构建集政策咨询、信息发布、能力培养、融资支持、指导帮扶、项目推荐、孵化服务、活动组织等一体化创业服务机制。服务力量不足的县（市、区），可按规定运用就业补助资金，采取政府购买服务的方式，引入社会力量参与并提供基本公共创业服务。

实施"创业培训赋能"计划。结合重点群体创业意愿和培训需求，广泛开展各类创业培训，对符合条件的按规定给予创业培训补贴。深入实施"马兰花"创业培训行动，针对不同创业阶段，开展"创业意识培训""创办你的企业""改善你的企业""扩大你的企业"等培训，提升创业能力。

实施"创业政策扶持"计划。落实好创业担保贷款政策。积极参与省创业融资中心创业担保贷款线上办理，试点县（市、区）重点推行电子化审批。优化业务审批流程，提高贷款便利度，要按照非必要不提供的原则，对能采用部门协同、大数据比对等方式获取的信息，可不再要求提供相关材料。提升创业担保贷款担保基金效能，推动担保基金有效履行代偿责任，对符合条件的企业要按规定免除反担保要求。

实施"金融产品助力"计划。发挥好普惠小微贷款支持工具作用，引导金融机构持续加大普惠小微贷款投放力度，推进普惠小微贷款明显增长。用好支农支小再贷款、再贴现等货币政策工具，引导金融机构重点支持小微企业，切实加大信贷投放力度，确保信贷投放增量扩面。

实施"创业载体筑巢"计划。政府投资开发的创业孵化基地、创业园区等创业载体要分别安排不少于30%的场地免费向自主创业的登记失业半年以上人员、高校毕业生提供。加强各类创业载体交流合作，共享发布创业项目、孵化场地、仪器设备等信息，为重点群体搭建创业资源整合平台。

实施"灵活就业支持"计划。允许个人经营、非全日制、新就业形态等灵活方式就业的劳动者在常住地公共就业服务机构办理就业登记。建立零工求职招聘信息服务制度，将零工信息纳入公共就业信息服务范围，提供免费的供需信息采集、发布、对接服务。对就业困难人员、毕业年度和毕业2年内高校毕业生实现灵活就业后缴纳社会保险的，按规定落实灵活就业人员社会保险补贴政策。（李晓并）

资料来源：中国就业网 http://chinajob.mohrss.gov.cn/c/2023-07-12/382361.shtml（2023-07-12）

◆ 思考与讨论

1. 阐述创业计划对于创业实践的重要性。
2. 如何制作一份高质量的创业计划书？
3. 如何将初创企业的创业计划与政府创业支持计划有机结合起来？

# 第 6 章 创业财务

> **本章学习目标**
> 1. 了解创业财务的重要性
> 2. 熟悉创业融资的方法
> 3. 掌握财务分析的基本方法

## 6.1 创业融资

### 6.1.1 创业融资与创业资本

**1. 融资与创业融资的概念**

融资是指资金供应方通过借贷、购买有价证券等形式把资金使用权出让给资金需求方,并在出让的过程中取得相应的报酬。创业融资是指资金供应方将资金的使用权出让给创业者用于创业活动的一种融资方式。融资具有以下两个特点。

① 资金的所有权与使用权分离。② 资金供应方要取得一定的利息、股息等,作为其出让资金使用权的报酬。

创业企业融资方式的选择与特征

**2. 创业资本的概念**

创业资本是由创业投资者(或其他出资人)将资金投入拟创立的新企业或刚刚诞生的新企业,希望获取高回报,又承担一定风险的权益资本。创业资本的本质是为创业项目或新企业提供资本支持,通过资本经营帮助创业者创业,并获得资本增值。创业资本通常是没有担保的投资,高风险与高收益并存,是一种资金与管理相结合、金融与技术相结合且流动性很小的中长期的股权投资。

创业资本所涉及的风险包括资本经营风险、道德风险等。创业资本的风险与收益是非对称的、不规则的。

### 6.1.2 创业融资的渠道

新企业利用不同的融资工具,从多个渠道筹集到企业发展所需要的资金。这些融资渠道共同构成了企业的融资体系,为企业提供有力的资金支持。创业融资的渠道主要有以下几种。

1. 债务性融资

债务性融资即贷款,是利用涉及利息偿付的金融工具来获取债务资本的融资方式。典型的债务性融资需要企业以某种资产(如汽车、房子、工厂、机器)等作为抵押。一般来说,新企业的债务性融资主要来源于商业银行贷款和创业贷款等。因为新企业的失败率较高,容易造成银行贷款无法收回,所以新企业比既有企业更难获得贷款。一般的商业银行倾向于贷款给那些在销售额、利润、顾客满意度等方面有着良好记录的既有企业。

(1)商业银行贷款

贷款人从商业银行获得贷款的形式主要有信贷额度贷款和抵押贷款等。

① 信贷额度贷款。信贷额度是银行和贷款人之间达成的正式的或非正式的协议,规定了贷款人向银行申请的1年期贷款的最大额度。通常银行会收取信贷额度一定百分比的手续费,并以此作为贷款人后续向银行申请贷款时,银行保证履行贷款责任的明确承诺。信贷额度贷款可以是无担保的。提供无担保信贷额度贷款的银行对贷款人的任何资产都没有留置权,也没有优先于贷款人的商业信用债权人取得还款的权利,但银行要求信贷额度贷款的偿付一定要优先于对公司委托人和股东的债务偿付。

② 抵押贷款。抵押贷款是指按照《中华人民共和国担保法》规定的抵押方式,以借款人或第三人的财产作为抵押物而发放的贷款。办理抵押贷款时应由银行保管抵押物的有关产权证明,特别是对于房屋按揭贷款和汽车贷款,严格地说,产权抵押给银行了,借款人拥有的只是使用权。抵押贷款的金额一般不超过抵押物评估价的70%。

(2)创业贷款

创业贷款是指具有一定生产经营能力或已经从事生产经营活动的个人,因创业或再创业提出资金需求申请,经银行认可的有效担保后发放的一种专项贷款。新企业可充分利用政府的优惠政策申请创业贷款,根据个人的资信状况和偿还能力,符合条件的借款人最高可获得单笔50万元的创业贷款支持。创业达到一定规模或成为再就业明星的借款人,还可提出更高额度的贷款申请。创业贷款的期限一般为1年,最长不超过3年。

(3)贷款期限和金额要求

国家为大学毕业生提供的小额创业贷款是财政贴息贷款,期限为1~2年,两年之后不再享受财政贴息。

创业贷款金额和期限要求:贷款金额最高不超过借款人正常生产经营活动所需流动资金、购置(安装或修理)小型设备(机具)及特许连锁经营所需资金总额的70%;贷款期限一般为两年,最长不超过3年,其中生产经营性流动资金贷款期限最长为1年;个人创业贷款执行中国人民银行颁布的期限贷款利率,可在规定的幅度范围内上下浮动。

(4)贷款偿还方式

贷款期限在1年(含1年)以内的个人创业贷款,实行到期一次还本付息,利随本清。

贷款期限在1年以上的个人创业贷款,贷款本息偿还方式可采用等额本息还款法或等额本金还款法,也可按双方商定的其他方式偿还。

2. 股权性融资

股权性融资是指无须资产作抵押物,赋予投资者在企业中某种形式的股东地位,让其分享企业的利润,并按事先约定拥有对资产的分配权。股权性融资主要有公开发行股票、天使投资和风险投资。

(1)公开发行股票

公开发行股票是指企业通过在公开市场发行股票筹集资金的融资方式。目前,股份有限公司都是通过发行股票筹集资金的。根据筹集资金的方式不同,股份有限公司又可分为定向募集公司和向社会募集公司两种。定向募集公司发行的股票只能由发起人认购。向社会募集公司发行的股票可由社会上的组织和个人认购。公开发行股票的优点是融资资金数量大,流动性强;其缺点是融资成本高,必须公开披露公司信息,受严格的规定约束,且来自股民的压力大。

(2)天使投资

天使投资是一种非组织化的创业投资形式,其资金来源大多是民间资本、非专业的风险投资机构。天使投资者是对缺少自有资金的创业者进行投资,并承担风险与收益的个人投资者。天使资本市场是风险资本市场的一个子系统,属于非正式部分。风险资本市场可分为私有股份融资市场和小盘股市场(二板市场)。

(3)风险投资

风险投资是指向创业企业进行股权投资,以期所投资企业发育成熟或相对成熟后主要通过转让股权获得资本增值收益的投资方式。

3.其他融资方式

除上述两种融资方式外,其他融资方式还包括创业基金、政府基金、典当融资等。

(1)创业基金

大学生创业是一项系统工程,需要一系列的配套措施和社会各方面的大力支持。大学生创业离不开资金的支持,资金是创业的基本保障。我国已经陆续成立了许多创业基金,主要为大学生创业提供资金支持、创业培训及技术支持,帮助大学生发挥自身优势,拓宽大学生融资的渠道。同时,各地方政府也先后出台了相关政策规定。创业基金对大学生创业发挥了积极作用,解决了大学生创业融资困难的问题。

(2)政府基金

近年来,政府充分意识到中小企业在国民经济中的重要地位,各地方政府不断采取各种方式扶持科技含量高的企业或者优势企业。这对于拥有一技之长又有志于创业的诸多技术人员是一个很好的机会。

(3)典当融资

风险投资只是小部分精英型创业者的"特权"。银行的大门虽然敞开着,但有一定的门槛。"急事告贷,典当最快",典当的主要作用就是救急。与作为主流融资渠道的银行贷款相比,典当融资虽然只起到拾遗补阙、调余急需的作用,但由于能在短时间内为融资者争取到更多的资金,正获得越来越多创业者的青睐。

4.搭配融资方式

在大多数情况下,企业只能适应外部的融资环境。例如,在某一特定的环境下,企业可能不适合发行股票融资，只能通过银行贷款或其他方式融资，这就要求企业必须充分发挥主动性，积极地寻求并及时把握各种有利时机。由于外部环境复杂多变，受宏观经济状况及市场整体情况的影响，企业融资决策要有超前性。为此，企业要及时掌握国内外利率、汇率等金融市场的各种信息，了解国内外宏观经济形势、国家货币及财政政策等各种外部环境因素，合理分析和预测能够影响企业融资的各种条件以及各种可能的变化趋势，以便寻求最佳融资时机。

企业可以对各种融资方式合理搭配，结合融资成本、融资期限、融资风险、资金使用的自由度，优化资金组合。

### 6.1.3 风险资本

风险资本就是创业者从风险投资者那里获取的资金，对风险投资者来说，将资金投入创业企业，就是风险投资。风险投资又称创业投资，其投资对象一般是创新项目或创新企业，尤其是高新技术企业。这里需要强调的是，本书讲的创业就是新创建一个企业，这个企业可以是传统行业，但这样的创业是很难吸引风险资本的；风险投资青睐于创新的企业。

1. 风险资本的来源

在风险投资发展的早期阶段，风险资本主要来源于富裕的家庭和个人。随着风险投资的发展，各国与地区政府给予其种种政策上的支持，从而吸引了许多机构投资者的加入。目前，风险资本提供者主要包括：①公共的与私人的退休基金；②捐赠基金；③银行持股公司；④保险公司；⑤投资银行；⑥其他非银行金融机构；⑦个人与家庭；⑧外国投资者；⑨政府。

2. 风险投资项目的选择

风险投资是否成功，关键在于所选择的风险投资项目，所选项目的好坏将直接与未来的风险和收益相关。

3. 风险投资项目的选择标准

风险资本经过多年的运行实践，逐渐形成了风险投资机构的三大投资选择标准。

① 每项投资不承受多于两项风险。企业在早期阶段，会遇到研发风险、生产风险、市场风险、管理风险和发展风险这五项典型的风险，即对于企业来说是否能开发出新技术、是否能生产出产品并销售出去、是否能够获得足够的利润以维持企业的发展。对风险投资机构来讲，一般只能同时接受其中的两种风险，而且风险投资机构最能有效控制的风险应是市场风险和管理风险，其他风险则较难把握。一般超过两项风险的项目，利润再好，风险投资机构也不会投。

② 遵循 $V=P \times S \times E$ 的公式。这里的 $V$ 为投资价值，$P$ 为市场需求大小，$S$ 为产品、技术或服务的独特性与可行性，$E$ 为企业家（管理团队）的素质。项目有了高价值的因素 $P$、$S$ 和 $E$，才会激发风险投资机构的兴趣。如果定义 $P$、$S$、$E$ 有效的比值系统是 $0 \sim 3$，那么投资价值为 $0 \sim 27$，在这样的评价系统中，一般来说只有 $V$ 值达到 20 以上，项目才具有投资价值。因为选择投资价值（$V$）高的项目，投资才能获得高回报。

③ 其他因素相近时以 $P$ 为参照系，也就是说风险投资机构在几个项目风险与收益相近的情况下，更愿意投资市场需求较大的项目。从某种意义上说，风险投资机构投资的并非项目本身，而是项目（技术）未来的市场。没有市场就不可能有回报，因此一个好的风险投资项目的灵魂是其未来的市场需求性。

4. 风险投资项目选择的操作流程

确定投资项目是风险投资运作的第一步，也是最为关键的一步。在如何确定项目上，风险投资机构都有一套十分严格的专业化操作流程，一般包括以下三个主要步骤。

（1）项目遴选

一般在遴选阶段，项目通过率只有 1/15～1/10。一个典型的风险投资机构每年都能接到数以千计的创业计划或投资信息，风险投资机构的专业人员对收到的创业计划和投资信息进行筛选，以快速舍弃不合适的投资方案。在该阶段，选择的主要依据是风险投资机构根据其投资战略、目标所制定的项目筛选标准，所评估的对象基本只是创业计划书本身。项目选择一般遵循如下要求：①是否符合投资方向；②是否达到一定的技术标准；③是否具有一定的商业前景。

（2）项目评估

通过遴选阶段的淘汰，只有风险投资机构认为合适的、有价值的少数项目得以保留，进入投资评估阶段。国外成功的风险投资机构在实践中都建立了一套行之有效的风险评估组织体系及评价指标体系。在项目评估中一般会考虑以下五个问题。

① 风险企业所处的行业。风险投资机构出于控制风险、增大回报的考虑，大多坚持集合投资的原则，对风险企业所处的行业有自己的偏好和专长。

② 风险企业所处的阶段。企业的发展阶段通常被分为：创建阶段、研发阶段、开拓阶段、扩展阶段、成熟阶段。风险投资机构对于风险企业所处的阶段有自己的偏好和专长。一般致力于投资早期企业的风险投资机构会强调自己投资政策的专一。只有一些优秀的风险投资机构和经验丰富的投资家才致力于并能够从事创建阶段企业的投资；一般的风险投资公司则投入开拓阶段的和扩展阶段的企业以规避风险；金融机构下属的风险投资公司则明确地表示投资成熟阶段的企业乃至过渡企业、转型企业以求迅速变现，发挥它们特有的经验优势，并避开它们对早期企业的管理和行业技术不熟悉的缺陷。

③ 风险企业的投资规模。投资规模的选择是一个规模效益和风险控制的平衡问题。初创企业和成熟阶段的企业一样，投资规模越大则风险越大。风险投资机构必须结合企业条件给予全面考虑，寻找两者的最佳结合点。

④ 风险企业的地理位置。鉴于辅助管理风险企业的便利考虑或政策所限，风险投资机构一般选择在其所在地周围的风险企业进行投资，而且往往会自发地集中到某些投资环境优良的地方，形成"范围经济效应"和良性循环。

⑤ 企业家的素质。企业家的素质是否符合要求，是风险投资机构需要考虑的重要因素。有经验的风险投资机构认为环境与市场的变化是不可预知的，也是无法控制的，只有经营者的强烈愿望和意志力才能克服困难和战胜挑战，确保企业成功。因此，投资对象应具有技术创新精神和经营专业能力的高素质的管理团队。

（3）项目决策

风险投资机构认为好的项目应该是合适的企业家在合适的时候拥有合适的技术，并存在或能够创造出合适的市场，最终必会带来丰厚的回报。经过一系列的筛选，只有极少数的投资项目得到保留，但还需要从宏观上加以考虑，判断是否有合适的投资时机。

绝大多数情况下，风险投资机构是以企业的创业计划书为基础，依靠风险投资的知识、经验甚至直觉来进行项目选择的。这种决策很大程度带有决策者的主观性，但是这种主观性不等于随意性，事实上风险投资家必须具有全面的金融知识、管理知识和高度的风险意识并且对某个产业（技术）有着深入的了解，才能准确地作出投资决策。

作为创业者的我们来说，要想吸引风险投资机构投入资金，就需要我们的项目具有风险投资机构眼中的价值。风险资本也是企业创业资本的重要来源之一。

## 6.2 创业财务计划

创业期间的资金是很有限的，尤其对于创业初期的创业者来说，一定要做好财务计划，使资金发挥最大价值。财务计划是企业以货币形式预计计划期内资金的取得与运用、各项经营收支及财务成果的书面文件。制订财务计划是为财务管理确定具体量化的目标。

### 6.2.1 财务计划在创业中的作用

一份内容完备的财务计划可以在创业者寻求资金帮助的过程中发挥以下作用。

一个好的财务计划不仅能够说明创业企业预期的资金需求量，还能提出创业企业的资金需求计划。这些资料对提高创业者取得资金的可能性是十分关键的。资金需求量的提供可以让投资者了解其投资成本；资金需求计划让投资者明确创业者何时需要资金，分别需要多少。因为很多投资者可能希望逐渐地投入资金而不是在公司刚建立的时候大量投入资金。因此有计划的资金需求量的数据就更有利于吸引投资者的关注，也更有利于投资者作出投资决策。

新创企业财务管理

好的财务计划可以让投资者增强投资的信心。财务计划可以让投资者了解企业经营状况，把握投资的财务风险。通过分析财务计划提供的财务报表，投资者可以更清楚地了解企业的财务状况、经营成果；了解企业的资本结构；了解企业的现金流量；了解企业销售收入的增长速度；了解企业有哪些渠道可以获得收入，有哪些必要的支付，所能得到的现金流入是否可以满足其日常的现金流出；等等，帮助投资者从整体上把握投资的财务风险。

好的财务计划能反映企业良好的管理水平。清晰明确的财务数据只有一个结构完整、职责划分明确的财务体系才能够提供。因此一个财务计划可以从一个侧面反映创业者的管理水平。如果财务计划准备得不好，会给投资者以企业管理人员缺乏经验的印象，从而使投资者降低风险企业的评估价值，这不但会增加企业融资的难度，同时也会增加企业的经营风险。

好的财务计划可以支持创业计划书为企业的发展所定下的具体方向和重点，这不仅可以使员工了解企业的经营目标，激励他们为共同的目标而努力，还可以使企业的投资者以及供应商、销售商等了解企业的经营状况和经营目标，说服原有的或新来的投资者为企业的进一步发展提供资金。

### 6.2.2 财务计划的分类

根据时间阶段，财务计划一般可分为长期财务计划和短期财务计划。

1. 长期财务计划

长期财务计划是指1年以上的计划，通常企业制订为期5年的长期财务计划。制订长期财务计划应以公司的经营理念、业务领域、地域范围、定量的战略目标为基础，长期财务计划是实现公司战略的工具。

2. 短期财务计划

短期财务计划是指一年一度的财务预算。财务预算是以货币表示的预期结果，它是计划工作的终点，也是控制工作的起点，它把计划和控制联系起来。各企业财务预算的精密程度、实施范围和编制方式有很大差异。

### 6.2.3 编制财务计划的程序

（1）由企业最高管理层根据财务决策提出一定时期的经营目标，并向各级、各部门下达规划指标。

（2）各级、各部门在规划指标范围内，编制本部门预算草案。

（3）由财务部门或预算委员会对各部门预算草案进行审核、协调、汇总、编制总预算并报企业负责人、董事会批准。

（4）批准的预算下达各级、各部门。

### 6.2.4 编制财务计划的基本步骤

（1）确定财务计划并编制预计财务报表，运用这些预测结果分析经营计划对预计利润和财务比率的影响。这些预测结果还能用于监督实施阶段的经营情况。经营情况一旦偏离创业计划，管理者能否很快得知是企业控制系统好坏的重要标准，也是企业能否在一个变化迅速的市场取得成功的必要因素。

（2）确认支持长期财务计划需要的资金，包括购置固定资产、存货、应收账款、技术研发、广告宣传需要的资金。

（3）预测未来长期可使用的资金，包括预测可从内部产生的和向外部融资的资金。任何财务限制导致的经营约束都必须在财务计划中体现，这些约束包括对负债率、流动比率、利息保障倍数等的限制。

（4）在企业内部建立并保持一个控制资金分配和使用的系统，目的是保证基本计划的适当展开。

（5）制订调整基本计划的程序。基本计划是在一定的经济预测基础上制订的，当基本计划所依赖的经济预测与实际的经济状况不符时，需要对基本计划及时作出调整。例如，如果实际经济走势强于预测经济，这些新条件必须在更新的基本计划里体现，如更高的生产计划额度、更大的市场份额等，并且基本计划调整得越快越好。因此，此步骤实际上是反馈环节，即基于实际情况的变化对财务计划进行的修改。

（6）建立基于绩效的管理层报酬计划。奖励管理层使得按照股东的想法（即股东价值最大化）经营显得非常重要。

### 6.2.5 财务计划的主要内容和编制原则

财务计划的主要内容包括：生产经营活动中的各项收入、支出和盈亏情况；产品成本（各种主要产品的单位成本以及可比产品成本较上年的降低率和降低额）和费用预算；纯收入的分配和亏损的弥补；流动资金来源和占用以及周转情况。

编制财务计划的原则如下。

（1）企业主要财务收支活动应当体现国家对企业的指导，应当符合国家政策、法令的各项规定。

（2）各项财务指标的设置既要调动职工增产节约、改善经营管理的积极性，又要保证基本的开支需求。

（3）财务计划中各项指标要与企业的全部生产经营活动相适应，要与其他各项计划协调一致。

（4）要按年度、季度和月度分别编制财务计划，做到"以月保季、以季保年"。

财务计划是企业经营计划的重要组成部分，是进行财务管理、财务监督的主要依据。财务计划是在生产、销售、物资供应、劳动工资、设备维修、技术组织等计划的基础上编制的，其目的是确立财务管理上的奋斗目标。在企业内部实行经济责任制，可使生产经营活动按计划协调进行，可挖掘增产节约潜力，从而提高经济效益。

## 6.3 创业财务分析

创业财务分析在这里主要指创业者在创业期间对财务报表进行的分析。财务人员以财务报表为依据，采用科学的评价标准和分析方法，通过对企业的财务状况、经营成果和现金流量等重要指标的比较分析，从而对企业的偿债能力、盈利能力以及抵抗风险的能力作出评价。

财务报表是对企业财务状况、经营成果和现金流量的结构性表述。它是企业根据日常会计核算资料进行加工、整理、汇总后编制的。企业的日常会计核算工作都是为了期末编制财务报表积累资料和做好前期准备的工作。在会计主体的日常核算中，通过填制凭证、登记账簿等会计核算方法，已经对企业发生的经济业务进行了全面、连续、综合的记录。会计账簿是按照每一账户记录特定的经济业务内容，故而账户提供的资料不能充分反映单位经济业务的全貌。财务报表把分散于账簿体系中的数据资料予以高度概括，形成清晰、完整的会计指标体系，管理者通过它能更好地加强企业的宏观调控和管理；财政、税收等部门通过它能更好地发挥经济监督的作用；企业的债权人及投资者通过它能了解企业的经营情况，从而判断企业偿债能力的大小和投资者权益是否受到侵害。通常所说的财务报表主要指资产负债表、损益表（利润表）及现金流量表。

创业计划书中的财务分析

## 6.3.1 资产负债表

资产负债表是反映企业某一特定日期财务状况的财务报表。它以"资产=负债+所有者权益"这一会计等式为依据编制，主要向人们提供企业的以下几个方面的财务状况：①目前掌握的资源；②需要负担的债务；③目前的偿债能力；④享有的权益；⑤预测未来的趋向。由此可知资产负债表在企业财务报表系统中占据主要地位。

根据会计等式，两大类资产（流动资产、非流动资产）项目的金额之和应该等于两大类负债（流动负债和非流动负债）及四大类所有者权益（实收资本、资本公积金、盈余公积、未分配利润）项目的金额之和。

资产负债表（表6-1）中各项目"期末余额"栏的数据来源，主要是总账科目余额直接填写或相加减后填写，填写时应注意借贷方是否一致，借贷方不同的以"-"号表示。表中"年初余额"栏，应根据上年末资产负债表"期末余额"填写。

表 6-1 资产负债表

年　月　日

编制单位：　　　　　　　　　　　　　　　　　　　　　　　　　　　　　　　　单位：元

| 资产 | 期末余额 | 年初余额 | 负债+所有者权益（或股东权益） | 期末余额 | 年初余额 |
|---|---|---|---|---|---|
| 流动资产： | | | 流动负债： | | |
| 货币资金 | | | 短期借款 | | |
| 交易性金融资产 | | | 交易性金融负债 | | |
| 应收票据 | | | 应付票据 | | |
| 应收账款 | | | 应付账款 | | |
| 预付款项 | | | 预收款项 | | |
| 应收利息 | | | 应付职工薪酬 | | |
| 应收股利 | | | 应交税费 | | |
| 其他应收款 | | | 应付利息 | | |
| 存货 | | | 应付股利 | | |
| 其中：消耗性生物资产 | | | 其他应付款 | | |
| 一年内到期的非流动资产 | | | 一年内到期的非流动负债 | | |
| 其他流动资产 | | | 其他流动负债 | | |
| 流动资产合计 | - | - | 流动负债合计 | - | - |
| 非流动资产： | | | 非流动负债： | | |
| 其他债权投资 | | | 长期借款 | | |
| 持有至到期投资 | | | 应付债券 | | |
| 长期应收款 | | | 长期应付款 | | |

（单位：元）续表

| 资产 | 期末余额 | 年初余额 | 负债+所有者权益（或股东权益） | 期末余额 | 年初余额 |
|---|---|---|---|---|---|
| 长期股权投资 | | | 专项应付款 | | |
| 投资性房地产 | | | 预计负债 | | |
| 固定资产 | | | 递延所得税负债 | | |
| 在建工程 | | | 其他非流动负债 | | |
| 工程物资 | | | 非流动负债合计 | – | – |
| 固定资产清理 | | | 负债合计 | | |
| 生产性生物资产 | | | 所有者权益（或股东权益）： | | |
| 油气资产 | | | 实收资本（或股本） | | |
| 无形资产及其他资产： | | | 资本公积 | | |
| 开发支出 | | | 减：库存股 | | |
| 商誉 | | | 盈余公积 | | |
| 长期待摊费用 | | | 未分配利润 | | |
| 递延所得税资产 | | | 所有者权益（或股东权益）合计 | – | – |
| 其他非流动资产： | | | | | |
| 非流动资产合计 | – | – | | | |
| 资产总计 | – | – | 负债和所有者权益（或股东权益）总计 | – | – |

### 6.3.2 损益表

损益表是反映企业在一定期间生产经营成果的财务报表，是按照"收入－费用＝利润"这一动态要素平衡关系为理论基础编制的报表。因此损益表（利润表）属于动态报表。

一般通过以下三步来计算出净利润。

第一步：计算营业利润

营业利润＝营业收入－营业成本－税金及附加－销售费用－
管理费用－研发费用－财务费用＋投资收益＋其他收益

第二步：计算利润

利润总额＝营业利润＋营业外收入－营业外支出

第三步：计算净利润

净利润＝利润总额－所得税费用

常见的损益表（利润表，见表6-2）是多栏式的。

表 6-2 损益表

编制单位： 单位：元

| 项目 | 本月数 | 本年累计数 |
|---|---|---|
| 一、营业收入 | | |
| 　　减：营业成本 | | |
| 　　　　税金及附加 | | |
| 　　　　销售费用 | | |
| 　　　　管理费用 | | |
| 　　　　研发费用 | | |
| 　　　　财务费用 | | |
| 　　加：投资收益 | | |
| 　　　　其他收益 | | |
| 二、营业利润 | | |
| 　　加：营业外收入 | | |
| 　　减：营业外支出 | | |
| 三、利润总额 | | |
| 　　减：所得税费用 | | |
| 四、净利润 | | |

损益表中的"本月数"栏填上各项本月实际发生的数，"本年累计数"栏，填写自年初（1月1日）到本月止的累计实际发生数。若是编制年度报表，将"本月数"栏改为"上年数"栏，填列上年全年累计实际发生数；"本年累计数"栏不变，仍是填列各项年初（1月1日）到本月止的累计发生数。

### 6.3.3 财务报表的分析

企业的运行离不开财务核算，财务核算必须准确，创业者才能知晓企业的财务状况。准确的财务核算可以反映企业的资金运行情况、企业的收支情况、企业的盈利情况。有了准确的财务数据，创业者就可以正确安排和推进各项事务。

财务核算中几个重要的指标如下。

1. 营业利润率

营业利润率是营业利润与营业收入的比率。其计算公式为

$$营业利润率 = 营业利润 / 营业收入 \times 100\%$$

从损益表来看，企业的利润包括营业利润、利润总额和净利润三种形式。其中利润总额和净利润包含着非营业利润因素，所以更能直接反映经营获利能力的指标是营业利润率，该指标越高，表明企业主营业务市场竞争力越强、发展潜力越大、获利能力越强。

## 2. 净资产收益率

净资产收益率是企业一定时期的净利润与平均净资产的比率。其计算公式为

$$净资产收益率 = 净利润 / 平均净资产 \times 100\%$$

$$平均净资产 = (期初净资产 + 期末净资产) / 2$$

净资产收益率是评价自有资本及其积累获取报酬水平的最具综合性和代表性的指标，充分反映了企业资本运营的综合效益。该指标通用性强、适应范围广、不受行业限制，是国际上企业综合评价中适用率非常高的一个指标，也是评价企业资本运营效益的核心指标。通过对该指标的综合对比分析，可以看出企业获利能力在同行业中所处的地位，以及与同类企业的差异水平。一般认为，企业净资产收益率越高，企业自有资本获取收益的能力越强，运营效益越好，对企业投资人、债权人的利益保证程度越高。

## 3. 总资产报酬率

总资产报酬率是指企业一定时期内获得的息税前利润总额与平均资产总额的比率。它是反映企业资产综合利用效果的指标，也是衡量企业利用负债和所有者权益总额所取得盈利的重要指标。其计算公式为

$$总资产报酬率 = 息税前利润总额 / 平均资产总额 \times 100\%$$

$$平均资产总额 = (期初资产总额 + 期末资产总额) / 2$$

总资产报酬率表示全部资产获取收益的水平，全面反映了企业的获利能力和投入产出状况。通过对该指标的深入分析，可以增强各方面对企业资产经营状况的了解，促进企业提高单位资产的收益水平。企业可据此指标与市场利率进行比较，如果该指标大于市场利率，则表明企业可以充分利用财务杠杆，进行负债经营，获取尽可能多的收益。一般来说，该指标越高，表明企业投入产出的水平越好，企业全部资产的总体运营效益越高，整个公司的获利能力越强。

## 4. 成本费用利润率

成本费用利润率是指公司一定时期的利润总额同企业成本费用总额的比率。其计算公式为

$$成本费用利润率 = 利润总额 / 成本费用总额 \times 100\%$$

成本费用总额是指企业营业成本、税金及附加、销售费用、管理费用、研发费用、财务费用之和。

成本费用利润率从企业内部管理等方面，对资本收益作进一步修正，从耗费角度补充评价企业的收益状况，有利于促进企业加强内部管理，节约支出，提高经济效益。该指标越高，表明企业为取得收益所付出的代价越小，企业的成本费用控制得越好，企业的获利能力越强。

## 5. 资产负债率

资产负债率又称负债比率，是企业负债总额与资产总额的比率。它实际上是结构比

率，表明企业资产中负债的比重，以及企业资产对债权人权益的保障程度。其计算公式为

$$资产负债率 = 负债总额 / 资产总额 \times 100\%$$

从债权人的角度看，资产负债率越低越好。这是因为资产负债率低，债权人的风险也就降低了。但从企业经营者的角度看，适当举债可以获得财务杠杆收益，对于企业未来的发展、规模的扩大起着举足轻重的作用。

【例6-1】 某新创企业，一年下来的损益表见表6-3，计算该新创企业的盈亏情况（公司2022年平均净资产为100000元，平均总资产为200000元）。

表6-3 损益表

编制单位：某新创企业　　　　　　　　　　　　　　　　　　　　　　　　　　单位：元

| 项目 | 本年数 |
| --- | --- |
| 一、营业收入 | 100000 |
| 　减：营业成本 | 60000 |
| 　　税金及附加 | 2000 |
| 　　销售费用 | 5000 |
| 　　管理费用 | 3000 |
| 　　研发费用 | 0 |
| 　　财务费用 | 5000（利息费用为4000） |
| 　加：投资收益 | 0 |
| 　　其他收益 | 0 |
| 二、营业利润 | 25000 |
| 　加：营业外收入 | 3000 |
| 　减：营业外支出 | 2000 |
| 三、利润总额 | 26000 |
| 　减：所得税费用（税率25%） | 6500 |
| 四、净利润 | 19500 |

营业利润率 $=25000/100000 \times 100\% = 25\%$

净资产收益率 $=19500/100000 \times 100\% = 19.5\%$

总资产报酬率 $=(26000+4000)/200000 \times 100\% = 15\%$

成本费用利润率 $=26000/(60000+2000+5000+3000+5000) \times 100\% \approx 34.67\%$

对于新企业来说，盈亏的计算显得十分重要，如果亏损，企业很快就会陷入困境。盈亏的准确计算可以给创业者提供下一步发展的思路和空间。

 案例分析

## 光圈黯淡

时任光圈直播运营副总监的程云（化名）告诉中国青年报·中青在线记者，当时企业的中层和高层管理人员被张轶叫到一起开过会，聊过裁员的事，已有十几人离开了光圈直播。但在公司例会上，张轶从来没有透露过资金紧张的情况。"要么打鸡血，要么喂鸡汤。一开始可能还提一下下周发钱，后面就不怎么提了。"程云说，"当时觉得这么长时间都扛下来了，融资什么的就算慢也差不多该到了。"

月底的一天，光圈直播仅剩不多的员工上班时发现，办公室已经被搬得空空荡荡。"那些苹果电脑，不管是一体机还是笔记本全被搬走了，连椅子都没了。"这次"搬家"，员工一直被蒙在鼓里。2017年1月，员工们看到公司门口贴了物业的解约函，称由于光圈直播未按期缴纳租金，2017年该物业公司将不再与光圈直播续约。

2016年3月入驻光圈直播的主播曹静（化名）曾高居光圈直播人气榜第三名，曾在2016年5月提现了4万多元，但当她9月再次申请提现时，却被"光圈直播服务号"告知，"由于银行对接系统升级，升级后第一时间会将钱提到您的账户中，请您耐心等待。""家人就是给银行做系统维护的，提不出来钱就知道他们有问题了。"曹静说。但除了光圈直播的微信客服，她也没有其他渠道可以向光圈直播索要这笔钱。据她了解，其他主播也遭遇了同样的情况，无法提现的款项加起来有100万元左右。他们仍希望通过法律渠道要回这笔钱。

员工将光圈直播的工作群更名为"费米子公司要债群"。2017年1月9日，张轶在该群中"@所有人"表示歉意，称"公司融资不利，给大家带来诸多麻烦。""公司一直艰难维持，只求不负诸位。事到如今，也不是他想看到的。"

光圈直播的员工陆续提起劳动仲裁，要求公司支付拖欠的工资等。小志申请的仲裁一个星期后拿到了仲裁结果，但因联系不到张轶，公司应支付他相应的款项，无法执行。多名光圈直播员工告诉中国青年报·中青在线记者，由于无法联系到张轶，他们的仲裁庭审均被延期举行。

张轶在早些时候对一家媒体作出回应："我前一阵确实状态不好，有消极逃避的意思。我愿意跟他们直接沟通。我会认真对待这件事。其实我们原来的团队特别好，这也是我苦苦支撑不愿轻易放弃的最主要原因。最后没有拿到好的结果，确实有遗憾和无奈。"

资料来源：中青在线 http://zqb.cyol.com/html/2017-02/28/nw.D110000zgqnb_20170228_1-09.htm（有删减）（2017-02-28）

◆ 思考与讨论

1. 面对激烈的市场竞争，什么因素最终压垮了光圈直播？
2. 创业者需要了解哪些基本的财务知识？
3. 创业者如何通过创业融资发展壮大企业？

# 第7章 创业风险

**本章学习目标**

1. 了解创业风险的含义及来源
2. 熟悉创业风险规避的策略
3. 掌握应对管理风险的方法

## 7.1 创业风险的含义及来源

### 7.1.1 创业风险的含义

提起风险,很多人马上将其与失败、亏损联系在一起,这是不全面的甚至是错误的看法。对于风险的理解,一般有两个角度:一个角度强调风险表现为结果的不确定性;另一个角度则强调风险表现为损失的不确定性。前者属于广义上的风险,说明未来利润多寡的不确定性,可能是获利、损失或者无损失也无获利;后者属于狭义上的风险,只表现为损失,没有获利的可能性。一般来讲,创业风险是指创业过程中存在的各种风险。

### 7.1.2 创业风险的来源与分类

1. 创业风险的来源

创业环境的不确定性,创业机会与创业企业的复杂性,创业者、创业团队与创业投资者的能力与实力的有限性是创业风险的根本来源。由于创业的过程往往是将某一构想或技术转化为具体的产品或服务的过程,在这一过程中,存在着几个基本的、相互联系的缺口,它们是上述不确定性、复杂性和有限性的主要来源,即在给定的宏观条件下,创业风险往往直接来源于这些缺口。

(1) 融资缺口

融资缺口存在于学术支持和商业支持之间,是研究基金和投资基金之间存在的断层。其中,研究基金通常来自个人、政府机构或公司研究机构,它既支持概念的创建,又支持概念可行性的最初证实。投资基金则将概念转化为有市场的产品原型(这种产品原型有令人满意的性能,对其生产成本有足够的了解并且能够识别其是否有足够的市场)。创业者可以证明其构想的可行性,但往往没有足够的资金将其商品化,从而给创业带来一定的风险。通常,只有极少数基金,如富有的个人专门进行早期项目的风险投资,以及政府资助计划等,愿意鼓励创业者跨越这个缺口。

（2）研究缺口

研究缺口主要存在于仅凭个人兴趣所做的研究判断和基于市场潜力的商业判断之间。当一个创业者最初证明一个特定的科学突破或技术突破可能成为商业产品时，他仅仅停留在自己满意的论证程度上。然而，这种程度的论证不适合后期要求。在将预想的产品真正转化为商业产品（大量生产的产品）的过程，即生产具备有效的性能、低廉的成本和高质量的产品并且产品能在市场竞争中生存下来，这个过程需要大量复杂而且可能耗资巨大的研究工作（有时需要几年时间）。如果不能实现这种研究工作，就会形成创业风险。

（3）信息和信任缺口

信息和信任缺口存在于技术专家和管理者（投资者）之间。在创业中，存在两种不同类型的人：一是技术专家，二是管理者（投资者）。这两种人接受不同的教育，对创业有不同的预期、信息来源和表达方式。技术专家知道哪些要求在技术层面上是可行的，哪些要求在技术层面上是无法实现的。在失败类案例中，技术专家要承担的风险一般表现在学术上、声誉上受到影响，以及没有金钱上的回报。管理者（投资者）通常比较了解将新产品引进市场的程序，但当涉及具体项目的技术部分时，他们不得不相信技术专家，可以说管理者（投资者）是在拿钱冒险。如果技术专家和管理者（投资者）不能充分信任对方，或者不能够进行有效的交流，那么这个缺口将会变得更深，带来更大的风险。

（4）资源缺口

资源与创业者之间的关系就如颜料和画笔与艺术家之间的关系。没有颜料和画笔，艺术家即使有了构思也无从实现。创业也是如此。没有所需的资源，创业者将一筹莫展，创业也就无从谈起。在大多数情况下，创业者不一定也不可能拥有所需的全部资源，这就形成了资源缺口。如果创业者没有能力弥补相应的资源缺口，要么创业无法起步，要么在创业中受制于人。

（5）管理缺口

管理缺口是创业者并不是出色的企业家，不具备出色的管理才能造成的。管理缺口主要有两种：一是创业者利用某一新技术进行创业，他可能是技术方面的专业人才，却不具备专业的管理才能，从而形成管理缺口；二是创业者往往有某种"奇思妙想"，如新的商业点子，但在战略规划上不具备出色的才能或不擅长管理具体的事务，从而形成管理缺口。

2. 创业风险的分类

（1）按创业风险产生的原因划分

按创业风险产生的原因划分，创业风险可分为主观创业风险和客观创业风险。

主观创业风险。它是指在创业阶段，创业者的身体素质与心理素质等主观方面的因素导致创业失败的可能性。

客观创业风险。它是指在创业阶段，客观因素如市场的变动、政策的变化、竞争对手的出现、创业资金缺乏等，导致创业失败的可能性。

（2）按创业风险的内容划分

按创业风险的内容划分，创业风险可分为技术风险、市场风险、政治风险、管理风险、生产风险和经济风险。

技术风险。它是指技术方面的因素及其变化的不确定性使创业失败的可能性。

市场风险。它是指市场情况的不确定性使创业者或创业企业遭受损失的可能性。

政治风险。它是指战争、国际关系变化、政策改变使创业者或创业企业遭受损失的可能性。

管理风险。它是指创业企业管理不善产生的风险。

生产风险。它是指创业企业提供的产品或服务从小批试制到大批生产的风险。

经济风险。它是指宏观经济环境发生大幅度波动或调整使创业者或创业投资者遭受损失的风险。

（3）按创业风险对资金的影响程度划分

创业投资的投资方包括专业投资者与投入自身财产的创业者。按创业风险对资金的影响程度划分，创业风险可分为安全性风险、收益性风险和流动性风险。

安全性风险。它是指从创业投资的安全性角度来看，不仅预期实际收益有损失的可能性，而且专业投资者与创业者自身投入的其他财产也可能遭受损失，即投资方财产的安全存在风险。

收益性风险。它是指创业投资的投资方的资本和其他财产不会遭受损失，但预期实际收益有损失的可能性。

流动性风险。它是指投资方的资本、其他财产以及预期实际收益不会遭受损失，但资金有可能不能按期转移或支付，造成资金运营的停滞，使投资方遭受损失的可能性。

（4）按创业过程划分

创业活动须经历一定的过程，一般而言，可将创业过程分为四个阶段：机会的识别与评估、准备与撰写创业计划书、确定并获取创业资源、新企业管理。按创业过程划分，创业风险可分为机会的识别与评估风险、准备与撰写创业计划书风险、确定并获取创业资源风险和新企业管理风险。

机会的识别与评估风险。它是指在机会的识别与评估过程中，各种主客观因素，如信息获取量不足等使创业一开始就面临方向错误的风险。另外，由于创业而放弃了原有的职业所面临的机会成本风险也是该阶段存在的风险之一。

准备与撰写创业计划书风险。它是指创业计划书的准备与撰写过程带来的风险。创业计划书往往是创业投资者决定是否投资的依据，因此创业计划书将对具体的创业产生影响。此过程中各种不确定性因素与创业者自身能力的限制也会给创业活动带来风险。

确定并获取创业资源风险。它是指由于存在资源缺口，无法获得所需的关键资源；或即使可获得创业资源，但获得的成本较高。这些都给创业活动带来一定的风险。

新企业管理风险。它主要包括管理方式，企业文化的选取与创建，发展战略的制定，以及组织、技术、营销等各方面的管理中存在的风险。

（5）按创业与市场和技术的关系划分

按创业与市场和技术的关系划分，创业风险可分为改良型风险、杠杆型风险、跨越型风险和激进型风险。

改良型风险。它是指利用现有的市场、现有的技术进行创业所存在的风险。这种创业风险最低、经济回报有限，即风险虽低，但要想生存和发展、获取较高的经济回报也比较困难。其一方面会遭遇已有市场竞争对手的排斥或进入壁垒的限制；另一方面即便企业进入市场，想要占有一定的市场份额也是非常困难的。

杠杆型风险。它是指利用新的市场、现有的技术进行创业所存在的风险。该风险稍高，这种风险往往是地理上造成的，常见于挖掘未开辟的市场，如彩电行业利用原有技术进入农村市场。

跨越型风险。它是指利用现有市场、新的技术进行创业存在的风险。该风险稍高，主要体现在创新技术的应用方面，往往反映了技术的替代，常见于企业的二次创业。其领先者可获得一定的竞争优势，但模仿者很快就会跟上。

激进型风险。它是指利用新的市场、新的技术进行创业所存在的风险，该风险最高，如果市场很大，可能会带来巨大的机会。对于第一个行动者而言，其优势在于竞争风险较低，但是知识产权保护力度很弱、市场需求不确定，确定产品性能有很大的风险。

（6）按技术因素、市场因素与管理因素的关系划分

按创业中的技术因素、市场因素与管理因素的关系划分，创业风险可分为技术风险、市场风险和代理风险。

技术风险是指伴随着科学技术的发展、生产方式的改变而产生的威胁人们生产与生活的风险。

市场风险是指由于基础资产市场价格的不利变动或者急剧波动而导致衍生工具价格或者价值变动的风险。

代理风险是指高级经营管理人才、组织结构及生产管理等能否适应创业企业的快速成长或战胜创业企业危机阶段的动态不确定性因素的风险。

这三类风险之间相互作用，使得创业企业各个运作层面上的诸多因素的不确定性更加复杂化。

## 7.2 创业风险的规避

### 7.2.1 创业风险的识别

既然创业风险是创业过程中不可避免的现象，那么直面风险并化解风险就是创业过程中的重要任务。风险识别是应对一切风险的基础，只有识别了风险才可能有化解风险的机会。同时，风险也是一种机会，应该开拓、提高它的积极作用。

创业风险识别是创业者依据企业活动，对创业企业面临的现实的以及潜在的风险，运用各种方法加以判断、归类并鉴定风险性质的过程。创业者都必须掌握风险识别的能力，并不断提高这种能力。

1. 树立风险意识

作为创业者，应该正确树立识别创业风险的基本理念，具备以下意识。

（1）有备无患的意识。创业风险的出现是正常的，带来一些损失也是正常的，既不能怨天尤人，也不能骄兵轻敌。其关键的能力是要密切监视风险、减少损失、化解不利，甚至将风险转化为盈利的机会。

（2）识别风险的能力。识别风险是为了防范和控制风险。如果创业者在企业未发生损失之前就能够识别风险发生的可能性，那么这个风险是可能被管理的，因此，风险识别是进行风险管理的基点。

新创企业风险管理

（3）未雨绸缪的观念。创业风险需要创业者通过对创业活动的迹象、信息归类，认知风险产生的原因和条件。创业者不仅要识别所面临的风险的性质及可能产生的后果，更重要的（也是最困难的）是要识别创业过程中各种潜在的风险，为采取有效措施提供依据。

（4）持之以恒的思想。由于创业风险伴随着整个创业过程，同时风险具有可变性和相关性的特点，因此创业者要有打"持久战"的思想。风险的识别工作应该连续地、系统地进行，并成为企业持续性、制度化的工作。

（5）实事求是的精神。虽然风险识别是一个主观过程，但是必须遵循客观规律。风险识别是一项复杂而细致的工作，创业者应按特定的程序、步骤和适当的方法有层次地分析各种现象，并做出实事求是的评估。

2. 识别风险的具体方法

识别风险的具体方法主要有以下几种。

（1）业务流程法。业务流程法是以业务流程图的方式，将企业从原材料采购直至产品送到客户手中的全部业务经营过程划分为若干环节，每一环节再配以更为详细的业务流程图，据此确定应在哪一环节进行风险的重点预防和处置。

（2）咨询法。咨询法是以一定的代价委托咨询公司或保险代理人进行风险调查和识别，并提出风险管理方案，供经营者决策参考。

（3）现场观察法。现场观察法是通过直接观察企业的各种生产经营设施和具体业务活动，了解和掌握企业面临的各种风险。

（4）财务报表法。财务报表法是通过分析资产负债表、损益表和现金流量表等报表中的每一个会计科目，确定某一特定企业在何种情况下会有什么样的潜在损失及其成因。由于每个企业的经营活动最终要涉及商品和资金，因此这种方法是比较直观的、客观的和准确的。

### 7.2.2 创业风险规避策略

1. 应对技术风险

为应对技术风险，企业除了要加大研发投入、缩短研发周期，还要加强市场研究，迅速获得现有市场与潜在市场的产品信息，引领所在领域产品的潮流，并继续开展研究合作，快速完成技术更新。另外，要注意申请技术专利保护，防止技术的扩散给企业带来的损失。

（1）采用模仿创新战略。模仿创新就是在创新者已经成功的技术创新基础上，投入不多的资金模仿该项技术，并对其进行补充、提高、改良、完善的过程。模仿创新虽然有跟风之嫌，但可以节省大量的开发费用，提高成功率，缩短从技术到市场的时间，从而大大降低技术风险。

（2）组建技术研发联合体。企业进行技术创新，特别是自主技术创新，风险大、时间长、复杂性高，单个企业往往难以承受。这时如能组建技术研发联合体，可以在一定程度上化解技术开发风险。技术研发联合体是指两个以上的国内外法人组织联合致力于某一技术或产品的研究开发，实现优势互补、风险共担、利益共享的一体化组织。技术研发联合体通常是企业和科研机构以及大学之间的联合。建立技术研发联合体可以获得符合本企业特点的新技术，并能迅速将技术转化为新产品，有效避免企业与科研机构、大学的体系脱节或缺乏必要的中介组织所致的企业不易获得具有开发价值的新技术问题，从而在较低风险的条件下，获得自主创新的技术，形成企业的核心竞争力。

2. 应对市场风险

企业要结合发展战略，针对目标市场要求，根据外部环境因素，最有效地利用本身的人力、物力和财力资源，制定企业最佳的市场营销组合策略，最大限度地缓解市场风险的作用。

创业企业可以在以下几个方面采取有效措施。

（1）树立以市场为导向的营销理念。要在瞬息万变、竞争激烈的市场中生存，企业必须树立正确的市场营销理念，重视市场营销的作用，这是企业开展一切营销活动的前提。成功的高科技企业不一定拥有最先进的技术和最好的产品，但它们一定拥有正确的营销理念和最好的营销策略。因此，企业要规避市场营销风险首先应该增强现代营销观念，把市场营销工作放在重要的地位。此外，在进行产品规划、渠道选择与制定产品价格和促销策略时要以市场为导向，从客户角度出发；同时生产研发部门应注意与营销部门配合，响应市场需求，实现技术与市场的完美结合。

（2）生产适销对路的产品。面对消费需求的不断变化和竞争对手产品更新步伐的加速，加快新产品研发的速度是预防产品风险的重要途径。面对业已发生的产品风险，尽快开发出符合市场需要的新产品是企业走出困境、摆脱困境的有效举措。企业应根据市场需求和企业目标，对产品组合的宽度、深度和关联度进行决策。在一般情况下，扩大产品组合的宽度、增加产品线的深度和加强产品组合的关联程度，增加产品的风险差异性，适应不同客户的需求，从而提高企业在某一地区或某一行业的声誉，可以降低企业的投资风险。

3. 应对财务风险

（1）根据企业的经营战略确定合理的负债结构。企业应根据经营战略安排资本结构和负债结构。最优的资本结构是指企业综合资金成本率最低、股东投资收益率最高的资本结构，同时也是财务风险最小的资本结构。企业要根据自身的生产经营发展状况来合理设计资本结构中的各种比例关系，如负债和总资产的比例关系，负债中短期负债和长期负债的比例关系，通过对不同来源、不同时期、不同层次的各种资本要素的有机协调，达到降低财务风险、有利于企业发展的目的。

（2）做好现金预算，加强财务预算控制。企业在借款时就应注意安排未来还本付息的资金，否则需要借新债还旧债。创业企业举债能力较弱，容易发生不能支付到期债务的现金流量风险。企业可以通过编制现金预算、合理调度资金、加快资金周转、加强收支管理、加强财务预算控制、控制未来的发展规模，以及进行现金预算和其他财务预算的监督，来避免由于盲目发展而陷入资金不足的困境。

（3）保持资产流动性。企业资金流转总是周而复始地进行的，因此资产流动性是企业的生命。企业必须加速存货周转，缩短应收账款周转期，以保持良好的资产流动性。企业应降低整体资产中固定资产的比重，以大大降低产品中固定成本的比重，从而降低企业的经营风险。

### 4. 应对管理风险

企业应建立一套完整的管理制度和科学的决策程序来降低管理风险。

（1）建立健全现代企业制度。建立科学的决策和监督机制是企业控制管理风险的前提，而这些又离不开合理的产权制度与健全的企业内部治理结构。所以，为减少企业管理风险，企业必须按照现代企业制度的要求，建立起真正的、完善的法人治理结构。经营者激励机制也是法人治理结构中不容忽视的重要问题，解决好经营者特别是中高层管理人员的利益分配问题，不仅可以引导他们致力于企业利益最大化，尽可能把决策风险和操作风险降到最低程度，减少经营者的短期行为，而且可以对企业"内部人控制"现象起到遏制作用。

（2）完善企业的内部控制制度。完善企业的内部控制制度的一个重要手段就是建立健全严密的内部控制系统。企业内部控制系统必须覆盖企业的各项业务、各个部门和各级人员，并渗透到投资决策、执行、监督、反馈等各个环节。同时，企业还必须建立科学的授权制度和岗位分离制度。

（3）提高决策者、管理者的自身素质。对企业中高层管理人员的使用必须坚持德才兼备的用人标准，在人员甄选过程中，这两个方面的素质都应该列入考核内容，同时应加强员工的职业道德教育和业务培训工作。

企业在创业的过程中，机遇与风险并存。风险控制应把重点控制和阶段性控制相结合，同时要进行风险的整体监控，建立风险监控体系，使风险的控制措施更趋系统化。

案例分析

## 大学生创业者屡屡被骗源自"创业认知不足"

因为对市场理解肤浅，大学生创业者普遍对作为市场规则的商业法律缺乏清楚认识，对创业中可能遭遇的合同诈骗、供应商跑路等情况更是不甚了解。调查发现，近五成（49.74%）的受访大学生创业者对合同诈骗及诈骗形式不清楚，还有近三成受访者表示会一次性与好朋友或信得过的合作伙伴签订大额合同。

"万众创业"作为时下最流行的词汇之一，折射出的是人们勇于创新创业的激情和活力。据调查，77.2%的大学生表示对创新创业有兴趣，31.0%的大学生很有兴趣创业；有创业实践的占13.4%，有创业计划的占60.2%。大学生热衷创业是好事，但大学生近五成受访者不清楚合同诈骗和诈骗形式，并屡屡有大学生创业者被骗，梳理其中原因就显得十分重要。

从宏观方面来看，大学生创业者屡屡被骗的原因体现在三方面。一是普通高校对大学生创业的帮助力度还不够。教育部门提倡大学生自主创业以来，各高校在休学创业、学分转化等方面都给予了创业学生很大的帮助，但缺乏整体理论和实践框架上的课程辅导，而在欧美一些国家，大学生职业规划、创业的风险和法律培训都很完善。二是一些地方政府"服务员"的角色没有做到位。一些地方政府在功力因素的影响下，往往把更多的精力和时间放在了已经创业成功的项目上，对大学生初创业的项目不够重视，乃至于不清楚大学生创业失败和创业风险所在。三是社会宣传片面。在创新创业的宣传中，只讲述成功的案例，不去讲述失败的项目和故事，这让大学生将创业想得过于简单，忽视了创业背后的风险。

　　从微观的个体层面来看，大学生自身对创新创业认识十分不足，甚至于存在错误认识。调查显示：86.15%的大学生创业者选择合作伙伴及企业最看中对方的经营绩效，而很少注意合作伙伴及企业的品格；77.95%的大学生创业者在"与合作伙伴关系好"的情况下，对开展跨行业经营没有明确的选择。这一数据说明的是大学生创业者自身对创业风险和权益保护就缺乏认识，过重地看待金钱上的收益，而对自身创业的路径缺乏全景式和长远的考虑。

　　对现在最火的大学生创业，全国政协副主席、中国科协主席的韩启德直言："大家千万不要急功近利，如果认为现在就要人人做比尔·盖茨，我认为特别危险。"结合大学生识别诈骗能力不足，很多创业大学生可能会面临大概率的风险和权益受损，就不难看出很多大学生对创业认识是不足的。

　　大众创业之下，大学生无疑要敢于冒险与创新，但必须有着充分的创业认识，那就是创业存在很大风险，需要有充足的准备；还有就是创业要防止过于急躁，大学生创业并不是每个人都成为比尔·盖茨，其更多的是一种创业理念和实践的前期锻炼和学习。正确认识创业的价值所在往往比创业本身更重要。

资料来源：搜狐教育 https://www.sohu.com/a/57494217_120912（2016-02-01）

◆ **思考与讨论**

1. 通过上述案例，分析大学生创业实践中如何识别风险。
2. 如何通过提高创业认知规避创业风险？
3. 掌握创业风险控制方法的必要性是什么？

# 第8章 企业创建

> **本章学习目标**
> 1. 了解创业企业的基本类型和创建流程
> 2. 熟悉创业的基本步骤及创业项目的定位
> 3. 掌握新企业创建的相关法律问题

## 8.1 创业准备

### 8.1.1 创业的基本步骤

1. 先作咨询

要想创业成功，事前准备的工作不可少。大学生创业之初，应该先求教于学校专业的创业咨询机构或教师、创业成功的学长等；当然，社会上的创业企管顾问师不少，可以花一些费用找他们咨询一下；也可多加利用免费的咨询资源，如协会及政府机构的咨询机构。

2. 撰写创业计划书

创业计划书的撰写，对整个创业过程而言，不仅是必要的，而且是非常重要的。通过创业计划书的撰写，不仅可以让创业者更清楚地知道创业计划是否完整周到，还可以根据创业计划书的具体内容要找人投资入股或提供意见。一般来说，创业计划书的内容，包括行业分析、同业竞争状况、商品介绍、设店商圈分析、投资金额分析、人力规划、每月费用分析、获利状况预估、展店（厅）计划、中长期发展目标等，其中的每一个项目，还都必须有细目分析，创业计划书撰写得愈详细、愈清楚，愈容易发现将来创业的问题点，有助于创业者及早修正问题以降低失败的风险。

3. 选准行业、方向

在选定自己想要创业的行业之前，创业者一定要先衡量自己的创业资金有多少，因为，各行业的总投资有高有低，每一种行业都不一样，所以，先衡量自己所拥有的资金能够做哪些行业，再来做进一步的规划。依据自己准备的资金，创业者先初步筛选可以投入的行业，然后依据行业发展的前景，自己本身的兴趣、专长、相关的工作资历，行业竞争性等因素评估分析自己适合从事哪种行业，以及哪种行业最具有竞争优势。

### 4. 学习经营技术

创业者选定行业之后，接下来的问题就是经营技术规划。当然，创业者如果选择连锁加盟店，有总部的技术支持将会增加成功的概率。但是，创业者如果是自行创业，就必须自己想办法学习经营技术。就学习途径而言，有各类餐饮、小吃、咖啡、泡茶、插花、调酒等的培训班，可以传授各式各样的技术；还有各地劳动部门的职业培训中心开办的各类职业培训课程。在开店之前，创业者最好本身要有该行业的实战经验。因为，如果创业者只在培训班学会相关技术，但缺乏店面临场的实战经验，等到正式营业上场时，很可能就会手忙脚乱而频出状况。所以在自己开店之前，创业者最好先到类似的店中工作，一来可以学习经营技术，获得实战经验；二来可以检验一下自己是否适合这个行业。

### 5. 筹措创业资金

万事开头难，资金不够想创业更难。在前景低迷、资金募集不易的时候，想创业首先就要先解决资金问题。当创业者的创业资金不足时，筹钱的方式，除了向亲友借贷或是民间盛行的标会等方式外，还可以设法寻求政府的相关贷款资源，如青年创业贷款、小微企业创业贷款以及须具备特定身份的身心障碍者创业贷款、特殊境遇妇女创业贷款、青年创业贷款，还有由部分银行所推出的创业担保贷款及贴息，以解决创业资金不足的问题。

### 6. 准备办公、经商场地

做好店面商圈评估。一般而言，做店面商圈评估时，应包括商圈属性、周边设施、附近的竞争店及互补店、租金、合法证照取得难易度、附近是否有大型卖场和车站、营业时间、人口（流动人口和固定人口）、客源及比例、消费能力及消费动机、马路宽度、发展前景（商圈变化）等因素。店面商圈评估时，须在不同的时段分别去评估，如在白天、晚上、工作日及节假日等不同时段，分别去观察该地点的商圈情形。店面商圈评估时，应做好评估记录表，详细记载评估店面的各项条件，以作为日后店面商圈评估的参考。找好店面之后，接下来就是与房东签约。一旦与房东签约之后，就开始支付房租，自然就会有时间压力。与房东签约，租期最好不要太短，如果只签1年，可能1年后才开始赢利，结果店面却被房东收回，租期以3～4年为较理想的签约期限。当然，如果是选择连锁加盟店，则租期不能短于加盟期限。

### 7. 申请营业证照

营业证照的申请分为两种：一种是申请公司执照，由市场监督管理局核发；另一种是因资本较小，只需办理营利事业登记，由当地县市市场监督管理局核发。除了营业证照的申请办理外，如果想要自己店挂的招牌为自己所专用，还须向市场监督管理局申请商标注册。

### 8. 准备器具及设备

开店要准备的东西多且杂。从大的设备如空调、计算机、冷冻柜、冷藏柜、收款机，到音响、圆珠笔、名片、店章等小东西，以及第一次的进货物料等，各项大大小小的明细全部列出来，货比三家，降低成本，有的设备可以买二手货，如果可以，尽量租赁设备。

**8.1.2 创业的准备要素**

人才、技术、资本与市场是构成创业的四大核心要素。四大核心要素中，人才最为重要。一个成功的创业者需要熟悉人才、市场、财务和法律，并通过人才成功地经营所创立的事业。

1. 人才

人才在企业创业的过程和今后的发展中都是极为重要的。认识、发现并利用人才是创业者进行创业的关键环节。创业者除了要重视企业的动力外，还要评价企业内部人的影响力和企业活动本身。好的创业者要会用人，也要能用人；要学会雇佣比自己聪明的人，让他们发挥能力为企业做更大的贡献。

现代风险资本的奠基人——乔治·多里奥认为：宁可考虑向有二流主意的一流人物投资，决不向有一流主意的二流人物投资。确实，不是一个拥有技术的科学家或工程师就能够创业成功的。创业不仅需要好的技术，更需要其他素质与能力。因此，创业者及合作伙伴们的素质与能力是创业成功的第一要素。

2. 技术

技术是将知识运用到实践中的手段、途径、工具或方法。企业之所以存在，是因为社会的需要。创业者就是要寻找能够满足社会需要的技术，而将技术付之应用，去不断地满足社会的需要。社会需要的技术并不完全等同于科学家眼中的科学技术，社会需要的技术既有建立在科学基础上的技术，又有能够满足社会实际需要的技术。因此，创业者仅有技术水平上的高技术，并不一定能够创业成功。如果创业者选择的技术符合实际，在创业之初会显得非常火爆，但这样的技术是已趋于普适的技术，很快就会度过技术的生命周期。因此，技术的选择，比较合适的是选择成长阶段的技术。对于创业者来说，还不能够考虑追求科学与技术上的卓越，应该以市场需要为选择技术的中心，比较适宜的选择是在市场中已经显现出应用前景但还没有应用的技术，或是在市场上刚刚出现的技术，即只需超前于市场半步的技术。总之，技术应考虑是否有独特性、创新性，是否有竞争力，是否能带来高利润，他人仿效的难易程度，等等。很多创业者凭着一项技术而创造出一番大的事业，技术使创业者美梦成真。

3. 资本

《三国演义》中的刘备，虽有大志但无资本。一天，刘备在荆州与刘表闲谈，刘备叹曰："备往常身不离鞍，髀肉皆散；今久不骑，髀里肉生。日月蹉跎，老将至矣，而功业不建：是以悲耳！"表曰："吾闻贤弟在许昌，与曹操青梅煮酒，共论英雄；贤弟尽举当世名士，操皆不许，而独曰：'天下英雄，惟使君与操耳。'以曹操之权力，犹不敢居吾弟之先，何虑功业不建乎？"玄德答曰："备若有基本，天下碌碌之辈，诚不足虑也。"

可见，要想创业，除了具备创业者的素质和选择合适的技术项目外，还需要具有一定的资金。否则，也只是空谈而已。从创业的角度看，创业资本是创业的关键要素。我国台湾地区一家企业咨询公司总结了近 1000 家企业创业失败的原因，认为创业资金的匮乏是重要的原因。正如人云：不是有钱就有了一切，但是，没有钱什么事也做不成。无论多么好的技术或多么好的创意，没有钱都只能是空想。

4. 市场

企业的存在是因为能够满足市场的需要，如果没有市场需要，那么，新创建的企业就没有存在的价值，自然也就不能生存。在竞争激烈的市场环境下，创业者如果不能开拓、管理好市场，即便拥有最好的技术或比较雄厚的资金，也可能导致创业夭折。当然，一个优秀的创业者是肯定能够开拓市场并管理好市场的。很多人总在期待市场高潮的到来，但是对于创业者更需要坚持的是创造市场的理念。市场，如市场的容量、相同产品之间的竞争力、潜在的市场生长力、市场的持续发展力，是要在创业之前明确认定并充分考证的。对于创业，还有很多的影响因素，就核心要素而言，创业者更应特别关心以上四大要素。

## 8.1.3　创业方式的选择

1. 确定创业方向

（1）高科技领域

身处高科技领域前沿阵地的大学生，在这一领域创业有着近水楼台先得月的优势，网易、腾讯等大学生创业企业的成功，就是得益于创业者的技术优势。但并非所有的大学生都适合在高科技领域创业，一般来说，技术功底深厚、学科成绩出类拔萃的大学生才有成功的希望。有意在这一领域创业的大学生，可积极参加各类创业大赛，获得脱颖而出的机会，以期吸引风险投资。

建议创业方向：软件开发、网络服务、游戏开发等。

（2）智力服务领域

在智力服务领域创业，大学生会游刃有余，因为智力是大学生创业最先拥有的资本。例如，家教领域就非常适合大学生创业，特别是师范专业的大学生。一方面，家教是大学生勤工俭学的传统渠道，家教可使大学生积累丰富的经验；另一方面，大学生能够充分利用普通高校教育资源，更容易掘到"第一桶金"。此类智力服务领域的创业项目成本较低，一张桌子、一部电话就可开业。

建议创业方向：家教、家教中介、设计工作室、翻译事务所等。

（3）连锁加盟领域

据调查，在相同的经营领域中，个人创业的成功率低于 20%，而加盟创业的成功率则高达 80%。对创业资源十分有限的大学生来说，借助连锁加盟的品牌、技术、营销、设备优势，可以以较少的投资、较低的门槛实现自主创业。但连锁加盟并非"零风险"，在市场鱼龙混杂的现状下，大学生涉世不深，在选择加盟项目时应注意规避风险。一般来说，大学生创业者资金实力较弱，适合选择启动资金不多、人手配备要求不高的加盟项目，从小本经营开始为宜。此外，最好选择运营时间在 5 年以上、拥有 10 家以上加盟店的成熟品牌。

建议创业方向：快餐业、家政服务、校园小型超市、数码快印站等。

（4）开店

大学生开店，一方面可充分利用普通高校的学生资源，另一方面由于熟悉同龄人的消费习惯，入门较为容易。正由于走"学生路线"，所以要靠价廉物美来吸引顾客。由于资金有限，不可能选择热闹地段的店面，因此推广工作尤为重要，需要经常在校园里张贴广告或与社团联办活动，才能广为人知。

建议创业方向：普通高校内部或周边地区的餐厅、咖啡屋、美发屋、文具店、书店、洗衣店等。

### 2. 利用相关资源

大学生往往对未来充满希望，他们有着青春的激情、热情、蓬勃的朝气，以及"初生牛犊不怕虎"的精神，这些正是一个成功创业者应具备的素质。如何合理地利用各种社会资源做到扬长避短，是每一个创业的大学生都必须充分认识和抓住的重点。"他山之石可以攻玉"，创业者要看到具备的优势和"为我所用"的资源。

大学生在学校里学到了很多理论性的知识，容易掌握较高层次的技术，而目前最有前途的事业就是开办高科技企业。技术的重要性是不言而喻的，大学生创业从一开始就应努力走向高科技、高技术含量的领域，"用智力换资本"应是大学生创业的特色之路和必由之路。一些风险投资者往往就因为看中了大学生所拥有的先进技术，而愿意对其创业计划进行资助。

现代大学生有创新精神、有对传统观念和传统行业挑战的信心和欲望，而这种精神、信心和欲望往往造就了大学生创业的动力源泉，成为他们成功创业的精神基础。

从宏观政策上来讲，近年来政府实行了技术创新工程，相继出台了多种政策和措施，支持和鼓励在校大学生自主创业。这些举措为大学生投身创业创造了前所未有的政策支持。

从学校方面的鼓励来讲，各普通高校相继开展了多种多样的大学生创业活动、课外科技发明大赛等，这些都为大学生创业活动的开展注入了生机和活力，也为大学生创业活动的开展奠定了良好的基础。

### 3. 选择创业方案

大学生创业有优势，也有局限性。由于大学生还没有完全进入社会，商业意识、社会经验、企业管理、财务及营销等方面都比较欠缺，因此大学生在创业方向的选择上应扬长避短，寻找适合自己发展的道路。以下几种创业方案，比较符合大学生的特点。

（1）科技成果转化

大学是科技成果和科技人才聚集的地方，曾经出过不少科技创业的成功人才。作为大学生，如果自己在某一领域有自己的科技成果，则可以利用自己的成果走科技创业的道路。要注意的是：大学生在进行科技创业时，要充分利用学校的资源，包括科技成果、技术、设备、老师、同学等；要将科技成果转化成商品。以上是用科技成果创业能否成功的重要因素。

（2）科技服务

大学生根据兴趣爱好并结合专业可以作出一些科技成果，但这些科技成果往往难以转化成商品，更无法将它们直接用于创业。我们的一些企业，特别是一些大中型企业，会有许多科技难题，大学生可以通过老师、学校加强与企业联系，将企业的科技难题作为科技课题，为企业提供科技服务。如果某项科技服务成果能成为大企业的一个长期的配套产品或服务，这就将为大学创业奠定一个稳定发展的基础。

（3）科技成果应用

大学的许多科技成果是与我们的生活息息相关的，但缺少应用方面的开发，许多科技成果都束之高阁。大学生可以利用自身的知识及学校资源，进行科技成果的应用开发。这里不一定把眼光放在能改变社会生活的大项目上，只要能找到与人们日常生活相结合的一个点，小商品就可能做出大市场。比如我们把食品科技的成果用于休闲食品领域，把种植、养殖方面的科技成果用于家庭种花、养宠物，把材料表面处理新工艺用于工艺品、饰品，等等。

（4）智力服务

随着社会经济的发展，服务业在我们的生活中占有越来越重要的地位。大学生创业应发扬自己的知识优势，选择一些需要知识和专业的智力服务，如翻译、电脑维修维护、家教培训、软件设计应用。

（5）电子商务

网络日益普及，已成了人们生活的另一个舞台。电子商务成本低，不受时间、空间限制，大学生从小就学习和使用计算机，他们可以用自己的知识技能从事电子商务。在这方面，大学生不应停留在网上开店买卖传统商品上，而应该结合自己的特点从事一些有创意的电子商务。比如学国际贸易的大学生可以通过网络寻求国际订单为传统行业提供网络销售，为要走出去的中小企业提供外部信息；还可以建立虚拟办公服务；等等。

（6）创意小店

大学生可以在大中城市开设一些有创意的小店。由于城市汇聚了各地先进的理念、时尚，从而为许多有个性、有创意的商品带来了商业空间。大学生思维活跃，喜欢接受新鲜的、变化的、时尚的东西，创意小店的经营相对简单，对社会经验、管理、营销、财务要求不高。因此，大学生可以发挥自己的特点，开一家有创意的小店，如创新的蔬果店、甜品店、幼儿绘画坊、成人老年人玩具吧、绣品工艺品DIY店、饰品店、美容美发吧等。

（7）连锁加盟

连锁加盟是一种成功的商业模式，发达国家的连锁加盟在商业经营中占有很高的比例。我国连锁加盟的比例还不高，有很大的市场空间。连锁加盟可以为加盟者提供成功的模式和经验。对于大学生来说，通过连锁加盟形式创业，可以弥补自身的不足，快速掌握经营所需的经验和知识，降低创业风险，提高创业成功率。通过连锁加盟创业的关键是要寻找一个连锁加盟体系相对完善并适合大学生创业的项目。

## 8.2　创业项目的定位

### 8.2.1　创业项目的来源

1. 实验及研究成果

实验及研究成果是指普通高校或各大研究机构自主研究开发的成果。选择这些成果作为创业项目将大大推进研究、教学和企业生产的衔接，有利于加快实验及研究成果的转化进程。

2. 大学生创业构思及创业计划大赛

大学生的创业构思是创业项目的重要来源。现阶段，许多机构都在举行大学生创业计划大赛，这不但有利于激发大学生的创业意识，培养他们的创新能力，促进一些创业构思的诞生，还有利于大学生创业计划的实施。当前，有一些大学生创业公司前身便是大学生创业计划大赛的小组。

3. 各种发明和专利

发明和专利也是创业项目的重要来源。发明和专利都是具有独特设想的，如果被开发出来进行产业化生产将会带来巨大的社会财富。现在各个国家为了激励发明创造，都制定了专利法来保护发明者，并取得了较好的成效。当然也并不是说所有的发明和专利都能顺利地转化为实际的产业化生产，因为实现产业化生产还要受许多条件和环境的制约。

### 8.2.2　创业项目的选择

创业项目从计划到实施到底能否顺利进行，在很大程度上取决于此创业项目能否吸引到风险投资。一般而言，大学生创业者很难有足够的资金来进行投资，于是就有了风险投资和为学生想得更周到的孵化器。所以大学生创业者在创业项目的选择上一定要做到科学合理、细致全面、小心谨慎，主要的要点如下。

1. 创业项目的立意一定要新颖，选择的角度一定要独特

创业投资并不是盲目的乱投资，它对项目可行性的要求近乎苛刻。据统计，95%以上的创业计划是因为不能得到风险投资人的青睐而无法实施的。要想得到风险投资，就必须对它的"习性"有所了解，风险投资是一种追求高利润、高回报率的资金，它愿意承担风险的同时要获得极高的投资回报率。风险投资人寻找的就是一些有新意的项目。如果一个创业计划立意平平，没有什么独特之处，很难想象它会得到风险投资。

2. 创业项目必须有市场前景

创业项目一般而言要有较高的技术含量，现在一般的风险投资和孵化器感兴趣的项目

主要有网络技术、软件信息、新材料、新能源、机电一体化、节能领域、生物医药及精细化工等。这些项目有技术含量,而且市场前景也较好。

3. 创业项目要符合国家的产业导向

高科技产业是从事高新技术及其产品的研发、生产和服务的企业集合,属于知识密集、技术密集的产业类型,主要包括信息技术、生物技术、新材料技术三大领域。国家大力扶持、发展高科技产业,给予这些企业政策和经济上的帮助。如果一个创业项目符合国家的产业导向,它成功的机会将大大地提高,反之则很容易夭折。

创业项目的选择是一个非常复杂的系统工程,以上所说的要点只是一些最基本的要求。要做好创业项目的选择还要做许多的技术性工作,如在预选好创业项目后所要进行的市场调查、市场预测及创业项目的评估。因为创业项目最终能否成功还是要看有没有市场,市场对创业项目产品的需求才是创业能否成功的根本。

对于创业者来说,要想不花费许多资金就能做好项目初步分析,最好的途径是二手资料的收集。这些资料来自图书馆、统计年鉴、网络、咨询公司等。创业者在图书馆可以查找到已经发表的关于行业、竞争对手、顾客偏好的趋向、产品创新等信息,甚至也可以获得有关竞争对手在市场上所采取的战略方面的信息;每年各行业的统计年鉴也可以提供相当详细的信息;专业杂志会有该行业非常详尽的分析,比如毛利、成本分析、销售额等;互联网也可以提供相关竞争对手和行业的深层信息,如通过搜索引擎或者访问专业网站可以得到许多相关信息,一些付费的商业资料可能会增加创业成本,但却能节约不少搜寻时间;咨询公司的资料一般会有一定的权威性,虽然收费会比较贵,但是咨询公司一般都有大量的专业调查人员,信息来源较广,能够准确地提供调查者所需要的信息。不过在考虑一手资料和收费的商业资料之前,创业者应该尽其所能地获取免费的二手资料。

通过对二手资料的分析,创业者可以对"点子"的可行性有一个判断。这里以市场环境为例说明,从行业的竞争性来看,如果是一个垄断性很强的行业,新企业显然会受到垄断企业的攻击,这对既没有经验又没有太多资本的新企业是很不利的,甚至会使新企业很快陷入困境;如果是一个竞争非常激烈的行业,这一定意味着很低的利润率,原来在该行业的企业有着丰富的经验和一段时间的资本积累基础,会比新企业有更强的竞争力,这对新企业来说是非常不利的;从行业的发展前途来看,如果是一个夕阳产业,产品处在即将退出市场的阶段,企业的前景就值得怀疑。

可行性分析可以决定"点子"是否有进行市场调查的价值,是否有潜在的市场机会。如果发现"点子"不合适,就应当在没有投入许多精力和成本的前提下放弃;如果觉得"点子"可行,就可以进一步进行全面的市场调查了。

## 8.2.3 创业项目的市场预测

1. 市场预测的含义及作用

市场预测是对市场将来商品的供需发展变化、相互关系以及各种影响因素的变化进行的估计和预算。凡事预则立,不预则废。创业企业经济活动的核心是要获得良好的经济效益，市场预测是企业取得良好经济效益的必要前提之一。通过市场预测，企业可生产出更多适销的产品，有利于企业加快资金的周转、降低成本、取得更好的经济效益。

企业市场预测不仅要预测消费者的商品需求，也要预测生产者的商品供给。创业企业开展市场预测，能够根据整个市场商品的供求开发适销的产品，确定适中的商品数量、价格和畅通的购货渠道，把企业及其产品定位在一个合理的营销位置。

2. 创业企业开展市场预测主要有以下意义和作用

（1）市场预测是制定企业发展战略的依据

创业企业制定发展战略的着眼点是围绕产品或业务评估分析结果，研究产品或业务的"问题类"是否或如何转入"明星类"，"明星类"是否要转入"金牛类"，如何防止"金牛类"向"狗类"滑坡，何时抛弃"狗类"。作出这样的战略决策的依据是通过市场预测所了解到的市场发展前景。

（2）市场预测是选择目标市场的重要前提

目标市场是企业选择为之服务的、具有相同需求的消费者群体。它应是有发展前途的。选择无发展前途的目标市场，势必增加企业的转产成本。选择目标市场不能仅看到眼前的较大需求和一时的时尚热潮，还应当进行市场预测，对细分市场的需求潜力和发展趋势要有充分的分析和估计。选择那些最有发展前途的细分市场作为企业的目标市场。

（3）市场预测是提高企业竞争能力和市场反应能力的手段

在市场经济条件下，创业企业要想在市场上提高竞争力并取得竞争优势，一方面要预测市场需求潜力和发展趋势，发现市场机会，提前开发新产品；另一方面要预测竞争对手的实力发展情况，把企业及其产品定位在一个比较合适的竞争位置，做到知己知彼，使自己立于不败之地。

3. 市场预测的内容

市场预测的内容相当复杂，主要有以下几方面。

（1）市场需求预测

市场需求预测是指在一定时间、地点和营销环境条件下，消费者对消费资料需求以及生产者对生产资料需求的预测。

（2）消费品购买力及其投向预测

消费品购买力及其投向预测是对一定时期内，全国或某一地区市场范围内有支付能力的消费品市场总量，及其购买力投向的变动趋势的预测。

（3）市场商品价格变动趋势预测

价格是商品价值的表现，反映着非常复杂的社会经济关系。市场价格变动会直接影响企业经营的优劣和经济效益的高低。价格策略是企业开展营销活动的手段之一。因此，必须对市场商品价格变动趋势及影响因素的变化进行必要的分析和预测。其具体的内容主要有市场供求趋势、劳动生产率、生产技术、生产成本、利润等。

（4）商品寿命周期预测

任何一种商品，一般都要经过产生、发展、衰退直至被淘汰的过程。商品寿命周期是指新产品从投入市场，到被市场淘汰所经历的时间。商品寿命周期一般要经历四个阶段，即导入期、成长期、成熟期、衰退期。商品寿命周期的预测就是预测各种商品在市场发展中处在其寿命周期的哪个阶段及其在各个阶段的具体表现，使企业对商品的寿命周期的各个阶段及其发展变化趋势有先见之明。实践证明，处于衰退期的商品，不论质量多好，都是没有前途的。所以在研究商品的发展方向问题时，关键要首先明确该商品在市场上能够有多长的寿命周期，然后根据其寿命周期的长短来确定商品的发展方向和如何进行更新换代，以取得更大的经济效益。

（5）市场占有率预测

市场占有率预测是指企业商品销售量或销售额占市场销售总量或销售总额的比例的变动趋势预测。市场占有率直接反映企业在行业中的地位和竞争力的高低，预测市场占有率有利于企业认清自己在行业中的地位及竞争力，从而制订自身的发展计划。

（6）营销发展趋势预测

营销发展趋势预测是指对流通领域中商品营销组织、营销设施、营销人员数量和素质、商业网点的设置与布局、商品流通渠道及环节等发展趋势的预测。

（7）产品所需资源预测

对产品所需资源的预测主要是对所需资源的长期供给关系及其价格变动趋势的预测。

（8）产品出口与国际市场竞争力预测

随着全球经济一体化进程的不断推进，没有企业可以回避来自国际市场的竞争，尤其是高新技术企业。产品出口与国际市场竞争力预测是指企业对国际市场上主要竞争对手的发展趋势的预测，并以此来规划本企业的发展战略，进而取得竞争的优势。

4. 市场预测的种类

市场预测可按不同的标准进行分类，主要有以下几类。

（1）按市场预测的时间长短，可分为长期预测、中期预测和短期预测。一般5年或5年以上的市场预测为长期预测，它适用于市场长期趋势分析和规划工作。1～4年的预测为中期预测，它是企业制订年度计划和修订长期计划的根据。1年之内的预测为短期预测，它适用于企业制订年度计划、季度计划和月度计划的工作。

（2）按市场预测的空间层次，可分为国内市场预测和国际市场预测。国内市场预测可分为城市市场预测和农村市场预测。国际市场预测可分为北美市场预测、南美市场预测、欧洲市场预测、亚洲市场预测等。

（3）按市场预测的主体，可分为宏观预测和微观预测。宏观预测是国家有关部门从国民经济全局出发，对商品的生产和流通总体的发展方向做出的综合性经济预测和市场预测。微观预测是企业从生产经营环境出发，对生产和经营的商品及市场占有率等进行的预测。

（4）按市场预测的方法，可分为定性预测和定量预测。定性预测是对未来市场发展的大致方向或趋势作出预测，如某一经济指标是上升还是下降，是供过于求还是供不应求等。定量预测是对未来市场变动的规模、水平、速度、比例等方面点值和区间值的预见和判断。

（5）按预测限制条件，可分为条件预测和非条件预测。条件预测是指以决策方案为主要限制条件所进行的预测。决策方案不同，得到的结果就不同。例如，企业广告与企业销售有直接的关系，而广告费是计入成本的，为此，就需要分别以做广告与不做广告为限制条件进行市场销售预测。无条件预测是指不必考虑决策条件，即不考虑决策方案对预测对象的影响所进行的预测，是相对于条件预测而言的。例如，对某种商品的寿命周期所进行的预测就是无条件预测，因为可以认为商品寿命周期的变化基本与企业的经营决策无关。

（6）按预测对象，可分为单项产品预测、同类产品预测、产品总量预测和消费对象预测。单项产品预测是具体地对某种牌号、规格质量的产品进行的预测。同类产品预测是按商品类别，如食品、百货、家电等大类进行的预测。产品总量预测是对消费者所需的各种商品总量进行的预测。消费对象预测是按具体的消费对象分别进行的预测，如服装产品的预测既可按老年、中年、青年、儿童来分类预测，也可按男、女来分类预测。

5. 市场预测的程序

市场预测的程序大体包括以下步骤。

（1）确定预测目标

预测目标规定了预测的内容、范围、要求、期限。它是预测的主题，直接影响预测的结果。因此，确定预测目标要准确、清楚和具体。

（2）拟订预测方案

根据预测目标的内容和要求，编制预测计划和确定参加人员，为全面展开预测工作做好组织上、行动上的准备。

（3）收集、整理资料

通过各种调查方式，收集、整理、筛选、分析与预测目标有关的各种资料（包括调查、访问获得的一手资料和经过有关单位分析简化的二手资料；国家政府部门的计划资料、统计资料和调查报告；企业的计划、报表、统计资料；科研院所、学术团体、大专院校的科研成果；报纸、杂志、学术专著、论文公布的资料；国外科技经济情报及统计资料）。对这些资料要去粗取精，去伪存真，由此及彼，由表及里，全面、真实、准确地分析。

（4）建立预测模型

在获得数据资料的基础上，根据有关市场理论、预测目标、预测要求及实际情况，选择适当的预测方法和评估方法，确定经济参数，分析各种变量间的关系，建立起反映实际的预测模型。

（5）进行分析评估

利用选定的预测模型和评估方法，对各种变量数据进行具体计算，并将获得的结果进行分析、检验和评价，若预测值和测算的实际值相差较小，则预测的效果好，可以采用；反之，则预测效果差，不能采用，应加以修正或重新预测。

（6）修正预测模型

当实际值和预期值的差异较大时，应具体分析产生差异的原因，并及时加以修正，重新测算和预测。常用的修正方法有：增加样本容量、增加解释变量个数、改变方程结构形式、根据平均误差的大小调整方程截距、改变预测方法等。

（7）写出总结报告

全面、完整、系统地总结市场预测结果，提交总结报告。总结报告的主要内容是预测目标、主要内容、具体方法、预测时间、参加人员、参考资料、实际结果以及分析评价意见。其可为决策者提供参考。

6. 市场预测的方法

（1）经验判断预测法

经验判断预测法是指预测者个人或群体凭借直觉、主观经验和综合判断能力，对某种预测对象未来的发展趋势进行预测的方法。它是一种定性分析和定量分析相结合，以定性分析为主的预测方法。

专家调查法是最常见的经验判断预测法，也称专家意见征询法或德尔菲法，它是专家会议法的发展，使专家意见由圆桌会议的面对面交谈变成背靠背的意见征询。具体说，专家调查法大量采用匿名调查表的方式，通过调查函征求专家意见，对各种意见汇总整理并作为参考资料，以匿名函的形式寄给各位专家，根据专家意见不断征询、修改、补充和完善，如此反复多次，直至多数专家看法一致或不再修改意见时，最终得出一套完整的预测方案。

专家调查法能够对预测目标在未来发展的各种可能和前景作出估计，使预测结果全面、明确，为决策者提供多种方案选择的可能性，在中长期经济发展决策中发挥十分重要的作用。专家调查法采用匿名函征询意见的方式，各专家只与预测主持人发生联系，专家之间不发生横向联系，专家姓名严格保密，这就消除了专家顾虑的心理影响。专家即使参考前一轮预测结果修改各自的意见，也无须公开说明，无损专家形象，他们能独立思考、独立判断，大胆提出自己的独创见解，使预测结果更全面、更真实。专家调查法不是将预测意见一锤定音而是多次轮番征询专家意见，每次征询都把经过整理的上轮专家意见全面地反馈给各专家以便相互启发，使专家能补充完善并提出新见解及其依据，使预测主持人全面把握大多数专家的意见倾向。采用统计方法处理每一轮专家的意见，经过几轮定量化的统计归纳，预测结果趋向收敛和集中，预测方案的分散程度就会缩小，最终形成定性分析和定量分析相结合的、大多数专家意见趋向一致的预测结果，使预测结果更可靠、更具说服力。

专家调查法的具体方法如下。

第一，预测主持人根据预测目的和要求，拟定调查提纲，提出预测目标，提供有关资料，选定有理论水平和实践经验的专家15～20人。

第二，将调查提纲寄送每位专家，请他们凭借自己的经验对目标市场作出分析和评估，通过匿名信函征询的方式，得出市场预测的初步结果。

第三，预测主持人将各种不同的预测结果及数据分类汇总并反馈给各专家，继续书面征询专家意见，几经反复，最后得出较为符合市场实际的预测结果。预测主持人根据基本趋向一致的预测结果，写出总结报告，以供决策者参考。

专家调查法具有多向性、反复性、收敛性、匿名性4个特点，主要适用于宏观的、长期的市场预测。其优点在于：以专家的丰富知识和实践经验为判断基础，充分发挥专家的专业特长，在缺乏资料的情况下，预测结果可靠；征询意见广泛，不受地区、部门限制，方法简便、易行、实用。其缺点在于：预测时间较长，因多种原因，如回收率不高、专家中途退出，往往对预测结果的精确性产生不利影响。

## （2）时间序列分析预测法

时间序列分析预测法，也称时间数列预测法、时间序列分析预测法，简称为时序预测法。这类方法以连续性原理为依据，即以假设事物过去和现在的发展变化会延续到未来为前提，撇开对事物发展变化的因果关系的具体分析，直接从时间数列统计数据中找出反映事物发展的演变模式，并据此外推预测目标的未来发展趋势，作出定量估计。

时序预测法可分为确定性时序预测法和随机性时序预测法两种。前者是利用反映事物具有确定性的时间数列进行预测的方法，包括平均法、指数平滑法等；后者是利用反映事物随机性的时间数列进行预测的方法，包括马尔可夫时序预测法、平稳时序预测法、非平稳时序预测法等。

## （3）因果分析预测法

因果分析预测法是从分析预测目标的影响因素着手，通过统计分析并建立数学模型，揭示预测目标与其他有关变量间的定量因果关系，据此进行预测的方法。

市场变化是由许多因素引起的，各种市场变量间存在着错综复杂的因果关系。上面所讨论的时间序列，实质上是由一系列单位时间内各种有关因素的综合影响产生的。利用因果分析进行预测，比较切合实际。

因果分析预测法主要有回归分析预测法、投入产出法、经济计量模型法等。此外，还有因素分析法、比例系数分析法等。这些方法往往与经验判断预测法结合运用。

## 8.3 新企业的创建条件及法律形式

新企业是指创业者在不确定的环境中，把握创业机会，有效整合创业资源，并进行从无到有、从简单到复杂的创新性经济活动的组织。新企业既有动态含义也有静态含义。从动态含义来看，新企业是一种创业活动、创业行为、创业过程；从静态含义来看，新企业是上述活动、行为和过程的结果，是对这种结果的组织描述。

当创业者决定开始创业时，需要做很多事情，其中比较重要的事情有：考察创建新企业的条件、决定新企业的注册形式、考虑新企业的选址及解决新企业成立时的相关法律伦理问题。企业注册主要遵循相关法律要求；企业选址则需要遵循更多的技巧和方法；法律伦理问题经常为创业者所忽视，但对于希望实现健康、可持续成长的新企业来说是必须积极应对的。

### 8.3.1 新企业的创建条件

有关学者认为，新企业的创建或新事业的诞生是衡量创业者创业行为的直接标志，甚至可以将是否创建了新企业作为个人是否为创业者的衡量标准。不管是在既有企业内部创业，还是创建新企业，创业者都面临着时机、地点等要素的选择。创业者在决定创业之前应该清楚：应不应创建新企业，是否具备创建新企业的一些必要条件。

1. 是否具备创建新企业的外部环境

一个好的外部环境可以为创业者提供创建新企业的良好时机。创业需要有适当的政策制度、金融、市场、科技和人文环境。传统计划经济时期，个人无法创业，关键在于那时缺少个人创业的经济制度与政策环境，现在虽然国家和社会对创业都非常支持，但是创建一个新企业之前同样要考察相关的外部环境。

政府对创业者的支持表现在对新企业提供包括房产、水电、通信方面的基础设施支持，鼓励创业的财政支持，税收等方面的政策支持，以及对特定行业的发展支持，等等。若没有政府支持，新企业很难在艰苦的投入大于收益的阶段获得持续的发展动力和回报。

例如，政府对于高科技企业的创建给予了良好的支持，包括制定具有引导性的政策、新的法律法规；建立高新技术创业园区；减免部分新企业税收；提高新企业的审批效率。创业者在做出创业决策时考虑新企业的产品或服务是否符合当地政府的要求以及企业的经营业务将受到政府鼓励还是抑制，能够享受哪些优惠政策，需要履行怎样的企业义务，等等。

2. 是否具有强烈的创业意识

很多创业者都是在强烈的"做老板"的意识下创建了自己的企业。在自己创建的企业里为自己工作，做自己喜欢的事情，实现自己的人生理想和抱负，这也是大多数创业者的创业动因。一个没有"做老板"欲望的人是无法创业的，因为他不可能有应对创业的挑战、机遇、困难、烦恼的任何心理准备，即使他受人挑动，盲目上阵创建企业，也必然会败下阵来。

3. 是否出现了有利的市场机会

市场机会源于创意，但并不是所有的创意都会成为市场机会。大多数经营者在代理其他品牌产品的时候，往往希望能够存在一个很好的市场机会，使自己目前的业务有所发展或者使自己开拓更多的业务方向。因此，绝大多数的经营者对创意都很敏感，而很多很好的市场机会并不是突然出现的，而是对于"一个有准备的头脑"的一种"回报"。

寻找市场空白是最直接有效的发掘有利市场机会的方法。市场存在空白就意味着巨大的消费需求的存在，但是创业者本人看到的市场空白，其他人往往也能看到，即使创业者是最先看到这片市场空白的人，也有可能被后来者模仿甚至超越。

4. 是否可以开发能创造市场的产品

开发出能创造市场的产品是创业者起步创业的最为直接的可能性。

5. 是否有能创造市场的商业模式

21世纪是信息时代，互联网的飞速发展极大地推动了信息的数字化和网络化，信息的获取和传递变得非常容易。企业纷纷通过互联网获取和发布信息或直接进行网上交易。借助互联网，消费者可以随时在网上购物，企业也可以利用互联网为消费者提供适时、特定的服务，企业之间也可以通过互联网进行产品销售或购买，因此互联网蕴藏着大量的商机。正是看到了这一庞大的商机，亚马逊创造了新的图书销售模式。团购、云计算等新兴的商业模式造就了大量的市场。

6. 是否有机会掌握独立创业的独特资源

这里所说的独特资源有很多种，如获得了某种有利于自己独立创业的特许权就是一种独特资源。创业者一旦拥有了这类资源，就不会遇到过多的竞争对手，也就不会进入一个拥挤的市场，创业成功的概率会大大提高。

### 8.3.2 新企业的法律形式

当前，中国注册登记的企业法律形式一般包括个体工商户、个人独资企业、合伙企业和有限责任公司四种。对大学生创业者来说，注册登记的企业法律形式也是这四种。

1. 个体工商户

个体工商户经营的主要法律依据是《促进个体工商户发展条例》。个体经济是社会主义市场经济的重要组成部分，个体工商户是重要的市场主体，在繁荣经济、增加就业、推动创业创新、方便群众生活等方面发挥着重要作用。个体工商户可以个人经营，也可以家庭经营。个体工商户的财产权、经营自主权等合法权益受法律保护，任何单位和个人不得侵害或者非法干预。市场主体登记机关应当为个体工商户提供依法合规、规范统一、公开透明、便捷高效的登记服务。个体工商户可以自愿变更经营者或者转型为企业。变更经营者的，可以直接向市场主体登记机关申请办理变更登记。涉及有关行政许可的，行政许可部门应当简化手续，依法为个体工商户提供便利。个体工商户应当依法经营、诚实守信，自觉履行劳动用工、安全生产、食品安全、职业卫生、环境保护、公平竞争等方面的法定义务。个体工商户开展经营活动违反有关法律规定的，有关行政部门应当按照教育和惩戒相结合、过罚相当的原则，依法予以处理。

2. 个人独资企业

个人独资企业是指依照《中华人民共和国个人独资企业法》（以下简称《个人独资企业法》）在中国设立的一个自然人投资，财产为投资者个人所有，投资者以其个人财产对企业债务承担无限责任的经营实体。

（1）个人独资企业的设立条件

① 投资者为一个自然人。

② 有合法的企业名称。个人独资企业的名称应当与其责任形式及从事的营业相符合，不能使用"有限""有限责任""公司"字样，可以是厂、店、部、中心、工作室等。

③ 有投资者申报的出资。设立个人独资企业，投资者可以用货币出资，也可以用实物、土地使用权、知识产权或其他财产权利出资。

④ 有固定的生产经营场所和必要的生产经营条件。

⑤ 有必要的从业人员。

（2）个人独资企业的法律特征

在组织结构形式上，个人独资企业是由个人创办的独资企业，其投资者是一个自然人。国家机关、国家授权投资机构或国家授权的部门、企业、事业单位等都不能作为个人独资企业的设立人。

在责任形态上,投资者个人以其个人财产对企业债务承担无限责任。投资者若以家庭共同财产作为个人投资的,以家庭共同财产对企业债务承担无限责任,这是个人独资企业区别于有限责任公司和股份有限公司等企业形式的基本特征。

从性质上看,个人独资企业是非法人企业。个人独资企业没有独立的资产,企业的财产就是投资人的财产,企业的责任就是投资人的责任。因此,个人独资企业无独立承担民事责任的能力。个人独资企业虽然不具备法人资格,但它是独立的民事主体,能够以自己的名义从事民事活动。

3. 合伙企业

(1) 合伙企业的概念及设立条件

合伙企业是指自然人、法人和其他组织依照《中华人民共和国合伙企业法》(以下简称《合伙企业法》)在中国境内设立的,由两个或两个以上的自然人通过订立合伙协议,共同出资经营、共负盈亏,共担风险的企业组织形式。其分为普通合伙企业和有限合伙企业。普通合伙企业由2个以上的普通合伙人组成,合伙人对合伙企业债务承担无限连带责任;有限合伙企业由2人以上50人以下的普通合伙人和有限合伙人组成,普通合伙人对合伙企业债务承担无限连带责任,有限合伙人以其认缴的出资额为限对合伙企业债务承担责任。

合伙企业的设立条件:订立合伙协议、设立合伙企业应当遵循自愿、平等、公平、诚实信用原则,并应具备以下条件。

有2个以上的合伙人,合伙人为自然人且应当具有完全民事行为能力。

有书面合伙协议。合伙协议应当载明的事项有:合伙企业的名称和主要经营场所的地点,合伙目的及合伙企业的经营范围,合伙人的姓名及其住所,合伙人出资的方式、数额和缴付出资的期限,合伙企业的解散与清算,违约责任。

有合伙人认缴或者实际缴付的出资,可以是货币、实物、土地使用权、知识产权或其他财产权利出资,甚至可以用劳务出资。对出资的评估作价可以由合伙人协商确定。

有合伙企业名称。合伙企业名称中不得含"有限"或者"有限责任"字样。

有经营场所和从事合伙经营的必要条件。

(2) 合伙企业的法律特征

合伙企业以合伙协议为成立的法律基础。合伙协议是调整合伙关系,规范合伙人的相互权利、义务,处理合伙纠纷的基本法律依据。其对全体合伙人具有约束力,是合伙企业得以成立的法律基础。

合伙企业须由全体合伙人共同出资、合伙经营。出资是合伙人的基本义务,也是其取得合伙人资格的前提条件。

合伙人共负盈亏、共担风险。

合伙企业的数量不如个人独资企业、有限责任公司的数量多。合伙企业一般在广告、商标、咨询、会计师事务所、法律事务所、零售商业等企业中较为常见。

4. 有限责任公司

有限责任公司是指根据《中华人民共和国公司法》(以下简称《公司法》)的规定注册

登记的公司。公司是企业法人，有独立的法人财产，享有法人财产权。公司以其全部财产对公司的债务承担责任。公司的合法权益受法律保护，不受侵犯。公司的股东以其认缴的出资额为限对公司承担责任。公司的经营范围由公司章程规定。公司的经营范围中属于法律、行政法规规定须经批准的项目，应当依法经过批准。公司的法定代表人按照公司章程的规定，由代表公司执行公司事务的董事或者经理担任。公司应当保护职工的合法权益，依法与职工签订劳动合同，参加社会保险，加强劳动保护，实现安全生产。公司从事经营活动，应当遵守法律法规，遵守社会公德、商业道德，诚实守信，接受政府和社会公众的监督。

（1）公司登记

申请设立公司，应当提交设立登记申请书、公司章程等文件，提交的相关材料应当真实、合法和有效。公司登记事项包括名称、住所、注册资本、经营范围、法定代表人的姓名、有限责任公司股东、股份有限公司发起人的姓名或者名称。依法设立的公司，由公司登记机关发给公司营业执照。公司营业执照签发日期为公司成立日期。公司营业执照应当载明公司的名称、住所、注册资本、经营范围、法定代表人姓名等事项。公司登记机关可以发给电子营业执照。电子营业执照与纸质营业执照具有同等法律效力。公司登记事项发生变更的，应当依法办理变更登记。公司因解散、被宣告破产或者其他法定事由需要终止的，应当依法向公司登记机关申请注销登记，由公司登记机关公告公司终止。

（2）有限责任公司的法律特征

相对于承担无限责任的组织形式来说，组建有限责任公司的法律风险较小，有限责任公司对外承担有限责任，限定了创业者承担的法律风险不会超过注册资本，但有限责任公司的组建及运作过程仍会存在风险。

创业者在组建有限责任公司的过程中，应当根据法律的规定，规范股东之间的股份分配、权利义务，规范公司的运作，以降低法律风险。创业者设立1人有限责任公司，应当注意明确个人财产与公司财产，避免个人财产与公司财产混淆。

在创业实践中，有些创业者为注册有限责任公司的需要，采取隐名股东（实际投资人）与股东名册不一致的方式，但中国的法律法规不支持隐名股东这种方式，因为隐名股东的利益往往得不到保障。

### 8.3.3 新企业法律形式的选择

不同的企业制度不但在法律形式与规定上有着较大的差别，而且其适用程度随创业者选择的新企业的法律形式的不同而有很大的变化。因此，创业者有必要对所选择的新企业的法律形式进行利弊比较和分析。

1. 从启动成本方面分析

对于白手起家的创业者而言，启动成本无疑是他们创建自己企业的第一屏障。越复杂的组织，创办成本越高。

① 相对而言，创办成本最少的是个人独资企业，只需要有注册企业或商品名的费用。

② 合伙企业除注册外还要订立合伙协议，这就涉及一些专业中介机构的咨询成本及谈判成本。

③ 有限责任公司和股份有限公司相对来讲比较"昂贵"，因为其在成立前需要履行一系列法律所规定的程序，这就不可避免地会产生一系列费用。

**2. 从新企业的稳定性方面分析**

无论是对创业者、投资者还是对消费者来说，企业能否长久地存续、是否能够稳定地发展下去都是他们关心的问题。

① 个人独资企业完全是基于创业者个人的能力、资金等因素而建立起来的，如果创业者死亡或个人情况发生改变，个人独资企业的稳定性就会发生动摇。

② 在合伙企业中，合伙人之间的信任是建立合伙企业的基础，合伙人之一的死亡、退出或信赖基础的丧失都可能导致合伙企业解散。《合伙企业法》对入伙和退伙都做出了具体的规定，退伙包括正常退伙、当然退伙和强制退伙

③ 有限责任公司与股份有限公司在各种企业形式中拥有最好的稳定性。由于董事会在公司治理中起到了十分重要的督导作用，股东的死亡或退出对企业的连续性基本上无太大的影响。

**3. 从权益的可转让性方面分析**

所有者对于企业的权益是否容易转让决定着所有者财产的流动程度。当利润一定时，创业者会努力持有流动性高的资产，反之亦然。

① 在个人独资企业中，创业者有权随时出售或转让企业的任何资产。

② 在合伙企业中，除非合伙协议允许或其他合伙人同意，否则合伙人一般无权出售企业的任何权益。

③ 在有限责任公司与股份有限公司中，股东在出售企业的权益方面有很大的自由。特别是股份有限公司，一般股东可以在任何时间不经其他股东同意就可转让自己的股份。当然，由于股权分置等历史原因，《公司法》对股份有限公司的股份转让规定了某些限制，如发起人持有的本公司股份，自公司成立之日起3年内不得转让；公司董事、监事、经理应当向公司申报所持有的本公司的股份，并在任职期内不得转让。

**4. 从增加资金的方面分析**

一般而言，新企业增加资金的机会和能力依据企业形式的不同会有很大的差别。

① 对个人独资企业而言，任何新资金只能来自贷款和创业者个人的追加投资。

② 合伙企业可以从银行借贷，也可以要求每个合伙人追加投资或者吸收新的合伙人。

③ 有限责任公司与股份有限公司则有很多途径可以增加资金，要比其他法律形式的企业有更多的选择渠道。股份有限公司可以发行股票、债券，也可以直接向银行贷款。

**5. 从管理控制方面分析**

每种企业都会给管理控制和决策责任带来不同的机会和问题。在许多新企业中，创业者通常希望尽可能保留对公司的控制权。

① 在个人独资企业中，创业者拥有最大的控制权，可以灵活制定企业决策。

② 在合伙企业中，一般由合伙人根据合伙协议协商解决日常问题及关键性问题。

③ 有限责任公司与股份有限公司日常业务的控制权掌握在职业经理的手中，但大股东有权投票决定公司较重要的长期决策。按照公司制的设计要求，法人公司中的管理权和控制权是分离的。

6. 从利润与损失的分配方面分析

毋庸置疑，利润最大化和损失最小化是新企业的经营目标，因此利润与损失的分配问题也是创业者选择企业法律形式时需要着重考虑的问题。

① 个人独资企业的负责人取得企业经营中的所有利润，同时他们也要为经营中的所有损失承担无限责任。

② 在合伙企业中，利润与损失的分配取决于合伙人出资的份额或合伙协议。

③ 有限责任公司与股份有限公司一般严格按照股东的出资比例分配利润和承担损失。

7. 从对筹资吸引力方面分析

由于个人独资企业和合伙企业对企业的债务承担无限责任，因此任何债务性融资对他们来讲都需要慎重考虑和决策；相对而言，股份有限公司和有限责任公司仅对企业的债务承担有限责任，因此，无论是债务性融资还是权益性融资都对这两类公司的吸引力要大许多。当然，公司实力越强，筹资就越容易。

## 8.4 新企业创建的相关法律和伦理问题

新企业的建立不仅需要考虑自身的发展问题，还需要考虑其行为对社会的影响。现有的法律制度和伦理要求对新企业成长来说是最基本的底线，只有那些能有效遵守法律制度和相关伦理要求的新企业才能获得持久的发展。

1. 创建新企业时需要了解的法律法规

（1）《个人独资企业法》。《个人独资企业法》规定了创建个人独资企业的权利和所需要担负的责任，同时规定了任何单位和个人不得违反法律、行政法规的规定，以任何方式强制个人独资企业提供财力、物力、人力；对于违法强制提供财力、物力、人力的行为，个人独资企业有权拒绝。《个人独资企业法》强有力地保证了个人自主创业有一个宽松的法律和政策环境。

（2）《合伙企业法》。出于促进中国创业投资的发展，新修订的《合伙企业法》增加了有限合伙，为风险投资扫清了法律的障碍，促进了科技创新投入。新一轮的投资高峰将随之到来，这对广大大学生创业者无疑是个有利的消息。

有限合伙主要适用于风险投资。由具有良好投资意识的专业管理机构或个人作为普通合伙人，对企业债务承担无限连带责任，负责企业的经营管理；作为资金投入者的有限合伙人享受合伙收益，对企业债务只承担有限责任。有限合伙因具有避免双重纳税、出资人有限责任等诸多优点，相当受投资者和创业者的青睐。

（3）《公司法》。《公司法》的实施对想创业的大学生来说是一个令人振奋的消息，因为《公司法》将注册资本实缴登记制改为认缴登记制，放宽了注册资本登记条件，简化了登记事项和登记手续。

2. 创建新企业时面临的法律问题

一般来说，新企业在创建过程中面临的法律问题主要包括知识产权、合同、税收、商业秘密等方面的问题。

（1）知识产权

知识产权一般只在有限时间内有效。各种智力创造如发明、文学和艺术作品，以及在商业中使用的标识、名称、图像及外观设计，都可被认为是某一个人或组织所拥有的知识产权。

知识产权虽然并非有形实物，但也是创业者的重要资产。现实中，很多创业者由于不了解知识产权的相关知识，忽视了对知识产权进行有效的保护而导致出现侵犯他人知识产权的后果，这些情况都会对新企业造成严重影响。

知识产权与其他权利相比具有如下特点。

① 知识产权是一种无形的财产，所以企业对其享有无形财产权。

② 知识产权的确认必须经由国家专门的机构进行办理。

③ 双重性。也就是说，知识产权既有某种人身权的性质，又有财产权的性质（商标权除外）。

④ 专有性。知识产权的专有性是指知识产权为权利主体所专有，具有排他性。

⑤ 地域性。知识产权只能在授予其权利的国家或确认其权利的国家产生，所有者拥有的知识产权在其他国家不享受法律保护。

⑥ 时间性。知识产权的保护是有时间限制的，只有在规定的时间内才能受到法律的保护。

知识产权的种类主要有专利权、商标权等。

① 专利权。《中华人民共和国专利法》（以下简称《专利法》）将专利定义为受法律规范保护的发明创造，专利权是指一项发明创造向国家审批机关提出专利申请，经依法审查合格后向专利申请人授予的在规定时间内对该项发明创造享有的专有权。

《专利法》所称的发明创造是指发明、实用新型和外观设计。发明是指对产品、方法或者其改进所提出的新的技术方案；实用新型是指对产品的形状、构造或者其结合所提出的适于实用的新的技术方案；外观设计是指对产品的整体或者局部的形状、图案或者其结合以及色彩与形状、图案的结合所作出的富有美感并适于工业应用的新设计。

专利属于知识产权的一部分，是一种无形财产，与有形财产相比其具有特别之处，这些特别之处主要表现在排他性、区域性与时间性方面。排他性是指只要在专利权有效期和法律管辖区内，任何单位或个人未经专利权人许可都不得实施其专利，否则属于侵权行为。区域性是指专利权是一种有区域范围限制的权利，它只有在法律管辖区域内有效，同一发明可以同时在两个或两个以上的国家申请专利，获得批准后其发明便可以在所有申请国获得法律保护。时间性是指专利只有在法律规定的期限内才有效，在中国，发明专利权的期限为20年，实用新型专利权的期限为10年，外观设计专利权的期限均为15年，均自申请日起计算。

② 商标权。世界知识产权组织（World Intellectual Property Organization，WIPO）在其官方网站上给出了商标的定义：商标是将某商品或服务标明是某具体个人或企业所生产或提供的商品或服务的显著标志。根据《中华人民共和国商标法》（以下简称《商标法》）

的规定，经商标局核准注册的商标为注册商标，包括商品商标、服务商标和集体商标、证明商标；商标注册人享有商标专用权，受法律保护。

集体商标是指以团体、协会或者其他组织名义注册，供该组织成员在商事活动中使用，以表明使用者在该组织中的成员资格的标志。证明商标是指由对某种商品或者服务具有监督能力的组织所控制，而由该组织以外的单位或者个人使用于其商品或者服务，用以证明该商品或者服务的原产地、原料、制造方法、质量或者其他特定品质的标志。

（2）合同

合同是当事人或当事双方之间设立、变更、终止民事关系的协议。合同依法成立后，受法律保护。新企业在开始生产经营的时候涉及与供应商、客户等签订合同，这要求创业者必须了解与合同相关的法律法规。

（3）税收

在个人独资企业、合伙企业和有限责任公司这三种法律形式的企业中，有限责任公司只承担有限责任，风险相对较小；个人独资企业和合伙企业由于要承担无限责任，风险较大。尤其是个人独资企业，还存在增值税、一般纳税人认定等相关法规不易操作的问题，更增加了企业风险。

在中国创业领域，比较重要的税种包括流转税（增值税、消费税和关税）和所得税（个人所得税和企业所得税）。此外，还涉及一些新企业当地的税种。需要注意的是，只有有限责任公司适用企业所得税，个人独资企业、合伙企业则不适用企业所得税而适用个人所得税。创业者在选择创业所在地和企业形式时都应该考虑这些税收政策，充分运用合理的税收策略，实现税后利润最大化。

（4）商业秘密

商业秘密是指不为公众所知悉、能为权利人带来经济利益、具有实用性并经权利人采取保密措施的技术信息和经营信息。商业秘密可以分为两大类，即技术信息和经营信息。技术信息为技术所承载的信息，主要包括两种类型：有形的技术信息（技术设计、技术样品、工艺流程、工业配方、计算机程序等）和无形的技术信息（员工的技能及经验等）。经营信息是指技术信息以外的能够给权利人带来竞争优势的用于经营的信息，包括两种类型：与市场有关的商业情报和信息（客户名单、货源情报、标书标底、谈判方案等）和与经营管理有关的资料和信息（发展规划、竞争方案、管理诀窍等）。

商业秘密有可能会被泄露，因此企业有必要采取相应的措施来保护自己的商业秘密。

3. 新企业创建的相关伦理问题

创业伦理是创业者在创业过程中调整人与人、人与职业、人与社会之间关系的所有行为规范的总和。创业伦理的主要功能是约束和引导创业者的创业行为，使其在社会通行准则可接受的范畴之内，从而维护正常创业秩序，并为创业成功提供道德保障。

创业伦理包含责任、诚信、服务等内容。责任指创业者不但将创业视为满足个人职业要求的有效途径，而且将其视为为社会做贡献、为民族进步、为国家分忧的个人责任，通过创业承担个人、社会、民族、国家的责任。诚信指创业者在其创业活动中遵纪守法、诚恳待人、信守承诺，不因外部因素影响而放弃内心操守，坦率面对自己。服务指创业者以服务为核心，通过服务客户、服务社会、服务民族获得个人、企业在现实社会中的生存空间和发展空间,在达成个人创业理想的同时造福他人与社会。

具体来说,创业者在创业过程中应具有以下伦理道德素质。

① 捍卫本企业所制定的道德准则、价值规范。

② 强化本企业在业界和社会的形象和声誉。

③ 维持本企业的道德责任感,以诚信为原则。

④ 永远以客户的需求为第一考虑,时刻为客户着想。

⑤ 确实掌握生产成本和服务成本,获取合理利润。

⑥ 确保企业安全性和生产效率。

⑦ 避免违法和不道德的行为。

案例分析

### 让"草根创客"在数字乡村中蓄力成长

数字中国与乡村振兴的政策正在吸引越来越多的创业者投入其中。随着县乡数字化产业链的不断完善,一批数字时代的小微创业者正在涌现。他们可能是返乡青年、新农人,也可能是"宝妈"、留守老人。在数字化的语境中,他们一头连接着技术、一头连接着乡村,依托互联网的集聚效应,成为数字乡村中的"草根创客"。

县乡语境下的"创客"是一切能够与互联网、数字化挂钩的个体。他们多来自技术资源欠缺的乡村,依托网络技术和数字产业的发展大潮投身创业。在创业过程中,县乡小微创业者们创新交流机制、连接多方关系,以数字化的创业实践助力乡村振兴。数字技术的崛起不仅使数字乡村中的"草根创客"成为可能,而且深刻影响着他们对于自我、周边和远方的想象。

通过这样一份工作,个体参与者与互联网紧密联结在一起,并展现出县乡创业者的创业精神和自我能动性。在数字化背景下,县乡区域广大的"草根创客"如何实现自我发展?个体故事与数字大潮的互动,赋予他们怎样的时代意义?

电商意识的启蒙与培养是"草根创客"开启创业的基础。鲜明的"电商意识"与我国数字乡村的政策推动有着密切联系。一方面,中央联动地方推出关于基地建设、物流整合、招商引资、租金减免、培训补贴、会展筹备等政策,用心"筑巢引凤",推进了乡村数字产业链条的完善;另一方面,在政府扶持下成立的电商服务中心和商业化培训机构成为重要的数字化抓手,将县乡待业群体进行了有力的数字化转型整合,为数字乡村电商发展提供了有力的人才保障。

灵敏的电商嗅觉与强烈的服务意识是"草根创客"的竞争力来源。社会资本较为匮乏的县乡小微创业者,做电商面临着残酷的市场竞争。电商做起来不容易,做大做强更加艰难。数字化浪潮日新月异,置身其间的创业者需要紧紧抓住"嗅觉"和"服务"两个关键词,在产品更新迭代中努力创新,在客户服务中精益求精。过去10年间,不少县乡的小微创业者顺应中国互联网产业发展的时代潮流,从图文电商转为视频卖货,再转为直播带货,抓住流量的风口,推动地方产品走向全国市场。

> 助力女性就业，实现技术持续赋能成为"草根创客"在县乡蓬勃发展的重要动力。电商与直播产业在县乡的兴起与下沉，不但解决了就业的问题，还帮助越来越多的乡村人口找到工作的意义，实现个体的更大价值。以直播为例，乡村女性正在成为直播带货、主播创业的中坚力量。通过快速学习、大量练习和长期努力，一些乡村女性打破了传统的刻板印象。她们走到镜头前，以实实在在的经济收入赢得家庭尊重与邻里信任，大大提升了乡村女性对数字经济的获得感与认同感。
>
> 在中国数字乡村建设的语境中，"创客"不仅指代使用尖端技术和前沿科技解决问题的社会精英，还指代在新农村建设中脚踏实地、依托地方优势而勇于开拓数字化战场的"草根创客"。他们通过互联网和政策的赋能，形成网络效应，实现自我与时代的同呼吸、共发展。（孙萍）
>
> 资料来源：中国就业网 http://chinajob.mohrss.gov.cn/c/2023-05-08/377006.shtml（2023-05-08）

◆ **思考与讨论**

1. 初创企业首要的管理目标是什么？
2. 如何对初创企业进行数字化管理？
3. "创客"创建企业的形式有哪些？
4. 小微创业者如何顺应数字化产业的发展趋势？

# 第9章 创业模拟

**本章学习目标**

1. 了解创业模拟技术的发展现状
2. 熟悉创业模拟训练的基本内容
3. 掌握创业模拟软件的操作方法

由高等学校国家级实验教学示范中心联席会经济与管理学科组和中国陶行知研究会联合主办,相关高等院校承办的"学创杯"全国大学生创业综合模拟大赛(以下简称"学创杯"大赛)已连续举办多届,赛事为中国高等教育学会发布的全国普通高校学科竞赛排行榜的竞赛项目之一,软件模拟环节全程采用创业之星软件作为官方竞赛平台,由杭州贝腾科技有限公司提供技术支持,赛事让学生虚拟体验真实企业的创业过程,从而了解初创企业管理过程中可能遇到的各种情况与风险,切实提高学生的创新创业能力,从而达到以赛促学、以赛促教、以赛促创的目的,通过比赛有效提升了高校大学生创新创业的热情,促进了校际间创新创业教育的交流与合作,推动了普通高校创新创业实践教学的深化与完善。

"学创杯"大赛用的创业之星软件实际上是一种创业模拟,以模拟创业实训为主,兼顾创业理论学习与理解,从企业生命周期的视角出发,层层透视企业在不同发展时期的核心层面,包括如何从创业灵感和现有项目中识别商机、制订创业计划,在创业过程中进行项目评估;针对不同类型以及不同阶段的经营活动进行融资,制订创业战略、营销规划、团队建设、研发与创新管理、公司财务与税务管理;等等。创业模拟让学生更好地理解创办企业所需用到的各项管理知识,体验创业的艰辛与欢乐,并能使学生对企业的风险有更直接、更深刻的体验,从而激发他们的创业兴趣。

本章将以"学创杯"大赛官方竞赛平台创业之星软件为例,介绍创业模拟在教学上的应用。

## 9.1 创业模拟技术在教学上的应用

### 9.1.1 创业模拟技术的发展

创业模拟课程运用了先进的系统经济学理论及博弈论,运用系统的、标准的企业管理仿真模型,模拟真实的创业环境,最大限度地模拟企业运作状态,使学生在"实践"中学习企业管理而不冒风险,达到积累经验、轻松学习的目的。

受技术发展限制,早期的创业模拟主要通过手工沙盘模型的方式来模拟企业的运作状态。随着计算机功能的日益强大，以及计算机软件的快速发展和互联网应用的普及，创业模拟技术发展到现在已经可以允许学生在没有专业人员帮助的情况下，自行尝试各种创业经营的想法或各种创业策略，帮助学生进行决策制订。

创业模拟技术的基础运用了商业模拟模型，这是一种构建商业进程和环境要素的技术。创业模拟技术对于学生验证、理解复杂的创业环境具有显著帮助。创业模拟从多种角度验证创业环境和创业进程的各种要素和特点，帮助学生在各种创业行动和团队合作过程中完成创业运营或各类战略决策，为学生能更好地理解创业经营、运营过程提供了很好的方法。

任何一种创业要素，哪怕只是在创业活动中改变很小的一步都会对创业模拟技术的完善有所贡献。在现实情况中，人们没有足够的时间去尝试各种新的产品与市场策略，没有机会纠正错误，一旦出现问题，企业往往会付出非常大的代价。因此，通过创业模型的模拟验证实际经营可能遇到的各种问题，对提升企业经营管理决策质量将是非常经济而有效的。而对高校经济管理类专业的学生来说，通过创业模型的模拟验证，不仅有助于理解所学知识、增加实际操作感受，还有助于获得企业实际运营管理的经验。

创业模拟技术综合运用了各种管理模拟技术，包括角色扮演、计算机模拟、博弈、训练模拟等，已在经营决策、财务计划、预测管理、风险控制等方面得到广泛应用，成为一种提升管理技能与实际操作能力的重要而有效的方法。

### 9.1.2  创业模拟课程简介

创业模拟课程是运用创业模拟技术来实现的课程教学或实践工具，与传统授课式或案例式课程比较，创业模拟课程有效避免了传统教学枯燥的说教模式和空洞的内容讨论，从而使学生在教师的指导下，通过亲自参与实战演练，加深和巩固了学生对所学知识的理解与掌握，大大提升了学习效果。学生通过模拟创业环境中虚拟企业的运营管理，亲自参与制定企业运营管理的团队分工、战略规划、市场研究、生产计划、研发投入、销售管理、市场拓展、报表分析等决策，掌握真实企业在运营中会遇到的各种决策情况并对出现的问题和运营结果进行有效分析与评估，从而对企业管理中的各种知识技能有更深切的体会与感受，达到提升综合管理技能与分析解决问题的能力。

创业模拟课程不同于传统的教学实践，它没有一成不变的问题和标准答案，其核心是一套完善的模拟系统和全面、专业的管理学知识体系。若干名学生组成创业企业或创业团队，他们为完成经营目标，借助现代管理学的知识和技术，做出各种运营决策，能够及时得到其决策影响企业目标实现的反馈信息，可以循环反复论证各种企业运营的手段和方法，帮助学生轻松掌握学习要点，从思维上改变学习模式。

### 9.1.3  学习吸收率金字塔

知识与技能学习有很多种方法，不同的方法则学习效果有着很大的差别。在传统的教育中，以"填鸭式"的教学方法为主，学生通过死记硬背的方式来记住所学知识，而缺乏对知识的深入理解，使得学生的实际运用能力普遍较弱。

国际众多知名机构的研究证明，阅读的信息，我们能吸收 10%；试听的信息，我们能吸收 20%；但通过实践的方式，我们却能吸收 75%（图 9-1）。因此，需借助一些先进的技术手段和方法，增加学生的实践机会，使学生在实践中学习，加深学习印象，巩固学习效果。

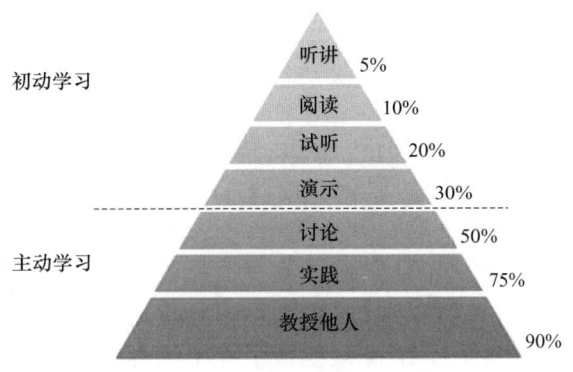

图 9-1　学习吸收率金字塔

对普通高校经济管理类专业的学生来说，管理能力不仅体现在系统知识的掌握上，还体现在实际运用的能力上。管理是一种实践技能，因此，经济管理类专业的学生应该更加强调知识在实际运用的能力。

基于此，一些全新的学习方法应运而生。管理模拟方法是以学生亲自动手实践来帮助课程知识的学习与理解的，逐步发展为一种重要的学习方法。

### 9.1.4　模拟技术在教学中的作用

通过模拟企业运营管理的各个方面来真实体验企业的运营管理的学习方法，不仅继承了传统管理教育与教学方法的优点，还创新了管理教育思想。传统管理教育与教学方法以案例为核心，而管理模拟方法则强调主动的、情景交互的和动态的学习过程。管理模拟方法可以适应当前创业教育所面对的挑战，提高管理专业学生和企业管理人员"以变应变"的能力，为学习管理知识和技能提供更动态的、更深刻的学习环境。

用管理模拟方法来学习，其基础是对管理问题进行模拟。模拟在这里是一个较为宽泛的概念，而不单纯指计算机模拟。定义模拟的基本概念是模型，模型是对现实世界规律的描述。模型的建立可以有多种表达方式，如语言文字模型、图表模型、物理模型以及数学模型等。管理模拟中观察到的管理系统的行为，反映了现实中的管理系统及其状态不断变化的过程。管理模拟方法在创业管理中具有很多作用，主要体现为：①能够促使学习者积极主动参与学习；②为学习者提供交互式的学习环境；③使学习者更为深刻地理解经济学、管理学的动态规律；④使学习者运用所学知识解决实际管理问题；⑤以较少的投入取得尽可能大的教学效果。

### 9.1.5　常见的管理模拟方法

管理模拟方法经常被使用在创业管理中，这些方法的基本原理都是对管理问题或经济问题的模型进行模拟，使学习者利用模拟环境学习管理与经济的问题。常见的管理模拟方法包括以下几类。

1. 角色扮演

角色扮演是管理模拟的基本方法，在管理培训中已经被使用了四十多年。角色扮演是先要构造出一个特定情景，学习者被要求将自己假设为该特定情景中的一个角色，然后学习者在角色扮演中扮演和发展这个角色的行为。角色扮演是主动学习方法，通过让学习者扮演某一特定情景下的角色，营造出使学习者主动参与的学习环境。由于角色之间存在相互作用，这种学习方法能促使学习者在特定情景的模拟中主动地进入学习活动，有助于学习者理解在解决或评价管理问题时所遇到的各种人际关系。

要深入学习和掌握管理的技能，就要充分认识管理人员的特点，特别是管理人员的决策、认知、沟通等技能，而这正是角色扮演所擅长的。角色扮演适合于学习和探索组织的人际心理因素的作用，通过角色扮演可以到达三个目的：一是使初学者获取其职业发展所需要的人际沟通技能与经验；二是探索现代组织中人际关系因素的相互作用；三是探索企业或组织机构制定决策的过程及其规律。因此，角色扮演常常应用于创业沟通、企业伦理、战略管理、多方谈判、环境问题管理、跨文化沟通、组织决策等教育内容。

要在教学中采用角色扮演方法，就要设计出特定的情景和角色，设计的素材可以来源于管理学案例。情景应是较丰富的，在情景发展中需要有冲突，情景发展要允许学习者能辨析和解决管理问题。角色形象必须明确且令人感兴趣，学习者应能很容易地理解、接受并进入这些角色。

角色扮演含有即兴的成分，没有统一的要求，学习者的反映可能与学习主题不相符合，因而为了达到最佳教学效果，指导教师有责任确保所有学习者事先对角色都有较深入的理解。成功地进行角色扮演取决于两方面的因素，一方面是学习者主动参与的积极性，另一方面是指导教师的指导能力与控制能力，指导教师需要确保情景设计中的所有问题都被讨论到。由此可见，指导教师的作用非常关键，指导教师必须采取措施控制角色扮演的进行。基本的控制措施有：在角色扮演开始前向学习者做充分的介绍和引导，用言语鼓励学习者打消顾虑，全身心投入角色中。指导教师需要以简短的言语控制角色扮演的进行，被讨论问题的过渡宜自然；指导教师可以帮助学习者以实现角色扮演中各种观点角色力量的均衡，促使情景发展充分地展开冲突。

2. 计算机模拟

经济管理领域常见的计算机模拟方法是离散事件系统仿真和系统动力学仿真。离散事件系统仿真的研究对象是状态离散变化且带有随机性的系统，以排队系统和库存系统为典型的研究对象。这种方法产生于工程技术领域，它主要解决的是离散事件系统的性能分析和系统的优化设计这两方面的问题。离散事件系统是指系统中的变量状态是离散变化的，即它们的变化是在一些离散的时刻发生的，而系统在这些时刻的变化是由于事件的发生而引起的。离散事件系统的一个特征是随机性，在这类系统中，事件的产生时间及事件所引起的影响等都具有随机性。由于离散事件系统的离散性与随机性，采用现有的工具对该类系统的数学描述及数学求解就显得非常困难，而计算机模拟就成了这类系统分析、求解的主要手段。

管理及经济领域中另外一种计算机模拟方法是系统动力学仿真，它是一种连续系统仿真方法，主要用来仿真非线性的、有多重反馈的系统动态过程。系统动力学的研究对象是复杂的、非线性的、具有多重反馈的连续系统。它在发展早期主要研究工业企业的经营管理问题，如企业库存和订货之间的关系，随后又研究城市的发展、人口变迁以及环境污染等问题。系统动力学建模的一个重要步骤是系统的因果关系分析。因果关系具有正向关系与负向关系，即表示原因变化对结果产生正向或负向的影响，并在此基础上建立系统动力学模型。

计算机模拟使用抽象的模型表示现实中管理系统的变化特征，管理系统各功能实体及其相互作用被描述为符号和数学模型。将计算机模拟应用于管理培训可以使学习者认识管理系统的特性，因此对于库存系统、排队系统等管理系统的教学，计算机模拟是非常恰当的教学方式。

3. 博弈

企业战略博弈主要通过计算机模拟企业的高层管理决策，这种博弈往往是战略层次的，博弈的目的是企业利润最大化。博弈者分别控制产业内的一个虚拟企业，其根据模拟的财务、生产及市场信息，做出市场、研发等战略决策，该战略决策的效果和质量通过企业战略博弈得到显现。企业战略博弈是主动的学习方法，与角色扮演不同，企业战略博弈中博弈者的关系可能为竞争、合作、矛盾或者冲突的关系。但是，博弈者在制定决策中起着不同作用，因而在决策制定中包含有角色扮演的因素。为使教学效果最大化，指导教师同样需要明确学习的主题。

企业战略博弈应当具备以下一些主要设计特性。①针对企业竞争战略决策的主要问题，采用相应的经济学模型。竞争战略决策的主要问题包括市场需求分析、市场进入、产量与定价策略、广告策略、销售与库存等。为使管理教学可以提高学习者的战略决策能力，这些问题的经济学模型应当贴近现实。②可以先用少量决策变量进行简单决策，再逐渐增加决策变量数量进行更为复杂的决策。在教学中逐渐增加决策变量，可以避免使初学者面对众多决策变量而产生困惑；可以使初学者集中精力考虑各个决策变量的用途，探索各个决策变量对竞争战略决策的影响。③以考察财务数据为主。在竞争战略决策中，需要考虑的方面非常多，但由于企业的目标是获取最大利润，因而考察决策对财务数据的影响在竞争战略决策中就至关重要。准确的、完善的财务数据，可以使学习者的决策方式与现实决策方式近似，有助于学习者研究制定竞争战略决策的博弈过程。④完成企业博弈所需时间不宜过长。

设计企业战略博弈应当以博弈论和产业组织理论为核心，努力为学习者创造一个学习博弈的动态环境。目前，多数企业战略博弈的不足是在学习者制定决策时，博弈时钟是静止的，时间只在各局结束时跳跃前进，决策者只有到各局结束时，才能看到学习者的决策及其相互作用，即决策制定是依据上一局的情况，而非当前情况。如果企业战略博弈的时钟是连续的，则博弈的动态性更强，这应当成为企业竞争战略决策培训的一个发展方向。

4. 训练模拟

从管理培训的角度看，训练模拟与计算机模拟的思想是不同的。可以认为训练模拟是一个专门的装置，其具有高度接近现实的模拟环境，特别适合于培养或训练学习者的某种技能。训练模拟的目的是使学习者在模拟环境中培训特定的技能，如会计模拟实验教学软件用于对学习者操作会计技能的训练，企业模拟或工厂模拟用于培训学习者掌握企业生产、供应等方面工作的能力。

训练模拟通常使用计算机软件，这类软件一般都有明确的培训目的。训练模拟中使用了大量的模拟技术，如在基于互联网的工厂模拟器中，使用了基于Java语言的互联网模拟、虚拟工厂模拟等先进的模拟技术。

模拟企业或工厂同现实中的企业或工厂有很多相似性，模拟企业或工厂的基础数据可以来源于真实企业或工厂的数据，模拟的对象既有实物对象（如材料、设备等），又有概念对象（如工艺过程，生产计划等）。模拟企业或工厂中有各种角色，学习者通过控制模拟的角色掌握相应的制订战略计划、组织生产调度和管理财务的能力。

训练模拟是一种有效的技能培训工具，为学习者提供某种技能的训练或者某种任务的训练。有的训练模拟有显示视觉、听觉及运动的特点，这是为了与现实更贴近。采用包含视频、音频等内容的多媒体技术，成为训练模拟的重要发展方向。

### 9.1.6 模拟技术的综合应用

在实际的管理知识技能学习中，以上介绍的一些模拟方法往往是综合运用的，是相互渗透的。根据创业管理课程的特点，应采取互动式的教学方法，包括案例讨论、角色扮演、商业游戏、提问与回应、脑力激荡、现场参观、多媒体等。在实际教学中，由于多个学习者的主动参与，博弈、计算机模拟和训练模拟必然包含角色扮演的因素，会受到各种人际关系、心理因素的影响。

以企业战略管理模拟为例，企业战略管理模拟的教学目的在于培养学习者在动态竞争的环境中制定企业战略的能力，涉及竞争战略、财务与会计、生产、决策等多方面的具体内容。首先，企业战略管理模拟运用了大量计算机模拟技术，形成了开展管理模拟教学的基石。其次，企业战略管理模拟实际上是模拟企业间的战略博弈过程，学习者可以体验究竟如何制定竞争战略，可以认识竞争企业间所存在的非合作竞争、合作竞争以及共谋等各种关系。最后，角色扮演能够有效发挥企业战略管理模拟的潜在教学效果，这些角色可以来自多方面，如董事会成员、经理、研发技术人员，甚至消费者、政府人员、社会组织等，应当让学习者体验制定决策所遇到的各种微妙的人际关系。

## 9.2 创业模拟软件概述

### 9.2.1 创业之星——大学生创业模拟软件

创业之星——大学生创业模拟软件（以下简称创业之星软件）采用的是国际上最为流行的创业模拟教学技术来实现的创业模拟课程和实践工具。与传统授课式或案例式学习方法比较，创业模拟课程有效解决了枯燥的说教模式和空洞的内容讨论，在教师的指导下，若干名学生组成模拟企业或团队，借助现代管理学的知识和技术，亲自参与企业运营管理的团队分工、战略规划、市场研究、生产计划、研发投入、销售管理、市场拓展、报表分析等决策，掌握真实企业在运营中会遇到的各种决策情况，并对出现的问题和运营结果进行有效分析与评估，从而对企业管理中的各种知识技能有更深切的体会与感受，达到提升综合管理技能与解决问题的能力。

创业之星软件就是在这种大环境背景下推出的全面创业模拟实践的解决方案。创业之星软件运用先进的计算机软件与网络技术，结合严密和精心设计的创业模拟管理模型及企业决策博弈论，全面模拟真实企业的创业运营管理过程。通过这种实训课程，可以有效地将所学理论知识转化为实际解决问题的能力，提升学生的综合素质，增强学生的就业与创业能力。创业之星软件的系统架构如图 9-2 所示。

图 9-2　创业之星软件的系统架构

## 9.2.2　创业之星软件的技术特点

创业之星软件的技术结构包括三部分：数据处理应用服务器、仿真控制与分析客户端、仿真决策与分析客户端。如图 9-3 所示，两个客户端通过网络集中连接到数据处理应用服务器上，通过远程调用服务器开放的标准化对象与接口实现仿真管理运营决策过程。

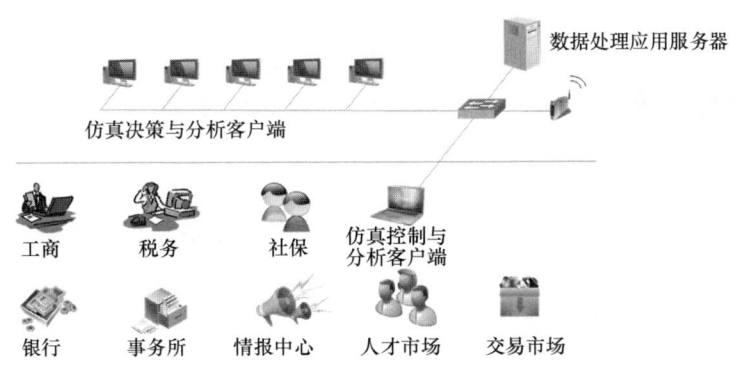

图 9-3　创业之星软件的技术结构

### 9.2.3 创业模拟的优势

与传统授课教学相比，创业模拟有着本质的提升与飞跃，是对传统教学方法的创新与变革。创业教育是一门实践性非常强的课程，如果仅仅传授一些创业理论知识与方法，则学生无法体验到创业实践的真实情况，无法对创业过程中涉及的各项事务、经营决策、风险控制等有切身的体会。作为一门实践性课程，创业之星软件是全程在模拟实战中进行教学的，可真正让学生体验创业的具体过程，增强学生的感性认识，提升学生的综合素质。创业模拟的六大优势如下。

1. 创新性

与传统教学方法相比，创业模拟在众多方面进行了创新。

① 教学内容创新。

教学活动从以"教"为中心转向以"学"为中心，学生成为教学活动的主体，学习活动成为教学活动的中心，教师的作用从以课堂讲授为主转向以教学设计与组织、指导、监控、考核学生的学习活动为主。

学生的学习内容从来自教师、来自课内转变为既来自教师与课内，也来自其他的学生与课外。

教学内容的安排从理论与实践脱节转变为理论水平提升与实践能力增强紧密结合。通过体验式模拟教学活动，一方面引导学生进行专业知识与相关知识的整合和知识的意义建构，将零散的知识转变为相互贯通的系统的知识；另一方面引导学生将学过的知识内化为自身的能力与素质，真正实现理论与实践的结合。

② 教学方法创新。

创业模拟所采用的教学方法非常有助于学生主动、积极地参与，有助于调动学生的学习潜能与培养学生的学习能力，有助于发挥学习团队的作用与形成学习型组织，有助于提高教学效率与降低教学成本。

③ 教学手段创新。

创业模拟强调传统手段与现代手段相结合，手工手段与电子技术手段相结合，模拟仿真手段与实操手段相结合。

2. 先进性

创业模拟的设计理念先进，体现了素质教育的内涵，突出了教育创新和学生实际能力的培养，提高了学生的创业意识，增强了学生的创业能力。

3. 系统性

创业模拟全面涵盖创业所需的各种知识，包括资金筹措、创业管理、风险控制、团队合作等。

4. 实用性

创业模拟注重理论与实践结合，通过仿真的创业过程与精心设计的背景，使学生犹如身临其境，使教学过程成为虚拟创业过程。

5. 趣味性

创业之星软件具有独创的 3D 引擎与动态建模技术，逼真再现真实的企业场景，使学习过程生动有趣，同时又充满对抗竞争。

6. 互动性

学生全程实战，师生实时互动；创业之星软件可以动态生成图表数据，方便教师授课指导与分析点评。

## 9.3　创业模拟平台建设方案

### 9.3.1　创业之星—大学生创业模拟系统训练方法

创业之星—大学生创业模拟系统（以下简称创业之星系统）是以真实的企业组建、经营环境为基础的，参训学生分成相互竞争的团队，每支团队分别代表不同的虚拟企业，并把虚拟企业当作真实的企业进行管理，在相同的经营环境中实现经营目标和战略计划。

创业之星系统完全是在一种模拟企业组建、运营管理的状态下完成学习与训练的。在学习课程时，学生分为若干个小组，每个小组由 5、6 名学生组成，每个小组组建一家虚拟企业，每名学生分别担任企业的总经理、财务总监、营销总监、生产总监、研发总监、人力资源总监等角色，并行使相应职责。同时，每家虚拟企业都拥有一笔启动资金，学生需要制定重要的经营目标和战略计划，在惊险、刺激的商场激战中努力打造各自的创业王国。如何整合资源？如何实现业绩增长？如何打造竞争优势？这都是需要小组成员共同努力来完成的。

每个小组必须在运营过程中，设法使自己的企业具备最佳前景，实现战略计划，努力达成经营目标，并争取在模拟训练结束时，使公司价值在所有公司中最高。

在模拟运营中的各种关系，有许多是用纯数字表示的（如财务信息），其余的则属于那类即使在现实生活中也无法确切得出的关系。为了有效地进行经营，在模拟演练进程中，有必要对这些不确定的因素进行探索和估计，测试其敏感性并且了解其对公司经营情况的影响。在制定某些具体决策时，这类分析将有助企业对可能发生的事情得出一个大概的结论。

### 9.3.2　创业之星软件的主要功能

创业之星软件的主要功能为创业管理，其系统流程图如图 9-4 所示。

创业管理是创业之星系统的核心功能，是训练和提升大学生创业能力的关键部分。通过对真实企业的仿真模拟，所有参加训练的学生分成若干小组，组建成若干虚拟企业。每个小组的成员分别担任虚拟企业的总经理、财务总监、营销总监、生产总监、研发总监、人力资源总监等岗位，并承担相关的管理工作。这些成员通过对市场环境与背景资料的分析讨论，完成企业运营过程中的各项决策等。小组成员努力使企业实现既定的战略目标，力争在所有企业中脱颖而出。

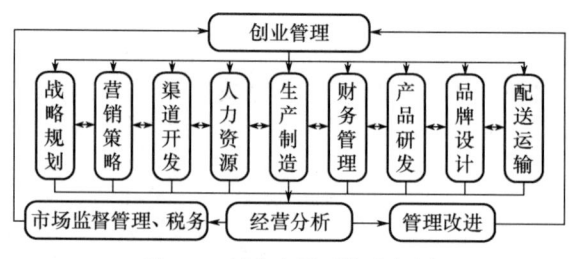

图 9-4　创业之星系统流程图

在整个模拟运营过程中，教师担任裁判、客户、银行、市场监督管理、税务等所有企业经营中可能面对的其他部门与机构。教师控制整个模拟运营的进程与规则，并在运营过程中指导学生如何分析与思考问题，针对学生的实际经营情况进行分析点评，帮助学生发现经营管理中的问题，使学生能寻找改进经营管理水平的策略，从而提升企业经营绩效。

### 9.3.3　创业之星—大学生创业模拟训练内容

**1. 教师端程序主要功能**

教师端程序由实验课授课教师使用，主要供教师调整模拟参数、进行开课管理、控制上课进度、查询小组数据、分析点评成绩等。教师在整个训练过程的不同阶段扮演着不同的角色：调动者、观察家、引导者、分析员、业务顾问等，教师的重点在于帮助学生掌握操作方法，熟悉运营规则，总结经营绩效，分析管理问题等，使学生全面体验创业的全过程。在每个经营阶段结束后，教师帮助学生一起分析经营管理状况，发现管理中的问题，改进经营管理水平，提升企业经营绩效。

教师端程序的主要功能包括以下几大部分，如图 9-5 所示。

**2. 学生端程序主要功能**

每个小组需要通过学生端程序独立做出众多的经营决策，使创业企业能够逐步成长壮大。这些经营决策涉及企业的战略、营销、财务、生产、研发等各个方面。同时，小组成员合作、沟通技巧、执行力等是整个决策过程中至关重要的环节。如何综合考虑各种因素的影响，充分发挥成员的作用，是制订有效决策的关键。

所有小组组建的企业之间是相互对抗竞争的，每个企业的目标就是使企业实现经营目标，并战胜其他企业。因此，如何思考并制订出有效决策，是取得胜利的关键。

学生端程序包括了背景资料、数据规则、实时状态、经营决策、数据分析等功能，如图 9-6 所示的学生端程序主界面。各小组必须在规定的时间内，利用成员的力量，通过对本企业实时数据及竞争对手数据的分析，制订企业运营中的各项管理决策，与其他小组的虚拟企业展开竞争，并努力使企业绩效达到最佳。

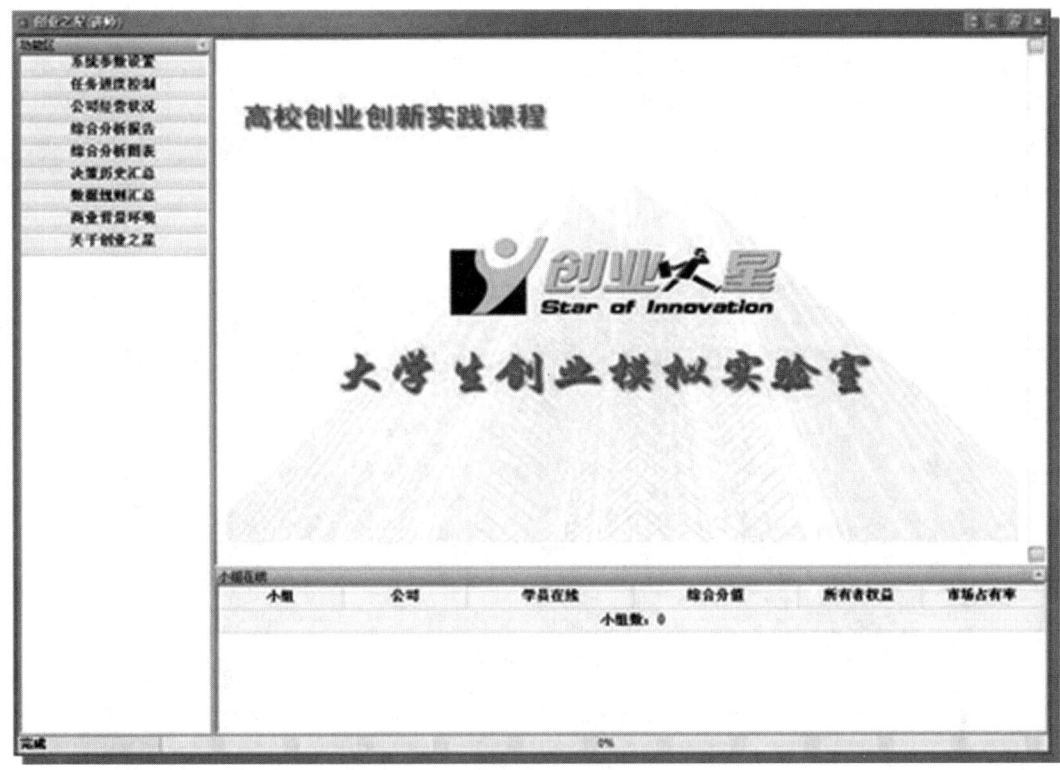

图 9-5 教师端程序的主要功能

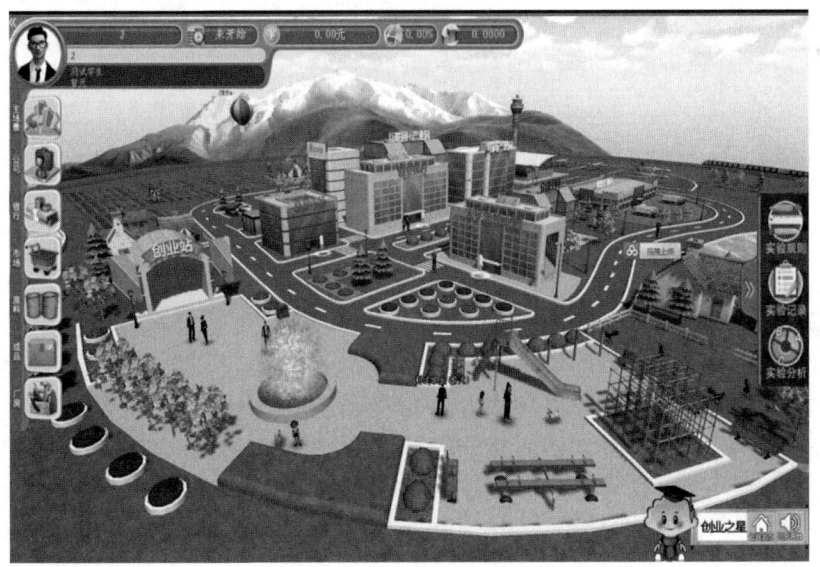

图 9-6 学生端程序主界面

(1) 信息查询

学生可以通过学生端程序实时了解企业经营管理各个方面的数据信息,便于学生及时把握企业的状态,分析经营成果,并辅助制定各项决策。

（2）整体战略

企业创立后首先需要完成的就是根据市场环境形势制订企业发展战略，企业的所有经营决策工作均围绕企业发展战略展开实施，企业各项决策的目标就是保证企业发展战略的实现。企业发展战略涉及的内容包括：市场环境分析；企业竞争优势分析；如何制订企业发展战略，如何平衡长、中、短期战略目标；企业发展战略的选择与执行。企业部门分布示意图如图9-7所示。

图9-7　企业部门分布示意图

（3）品牌设计

要使产品受消费者的欢迎，企业要根据消费者需要偏好来设计一个能令消费者满意的产品品牌。企业可以针对一类消费群体设计一个或多个品牌，实施单品牌或多品牌战略，以最大限度地提升消费者的购买量，提升市场占有率。

（4）市场营销

市场营销部分包括：如何围绕企业发展战略制订各阶段市场营销策略；新产品开发规划与产品组合策略；细分市场分析与产品定位分析；市场情报分析的基本方法与思路；新市场开发策略与投资回报分析；销售预测与营销网点的建设；市场趋势预测与市场机会分析；产品定价策略；广告宣传策略；营销渠道建设，分析价格、广告、设计、渠道等和产品销量之间的弹性关系；根据顾客反馈、竞争者行为，分析市场综合表现与经营绩效，调整市场营销策略。

（5）生产制造

创业之星系统涵盖了企业生产制造的完整过程，从销售预测、订单管理到原料采购、付款计划，再到产能规划、生产计划、物料需求计划、生产作业管理等，是学习、了解企业一个完整ERP流程管理的实践平台。此外，创业之星系统中还需要各个小组对以下各方面进行深入思考与细致分析，包括：投资回报分析；产能规划决策；生产成本分析；产品设计组合；市场需求、营销策略和设备产能间的关系；库存管理、设备管理；等等。

（6）财务管理

现金是企业流动的血液，是企业生存的命脉。企业运营管理中涉及的财务管理内容主要包括：了解三大财务报表的结构与数据含义，能完成财务报表的编制；编制财务预算与全面预算，根据企业发展制订合理的资金需求计划，保障企业各项工作的有序进行；制订投资计划，评估投资回报；加强应收账款管理，控制现金流；掌握成本分析的基本方法，控制企业生产成本；预估资金需求，评估各筹资方式的资金成本；评价决策效益；了解常用财务分析指标的含义，运用财务指标进行经营绩效分析，发现管理中的问题，改善经营管理水平。

（7）研究开发

研究开发有竞争力的产品，是企业获取市场竞争力的重要因素。在模拟训练中涉及该方面的内容包括：客户需求分析；如何根据用户需求完善产品设计；新产品研发策略，产品投入产出分析；如何根据竞争对手产品特性及市场表现改进企业的相关产品；产品生命周期分析；如何根据产品生命周期的变化调整企业经营策略。

（8）团队管理

企业运营管理中如何充分发挥团队的作用，对实现企业发展战略、提升企业绩效有着重要的作用。模拟训练中需要运用的团队合作与沟通内容包括：了解不同岗位的分工与职责，分配组织职责和工作内容；实地学习如何与立场不同的其他部门沟通协调；培养不同部门人员的共同价值观与经营理念；建立以整体利益为导向的组织结构；评估团队成员的技能和工作风格；训练团队成员间的沟通技巧、领导力与执行力。

（9）日常管理

除了完成各项经营决策、努力提升企业经营绩效，公司日常管理需要根据市场监督管理、税务、社保等部门要求完成相关的工作。

（10）数据分析

在运营过程中或阶段运营结束后，学生可以实时看到企业经营的各类报表。这些报表有助于学生分析经营数据，发现管理问题，提升管理水平。可查询分析的经营数据主要包括如下三大类。

① 财务报告

财务报告主要包括资产负债表、利润表、现金流量表、财务综合评价等财务方面的指标与分析数据。了解财务报告是认识企业的最基础的工作。了解这些数据有助于训练与帮助学生加深对财务报告与财务分析指标的认识与理解，有助于学生透过财务数据分析企业经营管理中的问题。

② 市场报告

市场报告主要包括市场占有率、细分市场表现、产品组合分析、产品设计分析、产品报价分析、广告投放分析、渠道建设分析等方面。市场报告可以帮助学生了解市场形势，分析竞争对手，从而制定更有效的市场营销策略，以打开销售局面，提升销售业绩。

③ 管理报告

管理报告主要包括管理驾驶舱、企业经营绩效、产品管理报告、生产管理报告、市场管理报告、综合表现评分等。查看管理报告，学生可以更全面地了解公司的经营情况，并有助于对最终经营绩效排名进行分析。

此外，为了帮助学生更好地学习企业创业管理有关的知识与技能，创业之星系统除了提供有关法律法规、文件表单的资料，还提供报表练习、成本分析、现金预算等实用工具，这些都可以辅助学生进行经营决策，从而完善内部管理。

（11）承担法定责任与义务

在公司经营管理过程中，除了做好战略、营销、财务、生产、研发等各方面决策以努力实现企业经营目标外，还需要根据市场监督管理、税务等部门的要求，定期提交各类资料或报告。这部分内容主要包括上报财务报表、缴纳应纳税额、办理社会保险、定期税务年检等。

一家正常经营的公司，在经营过程中都必须按照规定做好这些事务的管理。通过实战模拟训练，可以使学生亲身体验与深刻认识公司经营过程中的各项事务，了解公司运作中可能涉及的各项工作与公司需要承担的各项责任与义务，还可以使学生更好地对公司创业与经营的风险有更全面的认识与更深刻的体会。

3. 课程训练中教师的作用

在这种实战模拟训练中，教师在不同阶段扮演着不同的角色：调动者、观察家、引导者、业务顾问等，重点在于帮助学生掌握操作方法、熟悉运营规则、正确运用课程中学习到的知识技能，使学生全面体验创业的过程。

（1）调动者

为了让学生能充分投入，并在模拟操作过程深入体验，教师在课程中担任多个角色，为学生创造逼真的模拟环境。这些角色包括代表股东的董事会提出企业发展目标，代表客户洽谈供货合同，代表银行提供各项贷款服务，代表政府发布各项经营政策，等等。

（2）观察家

在课程训练过程中，教师通过观察每个学生在模拟过程中的表现，判断哪些知识是学生最欠缺的，并根据学生的特点选择最有利于其快速吸收并应用的讲授方式。

（3）引导者

由于该课程的一半以上时间是学生在进行模拟操作，大多数学生都会把模拟过程与实际工作联系起来，并且会把实际工作中的一些经验方法、思维方式展现出来。教师会充分利用这些机会，帮助学生进行知识整理，并引导学生进入更高层面的思考。

（4）业务顾问

由于学生们的行业、经验、知识背景和兴趣点、兴奋点有所不同。所以创业模拟摒弃了按照固定的程序灌输特定理论或教授特定工具的教学方式。教师的角色更倾向于业务顾问。教师不是局限在课程中触发学生的学习兴趣，而是提供必要的建议，讲解理论知识和软件应用，并进一步根据学生的需要，帮助学生系统整理已掌握的知识和经验，解答由课程引发的关于实际工作中的问题。

## 9.3.4 创业之星—大学生创业模拟训练收益

1. 学生的收益

① 培养与锻炼个人综合素质。
② 系统学习与体验创业中需要用到的战略、财务、营销、生产等知识。
③ 通过对模拟企业的运营管理、全方位训练，提升分析与经营决策能力。
④ 了解市场监督管理、税务等相关部门机构的职责与工作。
⑤ 对创业中的各类风险有充分的认识与体验。
⑥ 系统提高综合素质能力。
⑦ 理解并学会沟通与协作，培养团队精神。
⑧ 培养统观全局的能力和系统思考的能力。
⑨ 缩小应届毕业生与社会人员在实践能力上的差距，增强毕业生择业与就业的适应能力。

通过创业之星软件的学习与训练，可以对大学生以下五大能力（图9-8）进行全面训练与提升。

图 9-8　五大能力

2. 学校的收益

① 增强素质教育。通过创业教育与实践，体现了素质教育的内涵，突出教育创新和对学生实际能力的培养。
② 完善创业实践。注重理论与实践的结合，加强创业教育的实践操作，突出教学的实践性与实用性，使创业教育落地。
③ 提升就业水平。增强学生的综合能力，增强学生就业与创业的适应能力，提高就业率。
④ 树立良好形象。完善教学体系，提升教学质量，丰富实践教学内容，提升学校的良好形象，增强学生择校吸引力。

## 9.3.5 大学生创业模拟实验室建设方案

**1. 实验室建设**

大学生创业模拟实验室需要一间独立的实验室,实验室大小根据规则的最多学习人数而定,一般采用标准的实验室即可。典型的实验室布局示意图如图 9-9 所示。由于课程是以小组为基本学习单位,结合教师讲解、小组讨论、模拟操作,因此实验室内的摆设与一般实验室不同,以岛形摆放桌椅,具体说明如下。

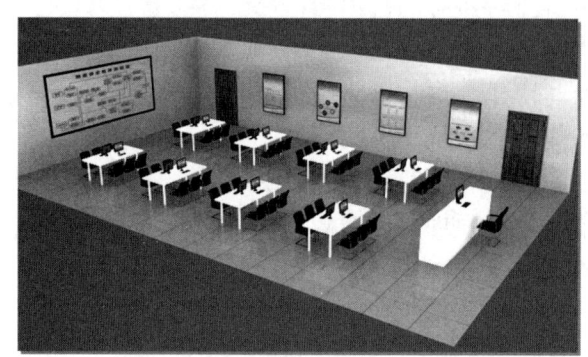

图 9-9 典型的实验室布局示意图

(1) 小组数量

为保证学习效果,一般一个小组人数以 5～6 人为宜,小组数量根据班级人数而定,一般以 10 组内为宜,如学生人数较多,可适当增加小组数或小组内人数。

(2) 操作电脑

整个学习平台分为教师端和学生端。教师需要一台电脑,用于展示课程学习内容,并控制整个学习进程及各学习小组的动态。学生以小组为单位,每小组至少一台电脑,用于模拟操作运营及查阅各项运营的资料数据。如条件允许,每个小组也可配备多台电脑,如小组人手一台电脑,这样在使用中可方便所有学生查看、操作运营资料及数据。

(3) 网络

实验室内所有电脑要求能连接到同一个网络环境中,通过服务器将所有电脑集中管理起来。当然,创业之星软件本身是 B/S 架构,完全支持互联网应用,因此也可以通过互联网访问服务器使用软件。只要服务器可以通过互联网访问,无论是在实验室、办公室、家里、宿舍或外地,均可以连接服务器,使用创业之星平台进行学习训练。

(4) 投影仪

实验室内应有一台投影仪,最好将投影仪安装在天花板上,这样便于布局,同时也不影响实验室内人员走动。投影仪的亮度至少在 2500 流明,可保证实验室最后排的学生能看清屏幕内容。

(5) 白板

准备一个白板,以备讲解课程时书写使用。

网络连接示意图如图 9-10 所示。

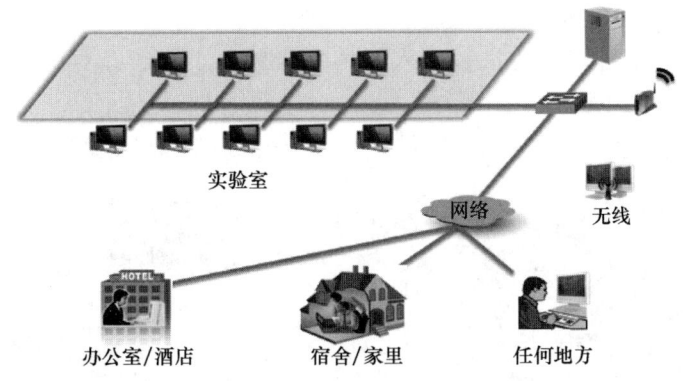

图 9-10　网络连接示意图

2. 教师培训

创业模拟训练课程是一种新颖而特殊的培训课程。正因如此，没有经过系统培训的教师的授课很容易流于"做游戏"的形式。只有有经验的、经过系统训练的教师才能把课程结合实际，深入分析各层面问题，从而达到真正提升学习效果的目的。

为了使高校教师能更好地胜任创业模拟训练课程的培训需要，创业之星为教师提供针对性的培训与认证授权，使教师能全面掌握系统的功能特点，更好地将课程知识与创业模拟系统相结合，使授课效果达到最佳。

教师培训体系包括以下几方面。

（1）教学技能培训

教学技能培训的主要目的在于训练教师的知识引导、应用技巧。

（2）课程演练培训

创业模拟训练课程的主要目的是使教师熟悉课程，了解课程设计、操作、规范，帮助教师掌握课程的开发与维护技巧。

（3）教师授课认证

教师培训及课程演练结束后，需要经过标准课程授权认证的步骤，以证明教师授课资格，按照创业之星授课要求标准审核认证。

（4）教师进阶训练

课程设计更新后，需要进行针对教师的进阶训练，以保证教师的授课与标准课件的更新保持同步。

## 9.4　创业模拟实验控制

### 9.4.1　实验控制

1. 教学引导

教师参考《创业总动员》M0 基础平台操作手册，获得教师账号，登录系统，新建班级（选择有创业之星 APP 的引导模板），切换班级。

学生注册登录，或者用系统批量导入的学生账号登录，选择对应的教师，申请加入对应教师新建的班级，教师解锁学生账号。

点击"教学引导"，选择"创业之星"→"开始实验"。进度控制如图 9-11 所示。

图 9-11　进度控制

2. 实验控制

点击"实验控制"→"模板选择"→"智能手环（系统内置）"，再点击"保存"。模板选择如图 9-12 所示。

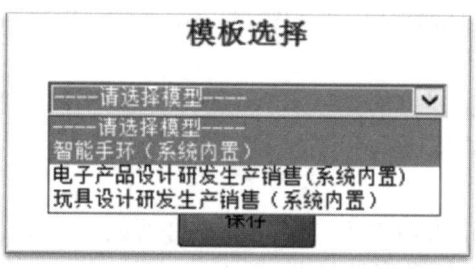

图 9-12　模板选择

3. 学生分组

点击"授课分组管理"→"批量增加小组"。建议小班教学，学生人数在 50 人以内，10 组为宜。新增分组如图 9-13 所示。

学生登录后，点击"授课分组管理"→"学生分组管理"，可以查看各组学生信息。分组管理如图 9-14 所示。

4. 市场规模设置

点击"授课分组管理"→"市场规模设置"→"市场订单批量初始化"。根据参与的小组数目，对应批量初始化课程。市场规模设置如图 9-15 所示。

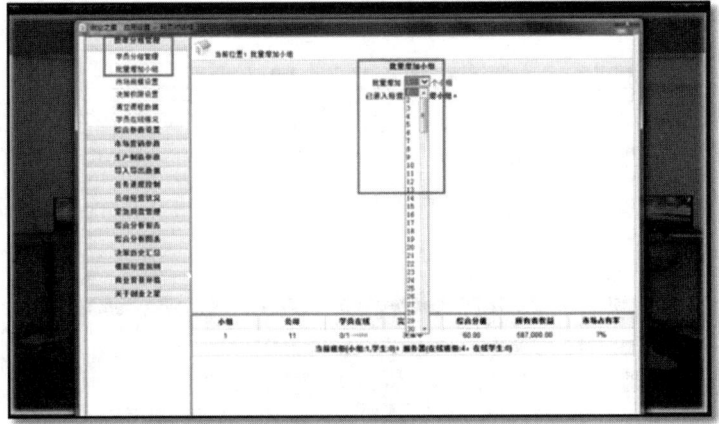

图 9-13　新增分组

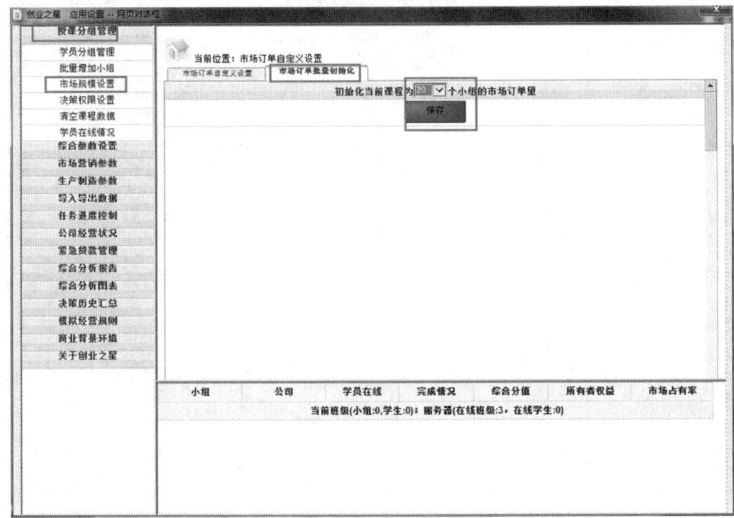

图 9-14　分组管理

图 9-15　市场规模设置

5. 决策权限设置

点击"授课分组管理"→"决策权限设置",默认为总经理集权制,即角色设置为总经理的学生,可以操作所有项目,其他角色只能查看数据。在各组人数相当、电脑足够用的情况下,为了调动学生参与的积极性,教师可以设置把不同决策项目分派给不同的角色,这样只有对应角色的学生才能操作相关项目,图9-16所示为各角色的决策权限,如产品设计只能技术总监操作。

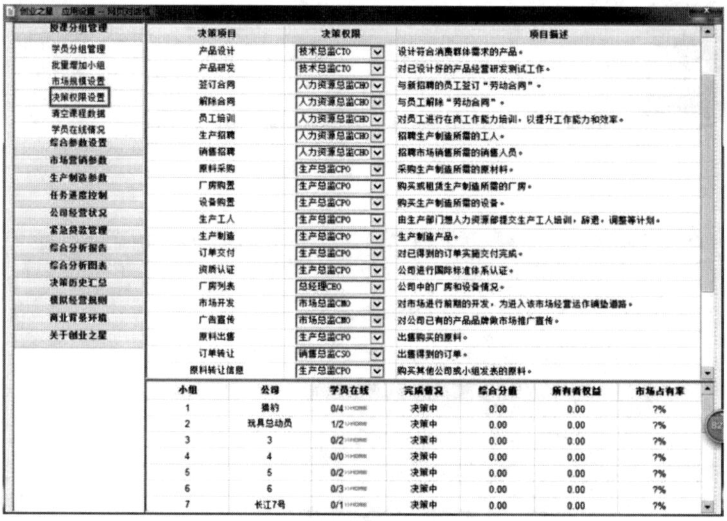

图9-16 各角色的决策权限

点击"授课分组管理"→"学员在线情况",可以查看学员在线情况,包括角色选择情况、任务完成状态。当网络卡顿时,点击"在线状态"栏的电脑标志,可以断开学员的连接。学员在线情况如图9-17所示。

图9-17 学员在线情况

6. 开启组间交易

点击"综合参数设置"→"基本环境设置",右拉移动条,点击"组间交易",勾选"是否允许订单交易"和"是否允许原料交易"。可以修改每期组间交易限制金额,以及组间交易信息公示时间。组间交易如图9-18所示。

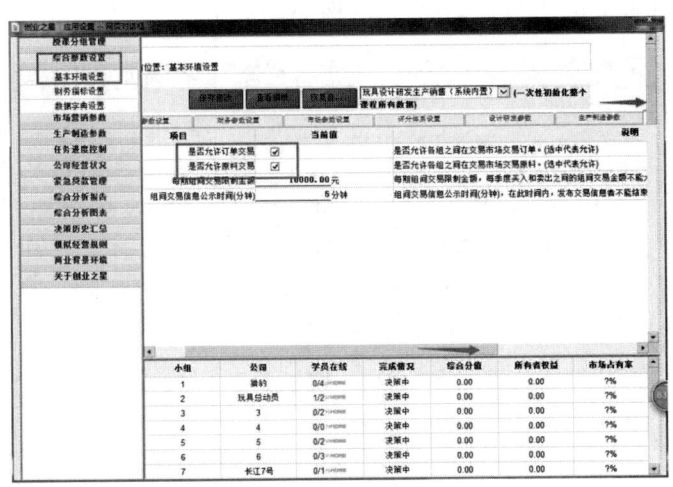

图9-18 组间交易

注意:订单交易不同于成品交易,订单转让出去后,转出方无须再承担该订单的交付任务,改由转入方进行该产品的交易,货款也由转入方收取。

不建议修改其他综合参数,可以在熟悉了解创业之星软件运行规则之后,如果有认为不合理且需改进的内容,则在没有发布任务之前进行修改。

7. 任务进度控制

点击"所有公司已完成决策"→"进入下季度"发布任务。任务进度控制如图9-19所示。

图9-19 任务进度控制

## 9.4.2 学生模拟经营操作

**1. 学生账号登录**

学生在学生端程序以账号登录，进入"教学引导"，选择"创业之星"。若是第一次登录，则需要选择教师分配的小组，如图9-20所示。

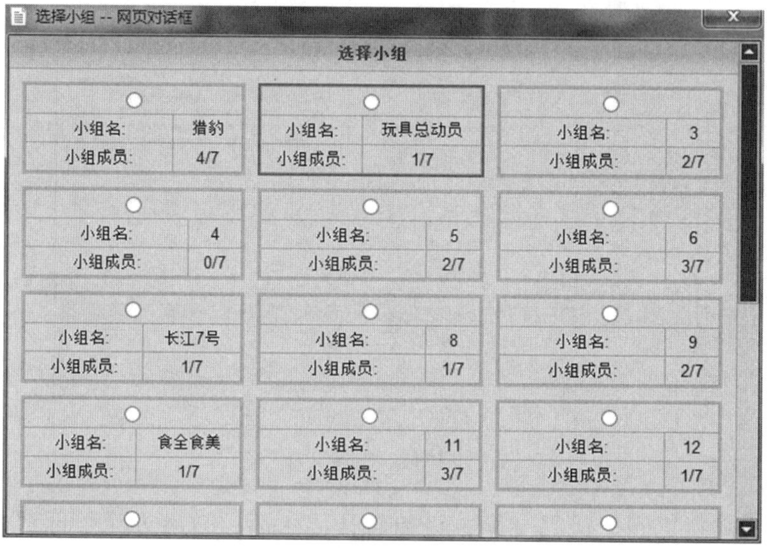

图9-20　选择小组

关闭"选择小组"对话框，进入"个人信息"对话框。点击"角色"，选择所担任的角色，如图9-21所示。

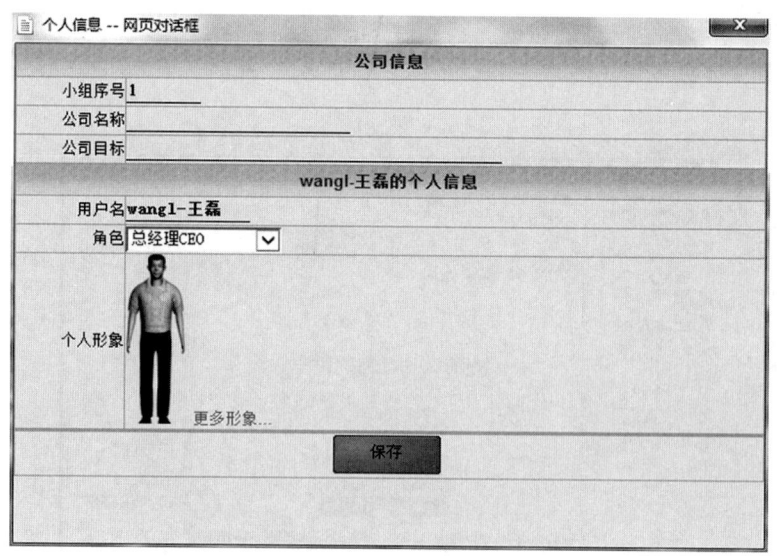

图9-21　角色选择

2. 查看实验规则

点击主界面右边的"实验规则",查看数据规则。

点击"公司""银行""市场"等进入不同场景,点击"主场景",回到主界面,如图 9-22 所示。

图 9-22 主场景

3. 场景切换→银行

当企业资金紧张时,可以去银行申请贷款,如图 9-23 所示。

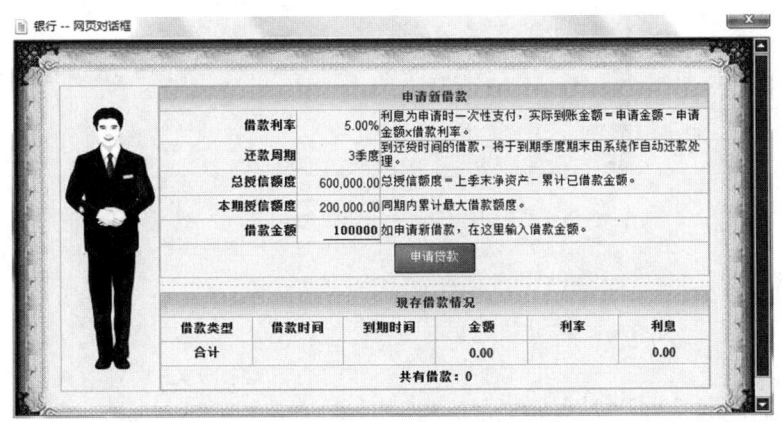

图 9-23 申请贷款

利息为申请时一次性支付,到期归还本金。

注意:每期有贷款限额的企业,累计贷款金额不超过上季度末企业净资产。

4. 场景切换→公司

公司内部各个部门都有对应的决策项目和分析报告。

5. 研发部

（1）产品设计

学员可为自己企业的产品取一个响亮的品牌名字，不能和同班级其他小组相同。锁定对应目标消费群体后，企业可根据目标消费群体对产品功能的需求，选择不同的原料；不同原料对应的产品成本、研发时间不一样。点击"保存"，如提示本季度设计错误，可以撤销以上设置；如果该产品在研发、生产中已经投入广告、报价等，则无法撤销。产品设计的品牌有数目限制，具体查看"规则设置"，产品设计费用即时扣除，归属管理费用。

（2）产品研发

有需要投入研发的产品，点击"投入"，产品研发有研发费用、研发周期，产品研发完成之后，该产品才能进入市场生产和销售，研发费用即时扣除，归属管理费用。产品研发如图9-24所示。

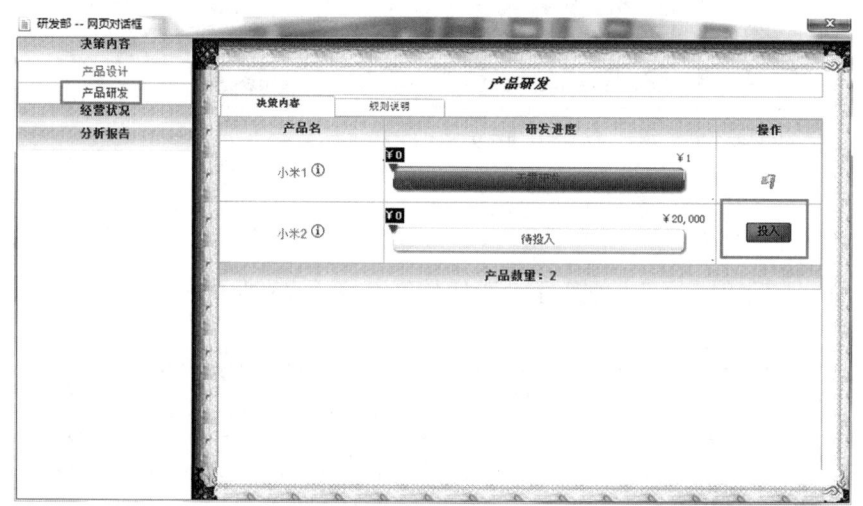

图9-24  产品研发

6. 市场部

（1）市场开发

市场开发如图9-25所示，根据市场预期、市场需求与成长情况，选择开发不同的市场。资金不足时可中断市场开发，各月或季度累计市场开发完成后，才能进入市场销售，可撤销本季度开发决策。

（2）广告宣传

对无须研发或研发完成的产品，可以进行广告宣传，如图9-26所示。广告有一定的累计效应，具体见规则说明。可以针对产品面向的不同消费群体对产品的影响权重、竞争对手的广告投放策略、资金情况制定广告宣传策略。

图 9-25　市场开发

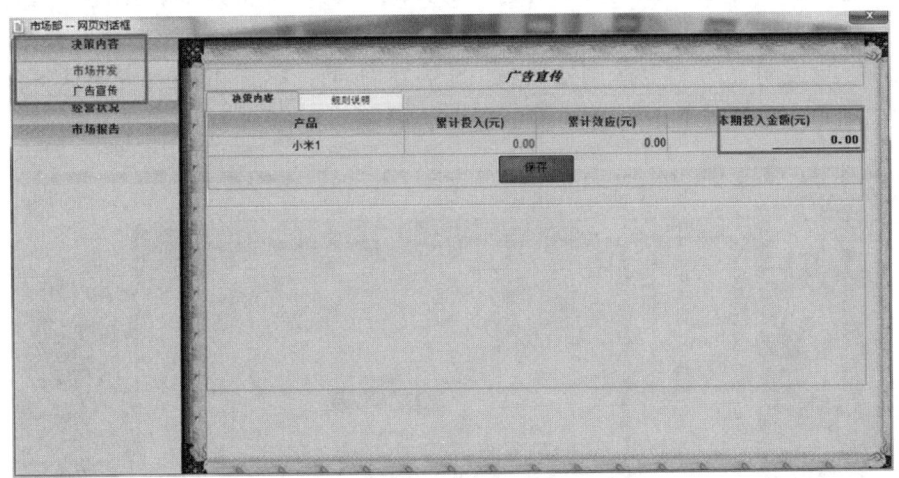

图 9-26　广告宣传

7. 销售预计

点击"销售部"→"决策内容"→"产品报价",根据本季度市场总需求情况,即购买量,以及实际参与的小组数目,制定销售预计。

销售预计可以指导制订生产计划,根据生产计划制订厂房、设备、原料等的购置计划。通过产品报价进行销售预计,如图 9-27 所示。

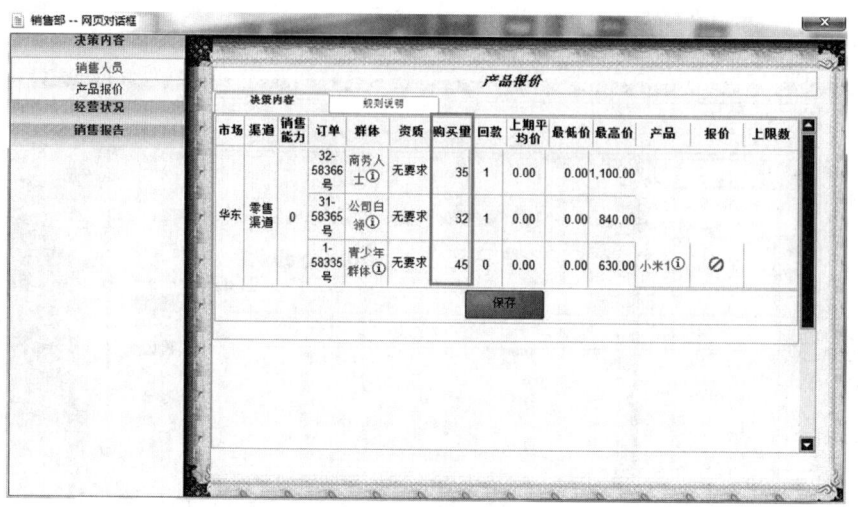

图 9-27　产品报价

8. 生产制造

根据本期销售预计，制订本期生产计划。根据本期生产计划及后期市场增长趋势，提前制订生产规模扩大计划，如购置/租用厂房计划、购置设备计划、招聘工人计划、采购原料计划。当然这些计划也受资金限制，在资金可支持基础上决策。

根据"帮助说明"→"生产制造"，如图 9-28 所示，确定市场对资质认证的需求，逐步进行资质认证。可以对工人进行调整、培训、辞职等操作。

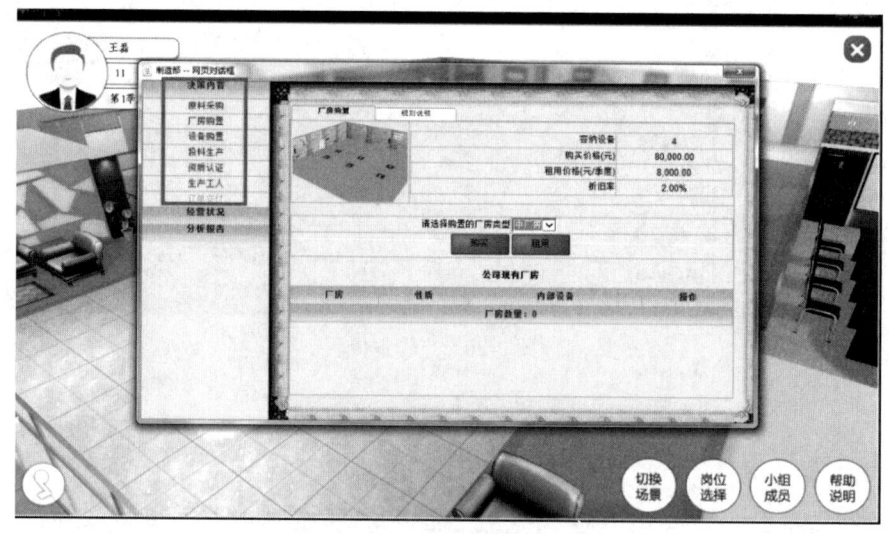

图 9-28　生产制造

（1）原料采购

点击"制造部"→"决策内容"→"原料采购"，如图 9-29 所示，确定采购哪些产品、需要多少数量。

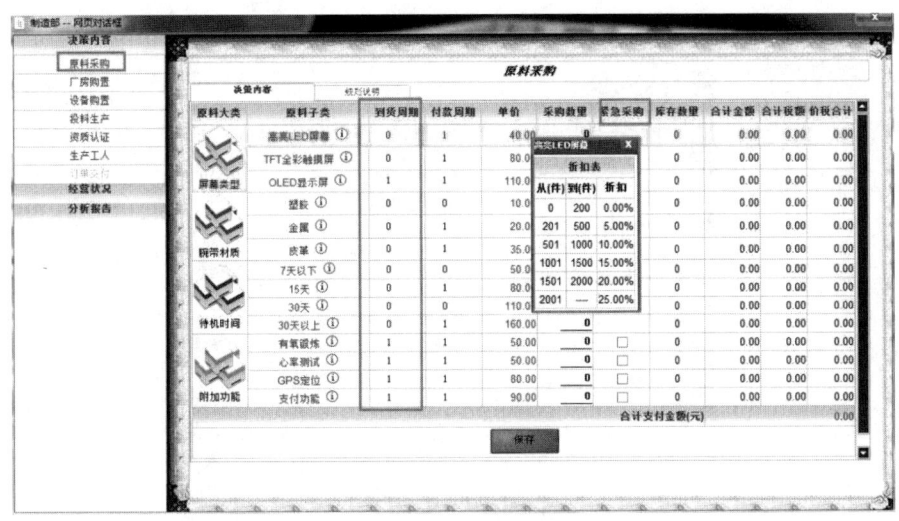

图 9-29 原料采购

点击 ⓘ 获得原料各季度的单价走势,点击"单价"可以获得批量采购折扣,详细信息可查看"实验规则"→"生产制造"。到货周期为 0,则为有现货,随买随有。到货周期为 1,则表示正常情况下要提前一个季度预定,下季度才能到货,如果要紧急采购,勾选"紧急采购"下面的对应方框,紧急采购价格提升 50%。付款周期为 0,则是现付,付款周期为 1,则表示可以赊欠一个季度,下季度初支付。实际支付原料款会加收 17% 进项税。

综上所叙,从降低成本角度出发,建议综合本季度生产计划,批量采购原料。点击"实验规则"→"市场营销"分析下季度市场需求,做下季度产品销售预计,为下季度生产的产品中需要提前预订的原料,做好提前预订。

(2) 厂房购置

点击"制造部"→"决策内容"→"厂房购置",如图 9-30 所示,厂房有大、中、小三类,容纳设备各不一样,可以分别点开查看,也可以点击"实验规则"→"生产制造"对比查看。

厂房取得方式有两种:购买或租赁。购买的厂房成为企业固定资产,费用需一次性即时支付,购买后下一季度开始计提折旧;租用费用在季度末扣除,计入制造费用。厂房内没有设备,可以即时出售或退租;厂房内所有设备预定出售,厂房可以预定出售或退租,季度末设备出售完成后,厂房可以出售或退租。

(3) 设备购置

设备类型有三类,可点击"请选择的设备类型"下拉菜单(图 9-31)依次查看,也可以点击"实验规则"→"生产制造"对比查看。

设备只能购买,费用即时扣除。购买的设备计入固定资产,下季度计提折旧。

(4) 生产工人

如图 9-32 所示,点击"生产工人"可将工人调配到不同的可用生产线(安装中不能调配)。可提出培训或辞退工人申请,由人力资源部执行。鼠标放在 ⓘ 上可查看详情。

工人培训属于在岗培训,不影响工作。培训后的工人可提升生产能力,在下季度生效。工人入职一季度后辞退,需向工人支付赔偿金。

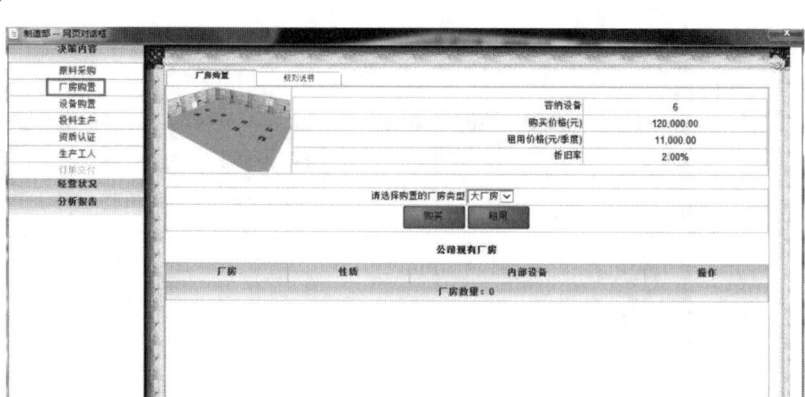

图 9-30 厂房购置

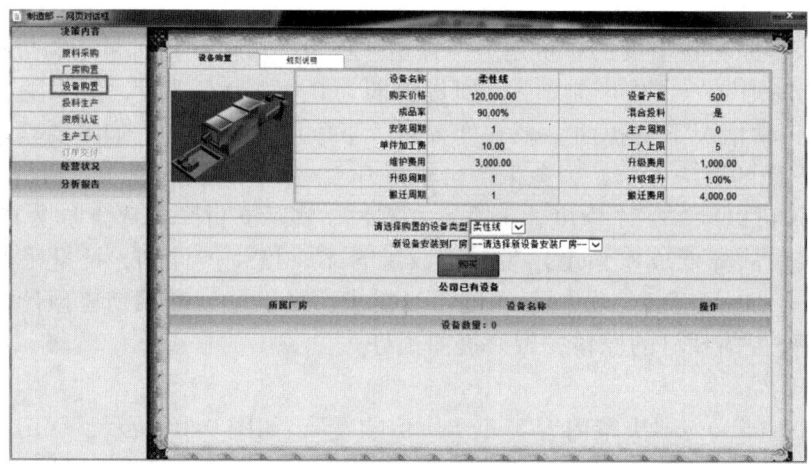

图 9-31 设备购置

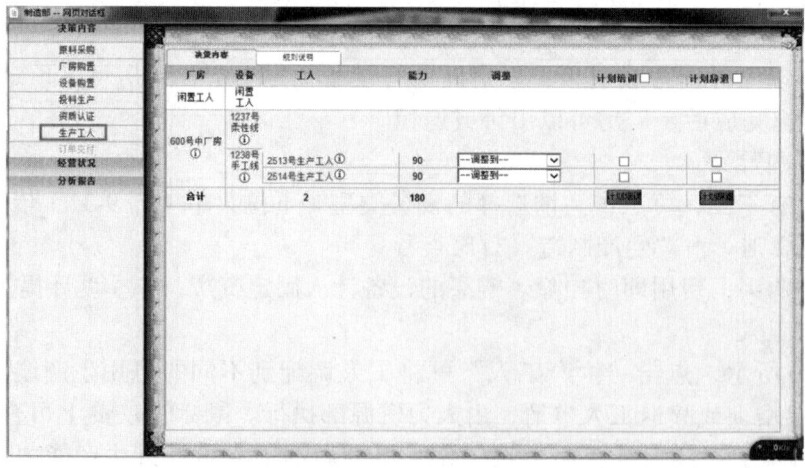

图 9-32 生产工人

(5) 投料生产

点击"制造部"→"投料生产",进入各设备,进行投料生产,如图9-33所示。设备在闲置中时,可以马上按净值出售。设备在生产、搬迁、升级中时,可以预出售,待季度末设备生产、搬迁、升级完成后,系统自动按净值出售。厂房内没有其他设备可以退租或出售。厂房内的设备都在预出售中,厂房可以预退租/预出售。进入设备内,可以进行投料、升级、搬迁。

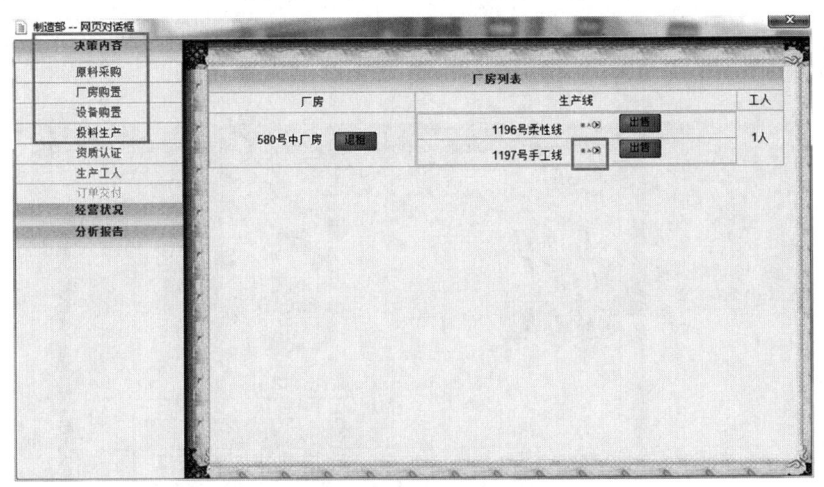

图 9-33 投料生产

(6) 资质认证

在市场成熟后期,各市场消费群体会对进入该市场的产品有资质认证(图9-34)的要求,具体详见"实验规则"→"生产制造"。

各资质认证要求的周期不一样,需要累计投入才能认证完成认证,在下一季度生效。本季度的投入可撤销。

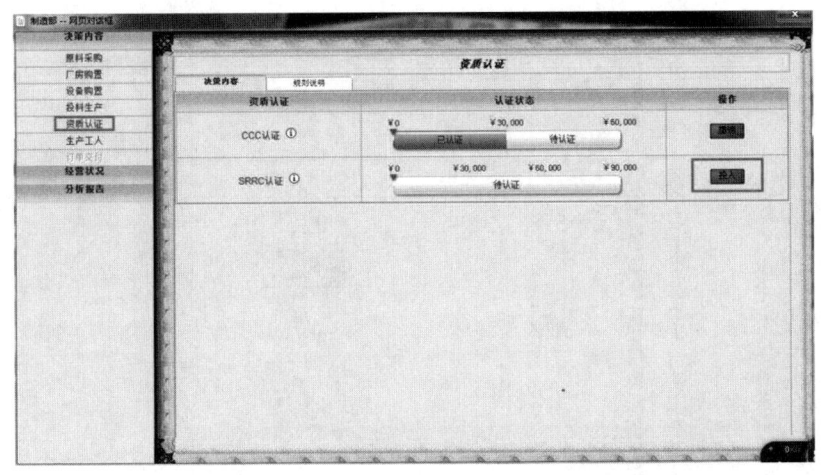

图 9-34 资质认证

### 9. 人力资源部

人力资源部负责人员招聘、签订合同、人员培训、人员辞退等操作。

（1）人员招聘

如图 9-35 所示，系统招聘的人员分为工人和销售人员，工资以单人数目结算，实训的学生统称为管理人员组（和小组人数没有关系），工资以小组为单位统一结算。招聘需支付招聘费用。招聘费用计入管理费用。工人需安排在正常使用的设备上，安装期的设备不能安排工人。销售人员需安排在开发完成的市场，没有开发完成的市场无法安排销售人员。人员招聘完成签订劳动合同之前，人力资源部可以撤销招聘。

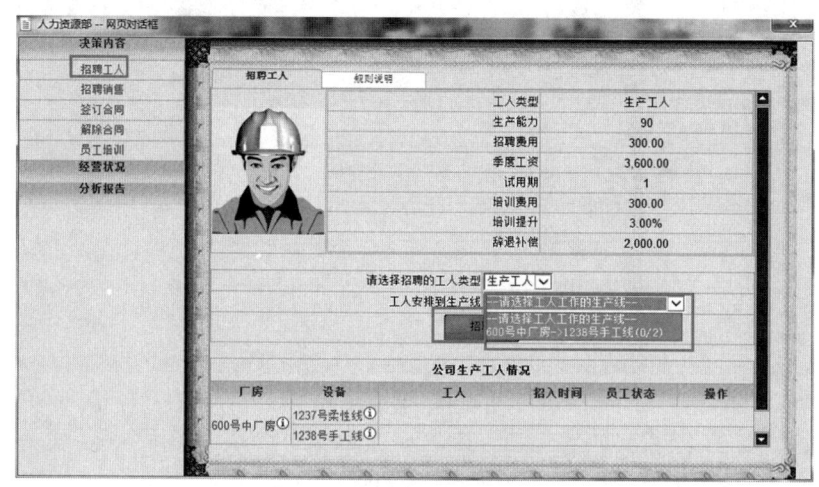

图 9-35　招聘工人

人员招聘完成之后，人力资源部需与应聘成功人员签订劳动合同，点击图 9-36 所示的"全部签订"即可完成合同签订。如果人力资源部未与应聘成功人员签订合同，则人力资源部每人每季度罚款 2000 元。

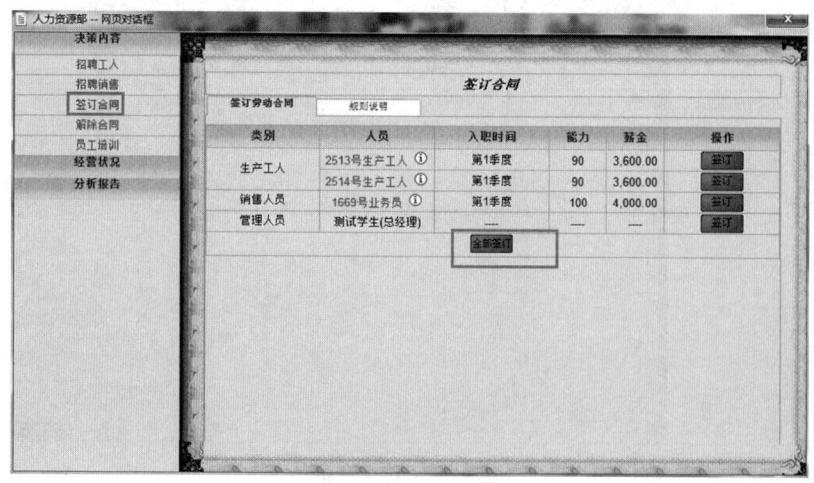

图 9-36　签订合同

（2）员工培训

由生产制造部门提交生产工人培训申请，由销售部提交销售人员培训申请后，由人力资源部门执行员工培训，如图9-37所示，培训费用计入管理费用。培训能提升相关员工的能力，这些能力在下季度生效，培训不影响员工的工作。

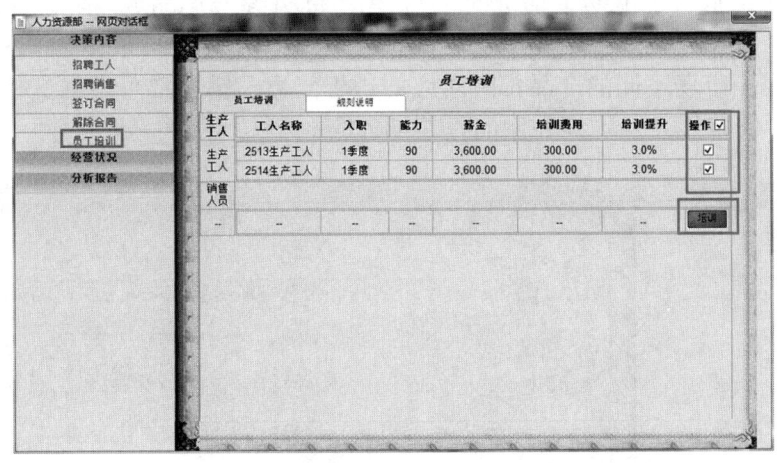

图9-37　员工培训

（3）员工辞退

生产制造部门提交生产工人的辞退申请，由销售部提交销售人员的辞退申请后，由人力资源部门与相关员工解除合同，如图9-38所示，员工入职1季度之后的辞退会产生赔偿金，赔偿金计入管理费用。

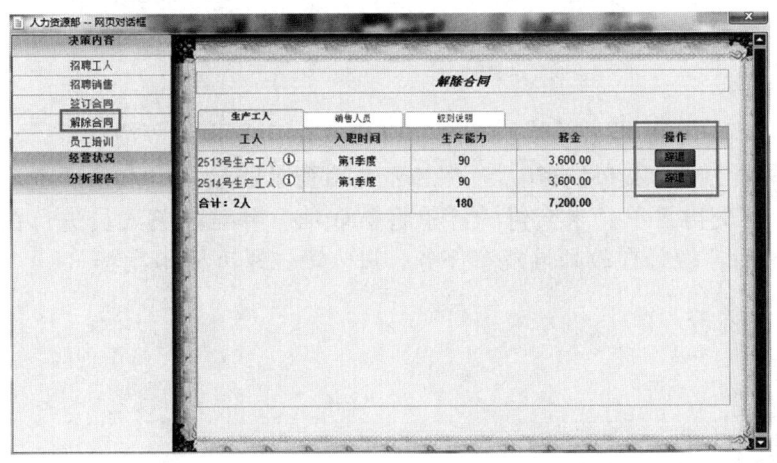

图9-38　解除合同

10. 销售部

销售部的主要工作是管理销售人员，制定产品报价。

（1）管理销售人员

人力资源部门招聘销售人员，并签署劳动合同后，销售部门可以对销售人员进行市场调整、培训、辞退等申请，由人力资源部门进行人员培训、辞退。

（2）制定产品报价

如图9-39所示，产品报价的主要决策有报价和上限数设定。销售部根据产品市场策略，对不同市场、不同产品制定报价策略。放弃的市场，报价默认为0。产品报价不超过最高价，不低于最低价（上期平均价60%）。销售部可参考产品成本、产品面向的消费群体对价格的关注权重，以及上期竞争对手的报价情况，来制定报价策略。系统默认上限数是销售能力，同一市场不同的产品都有对应的销售能力。销售部可根据交货能力向各个市场分配上限数。交货能力 = 本期在制品 + 往期库存。

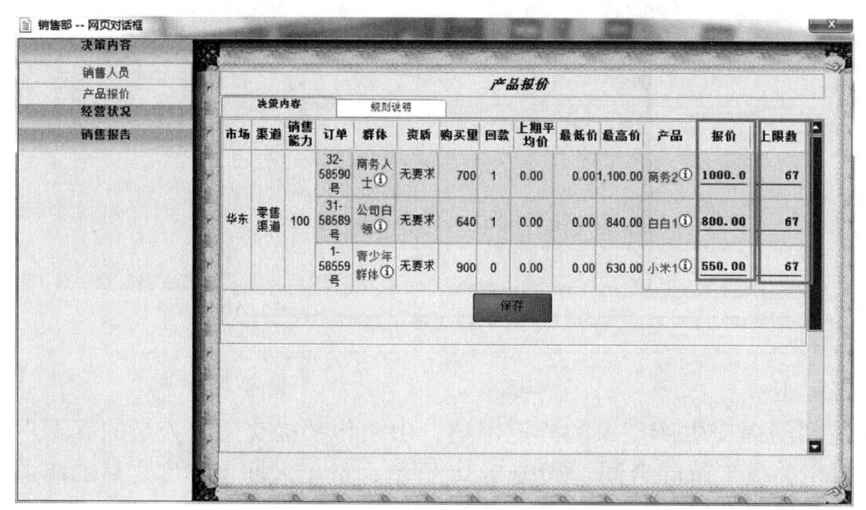

图9-39　产品报价

11. 产品配送

教师在教师端登录账号，并待所有小组都完成生产和报价等活动后，点击"任务进度控制"→"产品配送"，发布任务。学生在学生端登录账号后，点击"制造部"→"订单交付"，根据库存交付订单。未交付的订单将被取消，并对相关人员进行罚款。所有小组都完成订单支付后，教师在教师端发布任务，进入第二季度模拟竞赛。

### 9.4.3　经营状况查看

1. 教师端查看

（1）任务完成情况

如图9-40所示，教师在教师端登录后，点击"任务进度控制"→"所有任务列表"，则可以查看各个小组、各项任务的完成情况。任务完成以绿色表示，没有完成以红色表示。前半周，教师主要看"市场报价""生产制造"这两个任务，因为没有报价就没有订单，没有生产就没有产品。后半周是交货阶段，教师主要看"订单交付"这个任务的完成情况。

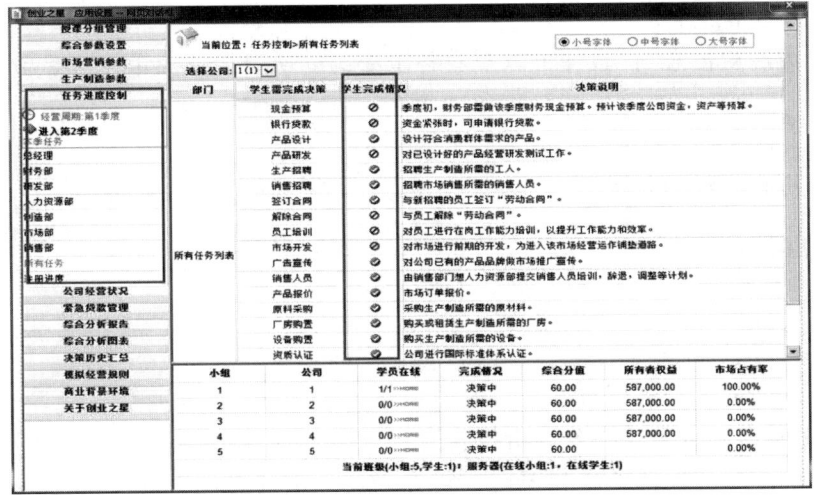

图 9-40　任务完成情况

（2）公司经营状况

如图 9-41 所示，教师在教师端可以查看各个小组和部门的经营状况，如财务部的资金余额及应收应付账款、制造部的生产布置情况、研发部的产品设计研发情况、市场部的市场开发情况等。

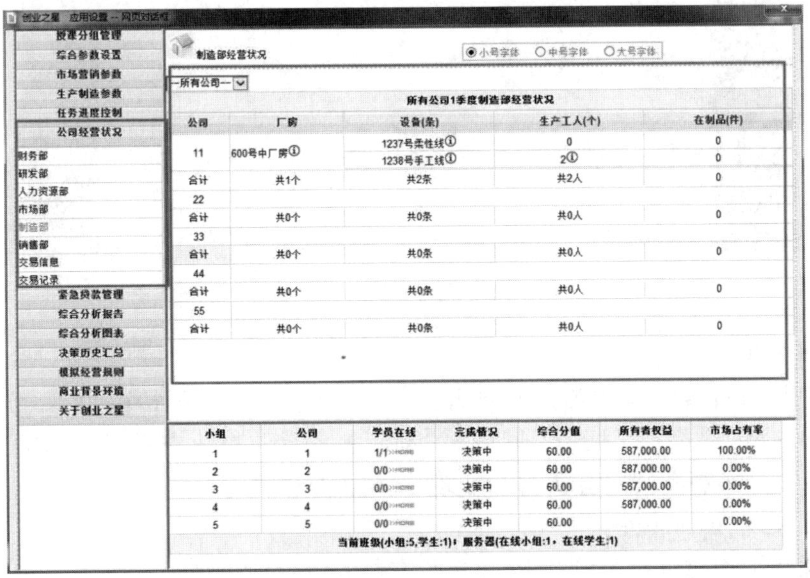

图 9-41　公司经营状况

（3）紧急借款管理

为了让所有学生跟上进度，教师在授课时可以给破产无法经营下去的小组追加紧急借款。紧急借款利息高，而且小组会被扣分。

注意：选择好需要紧急借款的小组后，鼠标要在其他地方点击一下，避免滑动到其他小组。点击"申请紧急借款"，输入借款金额即可。

（4）决策历史汇总

点击"决策历史汇总"，教师可以查看各个小组的所有经营决策记录、资金流的变化。

2. 学生端查看

各部门都可查看经营状况。

### 9.4.4 综合分析报告

1. 教师端查看

（1）经营绩效的综合表现查看

如图 9-42 所示，点击"综合分析报告"→"经营绩效"→"综合表现"，可查看经营绩效的综合表现。综合表现 = 盈利表现 + 财务表现 + 市场表现 + 投资表现 + 成长表现 − 紧急借款扣分。

图 9-42 经营绩效的综合表现

（2）盈利表现

盈利表现与所有者权益相关。所有者权益 = 实收资本 + 累计净利润。实收资本不变，可以结合"财务报告"→"财务对比"→"利润表累计"对比查看各小组的营业收入、各项成本、最终累计净利润情况分析盈利变现，如图 9-43 所示。

（3）财务表现

财务表现和平均财务综合评价相关。平均财务综合评价详见"财务报告"→"财务分析"，也可以在"财务报告"→"财务对比"→"平均财务分析"对比查看。

从图 9-44 所示的三大项 12 指标评判一家企业的财务表现。基础数据取自企业经营中生成的三大财务报表。学生可以点击"财务报告"模块详细了解财务分析。

（4）市场表现

市场表现和市场占有率及交货情况相关。点击图 9-45 所示的"销售报告"→"收入分析"查看市场占有率及交货情况图表。

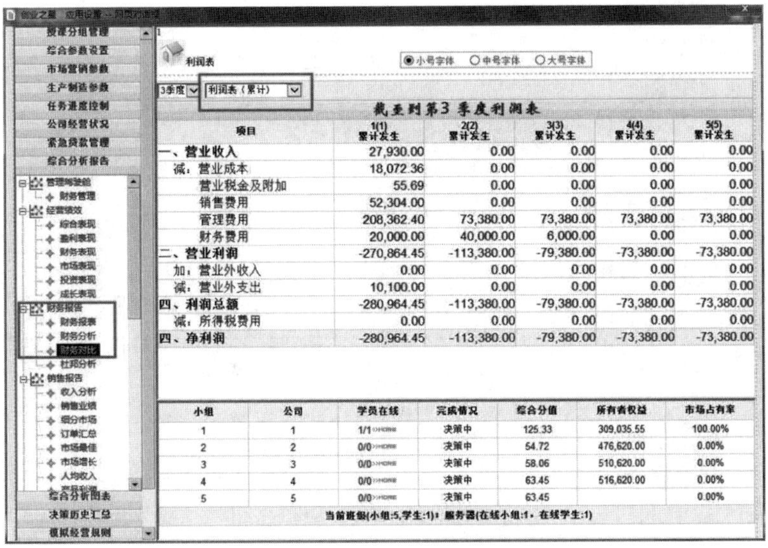

图 9-43  盈利表现

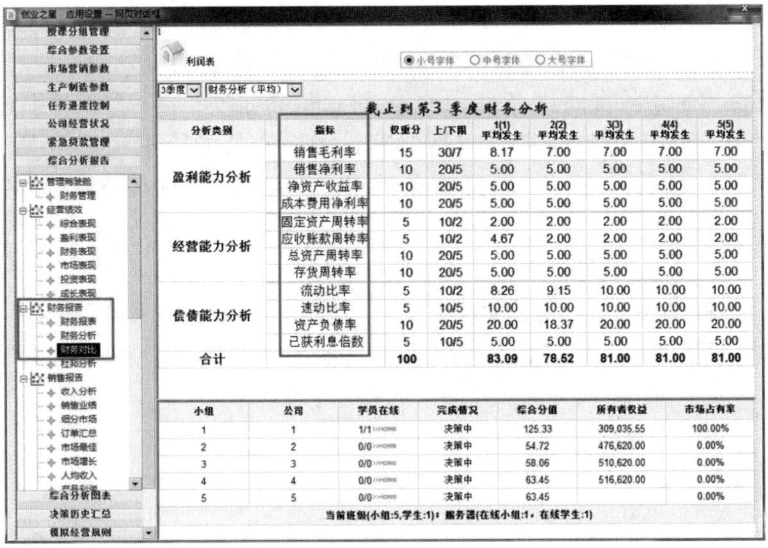

图 9-44  财务表现

点击"市场报告"→"品牌设计和产品评价",可以看出各小组面向哪类消费群体设计的产品多,就是主打市场。

产品评价是系统模拟消费者对进入该市场的所有产品,从产品价格、产品品牌、产品功能、销售能力、产品口碑这 5 方面进行的评分,评分高的产品比较受市场欢迎,理论上订单会多一些,但订单会受到产能的限制。

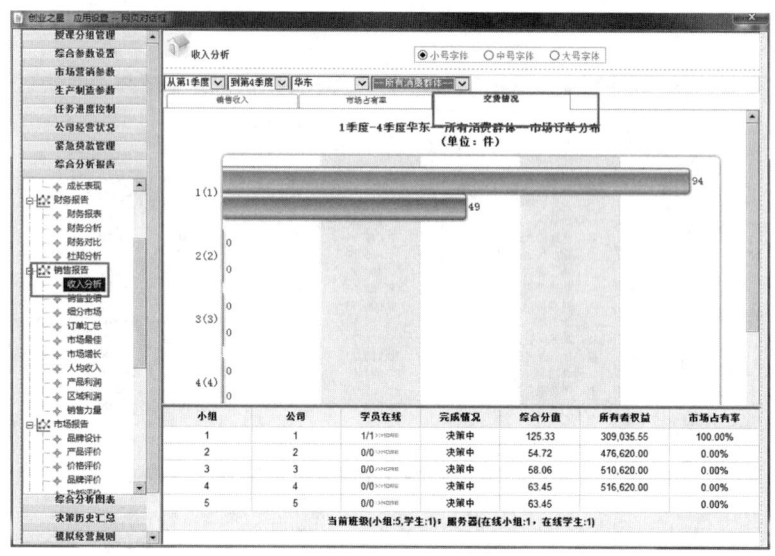

图 9-45　财务表现

产品价格是指公司销售产品时所报价格,与竞争对手相比,价格越低越能获得消费者的认可。产品品牌由公司市场部门在产品上所投入的累计广告产生的累积广告效应决定,与竞争对手相比,累计投入广告越多,产品的累计广告效应越高,产品品牌知名度就越高,越能获得消费者的认可。产品功能主要指每个公司设计新产品时选定的功能配置表,与竞争对手相比,产品的功能越符合消费者的功能诉求就越能得到消费者的认可。

产品销售是指公司当前销售产品所具备的总销售能力,与竞争对手相比,总销售能力越高,获得消费者的认可就越高。产品口碑是指该产品的历史销售情况,与竞争对手相比,产品累计销售的数量越多、产品订单交付完成率越高,消费者对产品的认可就越高。

2. 学生端成绩查看

点击"总经理办公室"→"经营绩效"→"综合表现",查看小组的最终得分。

总经理办公室可以查看所有报告和报表,其他各个部门可以查看相关分析报告。

### 天津:以赛为媒,让创业"小白"快速成长

走出校园,不是只有就业一种打开方式,还有创业,它是磨砺青春最好的选择。如何让创业之路走得更顺畅?历时近两个月并于日前闭幕的第十届天津青年创新创业大赛给出了答案。

作为南开大学的一名学生,同时也是一位创业者,在此次大赛中,陈洋带领团队凭借研发治疗脓毒症的创新药物荣获科技创新金奖。"这是一次收获满满的竞技比赛。"陈洋说,他们参加了组委会组织的多次创业训练营,从如何路演推介项目到模拟投融资对接会等,创业导师对每个环节都进行了详细指导,"这简直就是手把手教我们从创业'小白'快速成长,为走出校园有志创业的毕业生铺好了道路。"

据介绍,2023年5月,团市委启动第十届天津青年创新创业大赛,聚焦35岁以下的创业青年,特别是高校大学生和毕业不足两年的创业青年,为他们搭建施展才华的舞台。大赛邀请函发出后,共吸引来自各区、普通高校、企业和科研院所的1360个项目参赛,经初赛、复赛层层选拔,最终191个项目进入决赛。经过激烈比拼共产生金奖14项、银奖71项、铜奖106项,项目涉及科技创新、数字经济、乡村振兴、社会企业等多个领域。大赛为参赛项目搭建青年创新创业展示交流、导师辅导、模拟训练、投融资对接、项目孵化、政策支持的服务平台,同时遴选符合2023年大学生创业帮扶计划要求的项目提供奖金和政策支持,获奖项目将择优推荐参加第十届"创青春"中国青年创新创业大赛。

"为了让青春拥有更大舞台,目前,我们择优选择了近200个项目参加第十届'创青春'中国青年创新创业大赛。'创青春'是我国规模较大、含金量较高的服务青年创新创业的重要赛事,借助全国赛事,为青年创业打开另一扇窗。"团市委青少年发展和权益保护部部长吴香湘表示,以赛为媒,天津已初步形成以处于起步阶段创业青年和以县域团属青年创业组织为主要服务对象,以导师结对、交流培训、资金资助、搭建平台为主要服务内容的行动基本框架,为服务青年创业就业打开新局面。(记者 韩雯)

资料来源:中国就业网 http://chinajob.mohrss.gov.cn/c/2023-07-24/383223.shtml (2023-07-24)

◆ 思考与讨论

1. 分析创业模拟对于大学生创业实践有哪些意义?
2. 列举当前国内知名创业大赛所运用的创业模拟软件。
3. 简述创业模拟软件的市场前景和发展趋势。

# 第 10 章 创业训练

**本章学习目标**

1. 了解常见的创业训练载体
2. 熟悉大学生创新创业训练计划项目申报和结项流程
3. 掌握知名创业竞赛的报名流程

2017年8月15日,习近平总书记给第三届中国"互联网+"大学生创新创业大赛"青年红色筑梦之旅"的大学生回信,勉励同学们扎根中国大地了解国情民情,在创新创业中增长智慧才干,在艰苦奋斗中锤炼意志品质。国务院办公厅先后印发《关于深化高等学校创新创业教育改革的实施意见》(国办发〔2015〕36号)、《关于进一步支持大学生创新创业的指导意见》(国办发〔2021〕35号)等文件,对落实创新创业教育全面深化发展作出系统设计、全面部署。创业训练是培养创业人才的有效手段。大学生创新创业训练计划项目和大学生创新创业竞赛实质上是一种综合性较强的创业训练,其具有以学生为中心、理论与实践紧密结合等鲜明特点,并在助力创新型人才培养,推动创新创业教育发展进程中作出了积极贡献。大学生创新创业训练计划项目和大学生创新创业竞赛水平是普通高校创新创业教育最直接的衡量指标之一。

## 10.1 常见的创业训练载体

### 10.1.1 大学生创新创业训练计划项目

大学生创新创业训练计划项目是根据《教育部 财政部关于"十二五"期间实施"高等学校本科教学质量与教学改革工程"的意见》(教高〔2011〕6号)《教育部关于批准实施"十二五"期间"高等学校本科教学质量与教学改革工程"2012年建设项目的通知》(教高函〔2012〕2号)决定实施的,其目的在于促进高等学校转变教育思想观念,改革人才培养模式,强化创新创业能力训练,增强高校学生的创新能力和在创新基础上的创业能力,培养适应创新型国家建设需要的高水平创新人才。大学生创新创业训练计划项目是各级教育部门面向大学生开放的一个项目。

1. 计划内容

大学生创新创业训练计划项目一般分为创新训练项目、创业训练项目和创业实践项目三类。

创新训练项目是个人或者团体，在导师指导下，自主完成创新性研究项目设计、研究条件准备和项目实施、研究报告撰写、成果（学术）交流等工作，是侧重于科学研究的项目。

创业训练项目是本科生团队，在导师指导下，团队中每个学生在项目实施过程中扮演一个或多个具体角色，通过编制商业计划书、开展可行性研究、模拟企业运行、参加企业实践、撰写创业报告等工作。该项目比较适合正处在创意和验证阶段的创业项目。

创业实践项目是学生团队，在学校导师和企业导师共同指导下，采用前期创新训练项目（或创新性实验）的成果，提出一项具有市场前景的创新性产品或者服务，以此为基础开展创业实践活动。该项目鼓励能开展实际创业的项目。

国家级大学生创新创业训练计划是最高级别的大学生创新创业训练计划，其由教育部实施立项。一些省份也有对应的省级大创，甚至还有校级、院级大创。大学生若能申请到这样的项目，则是一种莫大的荣誉，可作为找工作、研究生复试或推免简历里面的一项重要履历。

2. 经费支持

国家级大学生创新创业训练计划面向中央部委所属高校和地方所属高校。中央部委所属高校直接参加，地方所属高校由地方教育行政部门推荐参加。国家级大学生创新创业训练计划由中央财政、地方财政共同支持，参与高校按照不低于 1∶1 的比例，自筹经费配套。中央部委所属高校参与国家级大学生创新创业训练计划，由中央财政按照平均一个项目 1 万元的资助数额，予以经费支持。地方所属高校参加国家级大学生创新创业训练计划，由地方财政参照中央财政经费支持标准予以支持。各高校可根据申报项目的具体情况适当增减单个项目资助经费。对中央部委所属高校创业实践项目，每个项目经费不少于 10 万元，其中，中央财政经费应资助 5 万元左右。

鼓励各参与高校根据学科专业特点，利用自主科研经费或其他自筹经费，确定项目资助额度标准，一般情况下，创新训练项目和创业训练项目获得经费支持平均不低于 2 万元/项。国家级大学生创新创业训练计划经费应专款专用。学生要在相关教师指导下，严格执行学校相关财务管理规定。

3. 组织实施

中央部委所属高校直接向教育部提交工作方案，非教育部直属的中央部委所属高校同时报送其所属部委教育司（局）。地方教育行政部门将推荐的地方所属高校的工作方案汇总后，一并提交给教育部。教育部组织专家论证，通过论证后即可实施。

各高校制定本校大学生创新创业训练计划项目的管理办法。规范项目申请、项目实施、项目变更、项目结题等事项的管理，建立质量监控机制，对项目申报、实施过程中弄虚作假、工作无明显进展的学生要及时终止其项目运行。

各高校在公平、公开、公正的原则下，自行组织学生项目评审，报教育部备案并对外公布。项目结束后，由学校组织项目验收，并将验收结果报教育部。验收结果中，必需材料为各项目的总结报告，补充材料为论文、设计、专利以及相关支撑材料。教育部将在指定网站公布项目的总结报告。

国家级大学生创新创业训练计划项目面向本科生申报，原则上要求项目负责人在毕业前完成项目。创业实践项目负责人毕业后可根据情况更换负责人，或是在能继续履行项目负责人职责的情况下，以大学生自主创业者的身份继续担任项目负责人。创业实践项目结束时，要按照有关法律法规和政策妥善处理各项事务。

各高校根据本校实际情况，适当安排创新训练项目和创业训练项目的比例，并逐步覆盖本校的各个学科门类。A组和B组高校，要设立一定数量的创业实践项目。

中央财政支持国家级大学生创新创业训练计划的资金，按照财政部 教育部关于印发《高等学校本科教学质量和教学改革工程专项资金管理暂行办法》的通知（教高〔2007〕376号）进行管理。各高校参照制订相应的专项资金管理办法，负责创新创业训练计划项目经费使用的管理。项目经费由承担项目的学生使用，教师不得使用学生项目经费，学校不得截留和挪用，不得提取管理费。

教育部对各高校实施国家级大学生创新创业训练计划进行整体评价。每年组织一次分组评价，根据评价结果，适度增减下一年度的项目数。

### 10.1.2 创新创业竞赛

#### 1. 创新创业竞赛的意义

创新创业竞赛是指面向创业者的竞赛，旨在为有创业想法和创业计划的人提供一个展示平台，同时也为他们提供了在专家、投资人和其他企业家之间建立联系的机会。创新创业竞赛的意义主要表现在以下三个方面。

（1）创新创业竞赛对个人的成长和发展的影响

参加创新创业竞赛可以让创业者锻炼自己的创新和创业能力，增强自己的自我管理、团队协作和沟通能力，加速自己的成长和发展。通过参加创新创业竞赛，创业者可以了解市场需求、调整自己的思路和计划，从而为自己的创业之路打下坚实的基础。

（2）创新创业竞赛对创业项目的推进和发展的帮助

创新创业竞赛可以为创业者提供展示自己的机会，从而吸引投资人和其他创业者的注意，为创业者的创业项目提供资金、人才和其他资源支持。此外，创新创业竞赛能够为创业者提供专业的评估和指导，帮助创业团队发现和解决问题，完善和优化创业项目，推动创业项目向市场和社会持续发展。

（3）创新创业竞赛对整个社会和经济的贡献和意义

创新创业竞赛对整个社会和经济的贡献和意义十分重要。首先，创新创业竞赛能够激发创新创业热情，培养创业文化和创新精神，推动创新创业成为社会发展的重要力量。其次，创新创业竞赛能够促进创业项目的孵化和成长，提升创业项目的竞争力和市场适应性，为经济发展和就业创造更多的机会和动力。最后，创新创业竞赛能够促进创业资源和创业文化的集聚和交流，推动创新创业生态的建设和发展，促进社会经济的可持续发展。

#### 2. 创新创业竞赛的种类

创新创业竞赛作为一种综合性较强的竞赛，在助力创新型人才培养、推动创新创业教育发展进程中作出了积极贡献。创新创业竞赛水平是高校创新创业教育最直接的衡量指标之一。自2014年提出"大众创业，万众创新"以来，各种主题的创新创业大赛如雨后春笋。

2024年4月，据高校教师教学发展研究国家级虚拟教研室、浙江大学教育学院和浙大城市学院高等教育数智评价研究中心共同发布的《全国普通高校创新创业类竞赛指数》显示，有22项高校创新创业类竞赛较为活跃。可大致分为以下几类。

（1）按照参赛项目所属的行业分类

科技类竞赛：该类竞赛旨在鼓励和促进科学技术领域创新、研究和创业。这类竞赛通常面向科技领域的大学生和青年创业者，覆盖了各种学科和技术。参赛者通过他们在这些领域的创新项目、研究成果和创业计划，展示他们在科技领域的创造力和专业知识。这类竞赛注重科技的前沿性、可行性和实际应用价值，通常包括评审专家对参赛项目的评估以及奖励优秀参赛者的机会。

商业与管理类竞赛：该类竞赛旨在培养和促进商业管理和创业能力。这类竞赛面向大学生和青年创业者，涵盖商业计划、商业模拟、电子商务、企业经营、服务外包、创新创业等多个领域。参赛者通过提交商业计划、参与模拟经营、展示创新创业项目或在特定商业环境中进行挑战，展示他们的商业技能、管理能力和战略思维。这类竞赛注重商业模型的可行性、市场潜力、创新性和执行力，通常包括评审专家对参赛项目的评估，并可能为参赛者提供奖项、创业指导或投资机会。通过商业与管理类竞赛，参赛者可以提升他们在实际商业环境中的操作能力，拓展人脉关系，为未来的创业或商业职业生涯奠定基础。例如，"挑战杯"中国大学生创业计划大赛、全国大学生电子商务"创新、创意及创业"挑战赛、"学创杯"全国大学生创业综合模拟大赛、全国高校商业精英挑战赛、iCAN大学生创新创业大赛、"创新创业"全国管理决策模拟大赛、全国高等院校数智化企业经营沙盘大赛、中国大学生服务外包创新创业大赛。

生态环境类竞赛：该类竞赛旨在鼓励和促进生态环境保护、可持续发展以及与环境相关的创新与创业。这些竞赛面向大学生、青年创业者和其他参与者，关注如何通过技术、商业、政策或社区行动等手段，解决环境问题、保护自然资源或促进生态平衡。参赛者通过他们在生态环境领域的创新项目、研究成果和创业计划，展示他们在环境保护、可持续能源、绿色科技、乡村振兴等方面的创造力和专业知识。

（2）按照举办机构分类

政府部门主办型竞赛：这类竞赛由政府机构主办，旨在鼓励和支持当地企业和创业者。政府部门主办型竞赛通常会提供资金、资源、咨询和指导等方面的支持。这类竞赛是目前国内最主要的主办形式。如中国国际大学生创新大赛是由教育部等部门以及举办地省市人民政府主办。全国大学生电子商务"创新、创意及创业"挑战赛主办方教育部高校电子商务类专业指导委。中国大学生服务外包创新创业大赛主办方是教育部、商务部、无锡市人民政府。

科研机构主办型竞赛：这类竞赛是由高校或科研机构主办或联合主办的竞赛，旨在激发和支持学生和教师的创新和创业精神。这类竞赛通常会提供资金、资源、导师和实践机会等方面的支持。如"学创杯"全国大学生创业综合模拟大赛是由高等学校国家级实验教学示范中心联席会经济与管理学科组和中国陶行知研究会主办。

协会主办型竞赛：这类竞赛由行业协会或商会主办，旨在促进特定行业的创新和发展。该类竞赛通常会提供行业资源、专业指导和市场机会等方面的支持。如 iCAN 大学生创新创业大赛是由中国信息协会主办。

企业主办型竞赛：这类竞赛由企业主办，旨在寻找和培养有潜力的创新和创业项目。该类竞赛通常会提供资金、资源、市场机会和合作伙伴等方面的支持。如全国高等院校数智化企业经营沙盘大赛是由中国商业联合会新道科技股份有限公司主办。

全国普通高校创新创业类主要竞赛及主办单位见表 10-1。

表 10-1 全国普通高校创新创业类主要竞赛及主办单位表

| 序号 | 竞赛名称 | 主办单位 |
| --- | --- | --- |
| 1 | 中国国际大学生创新大赛 | 教育部等部门以及举办地省市人民政府 |
| 2 | "挑战杯"中国大学生创业计划大赛 | 共青团中央、中国科协、教育部、全国学联 |
| 3 | 全国大学生电子商务"创新、创意及创业"挑战赛 | 教育部高校电子商务类专业教学指导委 |
| 4 | 全国大学生创新创业训练计划年会展示 | 教育部、国家级大学生创新创业训练计划专家工作组 |
| 5 | 中国大学生服务外包创新创业大赛 | 教育部、商务部、无锡市人民政府 |
| 6 | 全国大学生集成电路创新创业大赛 | 工业和信息化部人才交流中心 |
| 7 | 中美青年创客大赛 | 教育部 |
| 8 | 全国大学生生命科学竞赛（GULSC）——生命创新创业大赛 | 全国大学生生命科学竞赛委员会、高等学校国家级实验教学示范中心联席会及《高校生物学教学研究（电子版）》杂志社 |
| 9 | 全国高校商业精英挑战赛——创新创业竞赛 | 中国国际贸易促进委员会商业行业委员会牵头，会同有关专业协会（学会）、事业单位联合 |
| 10 | "学创杯"全国大学生创业综合模拟大赛 | 高等学校国家级实验教学示范中心联席会经济与管理学科组和中国陶行知研究会 |
| 11 | iCAN 大学生创新创业大赛 | 中国信息协会 |
| 12 | 全国大学生测绘学科创新创业智能大赛 | 中国测绘学会教育工作委员会 |
| 13 | 全国高等院校数智化企业经营沙盘大赛 | 中国商业联合会新道科技股份有限公司 |
| 14 | 3S 杯大学生物联网技术与应用"三创"大赛 | 中国通信学会、中国电子学会 |
| 15 | "SCIP+"绿色化学化工创新创业大赛 | 中国石油和化学工业联合会、中国化工学会、上海化学工业区、华东理工大学 |
| 16 | 日日顺创客训练营 | 中国物流学会、日日顺供应链 |
| 17 | 中国大学生高分子材料创新创业大赛 | 中国石油和化学工业联合会、中国化工教育协会、中共广饶县委、广饶县人民政府、橡胶谷集团有限公司 |
| 18 | 中国纺织类高校大学生创意创新创业大赛 | 中国纺织服装教育学会、上海管理教育学会 |
| 19 | "北控水务杯"中国"互联网+"生态环境创新创业大赛 | 生态环境产教联盟 北控水务集团 |
| 20 | 全国大学生乡村振兴创意大赛 | 新华通讯社 |
| 21 | 全国林业草原创新创业大赛 | 国家林业和草原局 |
| 22 | "创新创业"全国管理决策模拟大赛 | 辽宁省教育厅 |

## 10.2 知名创业竞赛

### 10.2.1 中国国际"互联网+"大学生创新创业大赛

中国国际"互联网+"大学生创新创业大赛是由教育部等部门以及举办地省市人民政府联合主办的一项面向全球高校学生的大赛，旨在激发大学生的创新创业激情，促进青年人才成长，助力科技创新和经济发展。

该比赛始于 2015 年，每年举办一次。大赛主要以互联网为基础，涵盖人工智能、物联网、虚拟现实、大数据等多个领域，旨在发掘和培养具有创新创业精神的大学生，提升他们的创新能力、实践能力和团队协作能力。参赛项目不限于纯技术，可以是有商业价值的项目，也可以是社会公益项目，只要符合大赛主题和要求均可参加比赛。比赛设置了初赛、复赛和决赛环节，参赛团队需通过多轮筛选，最终获得入围决赛的资格。

大赛设有多个奖项，包括金奖、银奖、铜奖、优秀奖、最具投资价值奖、最具创意奖、最具社会价值奖等，此外还有特等奖和最佳组织奖等。该比赛已经成为中国高校学生创新创业的重要舞台之一，同时也吸引了来自全球各地的学生参与。通过大赛，许多优秀的项目得以获得资源和支持，成为具有重要影响力的创业企业。

1. 比赛时间

参赛报名 4 月—7 月，高校初赛 6 月—8 月，省市复赛 6 月—8 月，总决赛 9 月—10 月，具体时间节点可在大赛官网（https://www.cy.ncss.cn/index.html）查看。

2. 参赛组别分为三个赛道

① 高教主赛道。本科生组：创意组、创业组；研究生组：创意组、创业组。
② 青年红色筑梦之旅赛道：公益组、创意组、创业组。
③ 职教赛道：创意组、创业组。

3. 参赛类别

高教主赛道：新工科类、新医科类、新农科类、新文科类、人工智能+。
青年红色筑梦之旅赛道：现代农业、制造业、信息技术服务、文化创意服务、社会服务。
职教赛道：创新类、商业类、工匠类。

4. 主要特色

评审侧重技术创新性、可落地、商业化强的项目；规格高、含金量高，奖励政策中不仅包含获奖证书，还提供投融资对接、落地孵化等服务。比赛由教育部等部门主办，是认可度很高的大学生综合性竞赛之一；大量投资、媒体对接，全国高校创新创业投资服务联盟、中国教育创新校企联盟参与，各大公司联合参办；参赛范围广，中国国际"互联网+"

大学生创新创业大赛是全国性赛事。

### 10.2.2 "挑战杯"全国大学生系列科技学术竞赛

"挑战杯"全国大学生系列科技学术竞赛是由共青团中央、中国科协、教育部和全国学联共同主办的全国性的大学生课外学术实践竞赛。"挑战杯"全国大学生系列科学技术竞赛在中国共有两个并列项目，一个是"挑战杯"中国大学生创业计划竞赛（以下统称小挑）；另一个则是"挑战杯"全国大学生课外学术科技作品竞赛（以下统称大挑）。两者的比赛侧重点不同，小挑更注重市场与技术服务的完美结合，商业性更强，而大挑注重学术科技发明创作带来的实际意义与特点。这两个项目的全国竞赛交叉轮流开展，每个项目每两年举办一届，"挑战杯"全国大学生系列科技学术竞赛被誉为中国大学生科技的"奥林匹克"盛会，是国内大学生最关注、最热门的全国性竞赛，也是全国最具代表性、权威性、示范性、导向性的大学生竞赛，"挑战杯"的杯名由时任中共中央总书记的江泽民同志亲自题写。

1. 比赛时间。每届"挑战杯"全国大学生系列科技学术竞赛的具体时间不尽相同，通常在每年的春季或秋季举办。具体比赛时间会在官方网站（https://www.tiaozhanbei.net）和各个参赛高校宣传渠道上公布。一般来说，各个阶段的比赛时间如下：省级初赛每年3月—4月，全国初赛每年5月—6月，全国决赛每年7月—8月。

2. 比赛类别。"挑战杯"全国大学生系列科技学术竞赛是一项综合性的学术竞赛，旨在推动大学生全面发展，提高科技创新能力，培养创新精神和实践能力。主要分为以下三个类别的竞赛。①科技创新竞赛：包括自然科学和工程技术两个类别，要求参赛作品具有一定的科学性和技术含量，能够体现学生的科技创新能力。②社会调查和实践报告竞赛：要求参赛作品能够体现学生对社会问题的深刻思考和研究，以及在实践活动中的创新表现和实践成果。③学术论文竞赛：要求参赛作品具有一定的学术水平，能够体现学生的学术研究能力和创新思维，该类别分为自然科学、工程技术、社会科学和人文科学四个子类别。

3. 主要特色。①面向全国大学生：竞赛面向全国高校在校本科生和专科生参与，无论专业和学科背景，鼓励广泛参与；②注重科技创新：竞赛关注参赛作品的科技创新性和实用性，鼓励学生在自己专业领域和跨学科领域中开展创新性的科技研究和项目开发；③促进学科交叉和融合：竞赛设置多个学科门类，鼓励参赛作品在不同学科之间的交叉和融合，推动学科之间的互动和创新；④鼓励实践和创业：竞赛鼓励学生参与实践活动，鼓励他们将创新成果转化为商业机会，促进创新创业教育的发展；⑤奖项丰厚：竞赛设有国家级、省级和校级奖项，奖金丰厚，鼓励学生积极参与创新创业活动。

### 10.2.3 全国大学生电子商务"创新、创意及创业"挑战赛

全国大学生电子商务"创新、创意及创业"挑战赛（以下简称三创赛）是在2009年由教育部委托教育部高校电子商务类专业教学指导委主办的全国性在校大学生学科性竞赛，每年一次。根据教育部、财政部（教高函〔2010〕13号）文件精神，三创赛是激发大学生兴趣与潜能，培养大学生创新意识、创意思维、创业能力以及团队协同实战精神的比赛。该比赛旨在发掘和培养具有创新精神和实践能力的大学生，推动大学生实践教育和创新创业教育的深入发展。比赛主要涵盖电子商务相关领域，如互联网金融、电商平台、物

流配送、O2O 等。

三创赛以"创新、创意、创业"为主题，鼓励参赛者提出符合市场需求、有创意、有前景的电子商务项目。比赛评选将根据项目的市场前景、技术创新、商业模式、营销策略等方面进行综合考量，并对优秀项目进行表彰和奖励。此外，该比赛还为参赛者提供丰富的交流和学习机会，参赛者将有机会与行业专家、创业导师和投资人进行交流，深入了解电子商务行业的发展趋势和商业模式，为今后的创新创业奠定坚实的基础。

1. 比赛时间

比赛的报名时间一般是每年的 4 月 1 日—6 月 30 日，参赛者需要在报名截止日期前提交相关材料。比赛评审时间是每年的 7 月—8 月，评审团将根据参赛作品的质量和创新程度评选出获奖者。最终的颁奖典礼和交流活动在每年的 9 月前后举行。由于该比赛每年的具体时间可能会有所不同，建议关注主办方官方网站或其他官方渠道获取最新的比赛时间（http://www.3chuang.net）。

2. 比赛类别

三创赛共分为三个类别。

创新类：该类别要求参赛者设计和开发具有创新性的电子商务产品或服务，包括但不限于电子商务平台、电子商务应用软件、物联网和人工智能等方面的创新产品。

创意类：该类别要求参赛者提出创意性的电子商务解决方案或商业模式，鼓励参赛者围绕电子商务产业发展趋势和市场需求，提出创新性的商业模式、运营策略、产品设计等方案。

创业类：该类别要求参赛者提交完整的商业计划书，包括市场调研、商业模式、运营方案、财务预算等，旨在培养参赛者的创业意识和能力，促进创业项目的孵化和发展。

3. 主要特色

①突出电子商务创新和创意：该比赛注重参赛作品的创新性和创意性，鼓励参赛者挖掘电子商务领域的新技术、新模式和新应用，提出创新的电子商务解决方案和商业模式。②强调实践和应用：该比赛注重参赛作品的实践性和应用性，鼓励参赛者从实际需求和市场需求出发，设计和开发具有实际应用价值的电子商务产品或服务，或提出可行的商业计划和运营方案。③提供资源和支持：该比赛不仅提供专业的比赛指导和咨询服务，还为优秀的参赛者提供实习、创业和就业机会，为他们的创新创业之路提供资源和支持。

## 10.2.4 "创青春"中国青年创新创业大赛

"创青春"系列活动是共青团服务青年创新创业的重要活动品牌。2014 年以来，在人力资源社会保障部、农业农村部、商务部、国家卫生健康委、国家税务总局等单位的大力支持下，"创青春"中国青年创新创业大赛已成功举办至第十届。活动聚焦国家重大战略、重点产业、重要工程等导向设置垂直领域专项赛，并以专项赛为支撑举办专项交流活动和综合交流活动，为青年创业者提供创业辅导、展示交流、资本对接、骨干培训等支持，打造团组织、青年创业者、社会创服机构共创、共享、共赢的青年创新创业嘉年华。

1. 比赛时间

每年的具体比赛时间会有所不同，一般在每年的 3 月—10 月举行。初赛：一般在每年的 3 月—5 月进行，具体时间视地区而定，由各省级组委会负责组织安排。复赛：一般在每年的 6 月—8 月进行，由全国组委会组织安排。决赛：一般在每年的 9 月—10 月进行，由全国组委会组织安排。具体时间可以关注"创青春"大赛官网或相关媒体的官方通知（http://cqc.casicloud.com）。

2. 比赛类别

"创青春"全国大学生创业大赛主要分为两类比赛。

创业组：面向正在创业或者有创业意向的大学生，要求参赛者必须提交商业计划书、商业模型或产品原型等相关材料，经过初赛、复赛和决赛三个阶段的比拼，最终评选出一等奖、二等奖、三等奖和优秀奖等奖项。

创新组：面向具有创新意识和创新能力的大学生，要求参赛者必须提交相关的创新成果或者科研项目，经过初赛、复赛和决赛三个阶段的比拼，最终评选出一等奖、二等奖、三等奖和优秀奖等奖项。

同时，比赛还设立了一些特别奖项，如"最具创新力奖""最具社会责任感奖""最佳人气奖"等，以鼓励参赛者在创新创业过程中展现出更多的特色和优势。

3. 主要特色

①以创业项目为核心：相较于其他创业比赛，该比赛更加注重创业项目的实质性内容和可持续性。②面向全国大学生：不是限定于某个地区或某些院校的大学生，而是全国性的大学生创业比赛。③注重团队合作：鼓励创业团队的合作和协作，强调团队的重要性。④具有多元化的评选标准：评选标准不仅关注项目的商业化前景和市场竞争力，也关注项目的社会价值和可持续发展性等。⑤组织层次结构完善：比赛的组织层次结构完善，包括中央组委会、省市组委会和高校组委会，能够为参赛者提供更加全面的支持和服务。⑥丰厚的奖项：比赛奖项设置多样，包括创业组和创新组的一、二、三等奖和优秀奖，以及最佳人气奖等。

4. 获奖项目简介

（1）项目 1

项目名称：双喜冰淇淋。

所属单位：华南理工大学。

项目概述：双喜冰淇淋是一家以传统糕点和现代冰淇淋相结合的创新品牌。其核心产品—双喜冰淇淋，是由传统糕点配方和现代冰淇淋技术相结合，以半硬、半软的口感和悠久历史的品牌文化为特色，被誉为"中国味道的冰淇淋"。项目以传承与创新为目标，利用先进的技术手段提升传统糕点的品质和口感，同时推陈出新，将传统与现代相结合，打造具有文化底蕴的时尚品牌。在产品的研发、生产和销售方面，项目团队秉承"诚信、创新、卓越"的理念，不断探索和创新，追求卓越品质和客户满意度。截至目前，双喜冰淇淋已经在多个城市设立了门店，受到了广泛的好评和认可。

（2）项目 2

项目名称：青藤农业。

所属单位：华中科技大学。

项目概述：青藤农业致力于建立"互联网+"智能化农业生产管理系统，实现对农业全过程的监测、管理和预测，提高农业生产效率和质量。该项目的核心技术是基于大数据、云计算和物联网的农业生产管理系统，实现了对土壤、气象、植株和农产品的智能监测和预测，通过智能化技术提高了农业生产的稳定性和可控性，为实现绿色农业和精准农业做出了贡献。

（3）项目 3

项目名称：废品收购 APP。

所属单位：中国地质大学（北京）。

项目概述：废品收购 APP 是一款面向废品回收行业的移动应用软件，实现了废品回收全过程的信息化管理和规范化运营。该项目通过手机端应用软件和后台管理系统的结合，实现了废品回收的订单发布、自动匹配、费用结算等功能，提高了废品回收行业的效率和规范化水平。

## 10.3　成功案例和经验分享

### 10.3.1　知名创业竞赛获奖项目介绍

此部分主要介绍部分往届中国国际"互联网+"大学生创新创业大赛、"挑战杯"全国大学生系列科技学术竞赛、三创赛的获奖项目。

1. 往届中国国际"互联网+"大学生创新创业大赛的金奖部分项目

（1）高教主赛道金奖项目

① 项目 1。

项目名称：基于 VOCs 的室内空气污染综合治理技术及应用研究。

所属单位：中国地质大学（北京）。

项目概述：该项目通过研究室内 VOCs 污染源及其特性，结合各种技术手段，开发出一种综合治理技术，能够有效去除室内空气中的 VOCs 污染物，提高室内空气质量。

② 项目 2。

项目名称：智能耳机式听力评估系统。

所属单位：南昌大学。

项目概述：该项目开发了一种智能耳机式听力评估系统，通过内置的耳机和传感器，对用户的听力水平进行评估和分析，同时还能为用户提供听力保护建议。

③ 项目 3。

项目名称：基于小程序的应急救援服务系统。

所属单位：浙江理工大学。

项目概述：该项目开发了一种基于小程序的应急救援服务系统，能够通过实时定位、预警和调度等功能，对应急救援人员进行快速响应和指挥，提高应急救援效率和质量。

④ 项目4。

项目名称：基于深度学习的医学图像智能诊断平台。

所属单位：中南大学。

项目概述：该项目基于深度学习技术，能够对医学图像进行快速、准确的智能诊断，可以帮助医生快速判断病情，提高医疗诊断效率。

⑤ 项目5。

项目名称：利用虚拟现实技术实现精准手术规划及操作指导系统。

所属单位：中国医科大学。

项目概述：该项目利用虚拟现实技术，为做手术的医生提供精准的手术规划和操作指导，能够减小手术风险，提高手术成功率。

⑥ 项目6。

项目名称：人工智能辅助下的高分子材料研发和创新设计。

所属单位：东华大学。

项目概述：该项目利用人工智能技术，为高分子材料的研发和设计提供辅助，能够快速、准确地预测材料的性能和结构，提高材料研发效率。

⑦ 项目7。

项目名称：基于区块链的医疗健康数据交换平台。

所属单位：上海海事大学。

项目概述：该项目利用区块链技术，实现医疗健康数据的安全交换和共享，保护患者隐私和数据安全，促进医疗健康产业发展。

⑧ 项目8。

项目名称：智能化电子电路智能设计平台。

所属单位：华中科技大学。

项目概述：该项目利用人工智能技术，实现电子电路智能设计，能够提高电路设计效率和设计质量。

（2）青年红色筑梦之旅赛道金奖项目

① 项目1。

项目名称：智能化盘龙江"三治"管理。

所属单位：哈尔滨工程大学。

项目概述：该项目利用物联网、人工智能、大数据等技术，对盘龙江的水环境、堤岸安全和污染物治理进行智能化管理和监控，提高了盘龙江流域的生态环境治理水平。

② 项目2。

项目名称：大数据驱动下的"两山"理论实践与普及。

所属单位：中共河南省委宣传部宣传教育处。

项目概述：该项目通过运用大数据技术和传播学理论，实现了对"两山"理论的普及和推广，并带动了广大群众对生态文明建设的参与和贡献。

（3）职教赛道金奖项目

① 项目1。

项目名称：基于机器视觉的工业机器人精准抓取技术研究。

所属单位：湖南工业大学。

项目概述：该项目利用机器视觉技术，实现工业机器人的精准抓取，能够提高工业生产效率和品质。

② 项目 2。

项目名称：基于大数据的智慧农业管理平台。

所属单位：南昌工程学院。

项目概述：该项目利用大数据技术，为农业生产提供智能化管理服务，能够实现精准农业，提高农产品质量和产量。

③ 项目 3。

项目名称：智能语音识别交互式学习系统。

所属单位：湖南涉外经济学院。

项目概述：该项目利用语音识别技术，为学生提供交互式的学习服务，能够提高学习效率和质量。

④ 项目 4。

项目名称：智能化糖尿病管理系统。

所属单位：江西信息应用职业技术学院。

项目概述：该项目利用智能化技术，为糖尿病患者提供个性化的管理服务，能够提高糖尿病患者的生活质量和健康水平。

⑤ 项目 5。

项目名称：智能化图书馆管理系统。

所属单位：安徽财经大学。

项目概述：该项目利用智能化技术，为图书馆提供智能化管理服务，能够提高图书馆的管理效率和服务质量。

⑥ 项目 6。

项目名称：基于物联网的智能家居控制系统。

所属单位：广东工贸职业技术学院。

项目概述：该项目利用物联网技术，实现智能家居的远程控制，能够提高居家生活的舒适度和便利性。

2. 往届"挑战杯"全国大学生系列科技学术竞赛一等奖部分项目

（1）项目 1

项目名称：基于深度学习的医学影像智能诊断系统。

所属单位：浙江大学。

项目概述：该项目基于深度学习算法，将医学影像和病理数据进行多层级、多尺度的特征提取和自适应融合，实现对乳腺癌、脑卒中等疾病的智能诊断，能够有效提高医学影像诊断的准确率和效率。

（2）项目 2

项目名称：智能化晾晒系统。

所属单位：北京交通大学。

项目概述：该项目是一种智能化晾晒系统，通过微型计算机、红外传感器等技术实现对晾晒过程中的温度、湿度等参数的自动控制和监测，可有效提高晾晒效率，降低能源消耗。

（3）项目3

项目名称：基于多传感器信息融合的智能家居系统。

所属单位：东北大学。

项目概述：该项目是一种基于多传感器信息融合的智能家居系统，通过红外传感器、声音传感器等多种传感器采集用户的信息和环境数据，通过智能算法实现家庭设备的自动控制和场景化智能服务，提高家庭生活的便利性和舒适度。

**3. 往届三创赛部分获奖项目**

（1）项目1

项目名称：经小萌——网格化的新零售解决方案。

所属单位：湖北经济学院。

项目概况：经小萌团队提供了网格化的新零售解决方案，以帮助实体店面实现数字化转型和线上线下融合。经小萌团队的解决方案主要包括以下几个方面。网格化运营：经小萌团队提出了"网格化运营"概念，旨在将传统的线下店面转化为一个个独立的网格，每个网格都可以独立运营、自主决策，通过数据分析和人工智能技术，实现线上线下的深度融合。数据智能：经小萌团队采用了数据智能技术，实现了对店面销售、用户画像、商品库存等数据的实时监测和分析，从而优化运营策略、提高销售额。新零售管理系统：经小萌团队开发了一款新零售管理系统，包括库存管理、订单管理、营销管理等多个模块，方便店主进行线上线下的管理和数据分析。创新营销：经小萌团队提供了一系列创新的营销策略，包括会员管理、虚拟物品赠送、活动营销等，以吸引更多的顾客和提高用户忠诚度。金融服务：经小萌团队还提供了金融服务，包括融资、贷款、保险等多个方面，以帮助店主更好地解决资金问题，提升企业的竞争力。

（2）项目2

项目名称：适足科技——新时代鞋靴管家。

所属单位：杭州师范大学。

项目概况：适足科技是由杭州师范大学五味俱全队提供的是一款新型的鞋靴管理软件，旨在帮助鞋店管理者提高管理效率，增加销售额，并提高顾客满意度。客流统计：适足科技通过搭载人工智能摄像头，实现客流统计和客户画像分析，为店主提供更准确的销售数据和顾客需求信息。库存管理：适足科技的软件还包含库存管理功能，店主可以通过软件随时了解鞋靴库存情况，并根据实时数据进行库存调整和进货决策。营销推广：适足科技的软件提供了一系列的营销推广功能，包括短信推送、微信推广、线上营销等，以吸引更多的客户和提高销售额。售后服务：适足科技的软件还提供了售后服务功能，包括退换货、维修等多个方面，方便顾客解决售后问题，提高顾客满意度。数据分析：适足科技的软件还提供了数据分析功能，可以帮助店主了解销售情况、顾客偏好、库存情况等数据，以便进行营销决策和管理调整。适足科技的新型鞋靴管理软件是一款基于人工智能和大数据技术的创新产品，可以帮助鞋店管理者提高管理效率，增加销售额，并提高顾客满意度。

（3）项目3

项目名称：印出个性，袖出品质。

所属单位：义乌工商职业技术学院。

项目概况："印出个性，袖出品质"是由义乌工商职业技术学院提供的是一款以定制T恤为主的电商平台，旨在提供一种全新的购物方式，让顾客可以享受到个性化、定制化的购物体验。定制化服务：平台提供定制T恤的服务，顾客可以根据自己的喜好选择款式、颜色、印刷图案等，实现个性化定制。精准推荐：平台采用人工智能技术，通过分析顾客的购物行为和偏好，精准推荐适合他们的商品。供应链优化：平台通过优化供应链，可以实现快速的生产和物流配送，保证订单的及时交付。客户服务：平台提供24小时的客户服务，随时解决顾客的问题和疑虑。通过以上功能和服务，该团队成功打造了一个定制T恤的电商平台，吸引了众多年轻消费者的关注和购买。该团队的创新和创意受到了评委和业内人士的高度评价和认可

## 10.3.2 参赛获奖项目的经验总结

创新创业竞赛是大学生展示创新创业成果和创新创业能力的舞台，参加竞赛不仅可以锻炼个人的创新创业能力和团队协作能力，还可以得到专业评委的认可和各种奖励。在参加创新创业竞赛中，如何提高获胜的机会？以下是一些经验总结，希望能对参赛者有所帮助。

（1）构建优秀的团队

一个优秀的团队是成功的关键，因此，选择合适的队员对于团队来说至关重要。优秀的团队需要有不同背景和专业技能的人才，他们能够在不同领域和层面上合作，发掘更多的创新点和商业机会。团队成员之间需要建立起相互信任、沟通良好、互相尊重和支持的关系，这样才能保证团队的高效运作。

（2）制定合理的项目策划

合理的项目策划是成功的基础。在项目策划的过程中，参赛者需要考虑到市场的需求、产品的定位、团队的能力和资源、竞争对手的情况等因素，从而制定出明确的目标和计划，明确每个阶段的任务和时间节点，确保项目能够按照计划顺利进行。

（3）积极寻求导师的指导

在竞赛的过程中，导师的指导和支持可以帮助参赛者更好地完成项目和展示创新创业成果。导师能够为参赛者提供专业的建议和意见，并帮助参赛者更好地理解比赛规则和评判标准。因此，寻找和认识导师、与导师建立起良好的关系，是参赛过程中必不可少的一步。

（4）展示出独特的亮点和特色

在竞赛中，参赛者需展示出项目的亮点和特色，这是获胜的重要因素。在展示过程中，参赛者需要突出项目的创新点、解决方案、商业模式等方面，同时还要强调团队的实力和能力。通过生动的演示和详细的说明，让评委更好地了解项目的价值和潜力。

（5）保持积极的心态和良好的表现

竞赛中，保持积极的心态和良好的表现也是非常重要的。参赛者需要克服紧张和焦虑，保持自信和乐观，以更好地展现团队的实力和个人的魅力。

### 10.3.3 其他获奖案例简介

京东零售创新大赛优胜奖：工厂智能化解决方案。该项目通过智能化技术升级传统制造业，实现制造业数字化转型。它利用物联网、云计算、大数据等技术打造了一个可视化的生产管理系统，提高了生产效率和品质。该项目旨在为传统制造业提供智能化的解决方案，推动制造业转型升级。

华为创新创业大赛全国总决赛金奖：AGV（自动导航运输车）机器人。该项目是一款能够自主导航、智能分拣和自动化运输的AGV机器人。它可以应用于物流仓储、制造业等领域，实现物流自动化和智能化。该项目的核心技术是机器视觉和SLAM（同时定位与地图构建）技术，可以实现高效的仓储物流管理，提高物流效率。

创业邦华东区创新创业大赛一等奖：云端智慧管理系统。该项目是一款基于人工智能、大数据等技术的智慧物业管理系统。它可以实现对小区物业的自动化管理，包括安保、绿化、设备维修等方面。该项目的核心技术是智能感知和大数据分析，可以实现自动化管理和智慧化服务。

中关村·硅谷·北京国际青年创业大赛铜奖：基于区块链的安全数据交换平台。该项目是一款基于区块链技术的数据安全交换平台。它可以实现去中心化的数据交换和安全存储，确保数据的可靠性、完整性和保密性。该平台使用智能合约来保证交易的可追溯性和自动执行，减少了中间环节的风险和成本，提高了数据交换的效率和安全性。

案例分析

#### 临川返乡大学生方婷的创业轨迹

方婷的父亲方金山是远近闻名的食用菌种植大户，从小受父亲影响的方婷与食用菌有着特殊的情缘。2008年，大学毕业的方婷放弃了大城市的高薪工作，毅然回乡传承父亲的事业。她筹集36万元资金，带领团队历时5年，通过数百次的实验栽培，实现了对野生虎奶菇的人工栽培，该科研项目一举获得了临川区科学技术一等奖、抚州市科技进步奖一等奖、江西省科技进步奖三等奖。虎奶菇种菌栽培成功后，她又积极与有关高等院校及科研单位联手致力开发"临川虎奶菇"成品及系列保健产品，延长产业链，提高市场占有率。她牵头制定了虎奶菇产品标准和生产技术规范，"临川虎奶菇"成为国家农产品地理标志，四次登上央视频道。

在企业转型升级的过程中，只有专科学历的方婷，深受日趋激烈的竞争形势困扰，怀揣对知识的渴望，她毫不犹豫选择到抚州开放大学"回炉""充电"，并于2019年顺利取得行政管理大学本科学历。毕业后，方婷先后资助了2名贫困大学生完成学业。截至去年底，方婷先后出版9本虎奶菇及食用菌专业书籍，发表论文2篇，荣获相关专利授权22项，相关成果被中央电视台（CCTV）7频道《农广天地》栏目制成专题向全国推介。虎奶菇种植及深加工技术被授予江西省"终身学习品牌项目"，她创办的"临川虎奶菇"生产基地被确定为"共青团中央青年就业创业见习基地"。

十多年来，在各级政府和相关职能部门的关心和指导下，以"公司+合作社+基地+农户"的创新运营模式,以助力乡村振兴为宗旨,企业产业链不断向纵深发展,吸引了 1000 余名青年返乡就业,扶持了 12000 余名农民自主创业,推动了大学生乡村就创业。同时,方婷团队累计免费培训菇农 10 万人次,菇农人均年增收超万元,间接创造近 20 亿元经济效益,带领菇农实现共同富裕。

资料来源:抚州开放大学官网 http://www.fzrtvu.net/newsinfo/4707059.html(2022-11-28)

◆ **思考与讨论**

1. 通过上述案例,分析大学生创业实践成功的关键是什么。
2. 方婷返乡创业对大学生创业带来哪些启示?

# 第 11 章 创业孵化

**本章学习目标**

1. 了解创业孵化的内涵、起源及类型
2. 了解创业孵化的流程管理

随着市场经济的发展和信息技术的进步,创业活动逐渐成为社会经济发展的重要组成部分。创业者不仅需要具备创意和创新精神,还需要具备市场营销、资金管理、人力资源管理等方面的能力。然而,很多创业者缺乏经验和资源,创业环境也面临诸多挑战,如缺乏资金、市场不成熟、法律法规不完善等。为了解决这些问题,创业孵化应运而生。

创业孵化器为初创企业提供资源、指导和支持,帮助企业更好地发展。创业孵化器提供的服务包括资金支持、技术支持、市场营销、法律咨询、创业培训等。创业孵化的出现为初创企业提供了发展机会,同时也促进了企业创新和经济发展。

## 11.1 创业孵化概述

### 11.1.1 创业孵化的内涵

创业孵化是一种旨在支持初创企业发展的过程,通常由创业孵化器提供场地、资金、管理、咨询等方面的支持。创业孵化器通常是由大学、企业、政府或投资机构等组织创建的,旨在培养和支持初创企业,使初创企业得以发展成为具有高成长潜力的企业。创业孵化的目标是为创业者提供必要的资源和支持,帮助初创企业在最短时间内实现商业化运行,并使其成为自给自足的企业。

创业孵化器可以提供的资源包括场地、办公设施、资金、导师、专业知识、市场分析、人脉资源等。这些资源可以帮助初创企业有效地降低成本,提高效率,同时获得更多的商业机会。

创业孵化器的主要任务是帮助初创企业解决面临的各种问题,如产品开发、市场推广、财务管理、法律事务等,同时提供创业指导和培训,帮助创业者提高创业技能和管理能力。创业孵化器的成功不仅取决于其能否提供充足的资源和支持,还取决于其能否建立有效的创业生态系统,促进创业者之间的交流和合作,吸引各种资源向创业孵化器内部流动。

### 11.1.2 创业孵化的起源及发展

创业孵化器作为扶持创业的公共服务平台,承担着创业孵化的使命,起源于20世纪

50年代的美国硅谷，是伴随着新技术产业革命的兴起而发展起来的。创业孵化器提供低廉的办公空间、基础设施、技术支持和咨询服务，以帮助初创企业在风险高、融资困难的初期阶段生存和成长。最早的创业孵化器设在美国麻省理工学院，在随后的几十年间，创业孵化器的数量和规模不断扩大，成为全球范围内支持初创企业发展的重要手段之一。

21世纪初，随着全球经济的快速发展，越来越多的国家开始重视创新和创业，为了促进本土的创新和创业活动，各国相继设立了众多的创业孵化器，逐步形成全球创业孵化器大规模发展的趋势。创业孵化器的类型也越来越多样化，除了传统的创业孵化器外，还涌现出加速器、联合办公空间、创业营地等新型创业孵化器。同时，随着科技的不断进步和全球化的趋势，创业孵化器的服务内容和服务方式也在不断地创新和升级，为创业者提供更加个性化、专业化的服务。

我国创业孵化器的发展可以追溯到20世纪80年代。当时，我国的经济改革刚刚起步，政府开始采取一系列措施鼓励和支持民间企业的发展。一般认为20世纪80年代至90年代初期是中国创业孵化的初级阶段，这一时期创业孵化主要由政府主导，以促进地方经济发展为主要目标。政府投资兴建创业孵化器，向初创企业提供基础设施、场地租赁、技术咨询和财务支持等服务，以帮助初创企业降低创业成本和风险，推动新兴产业的发展。

21世纪初至2010年是我国创业孵化的中级阶段，这一时期，随着市场经济的发展，创业孵化开始由政府主导向市场化方向转变，民间投资和私营企业开始涌入创业孵化领域。在这一时期，创业孵化器开始逐渐发展为专业化机构，提供更为多元化的服务，例如投资、法律咨询、市场营销、人力资源等。此时，创业孵化器已经成为创业者、初创企业和投资者的重要交流平台。

2010年至今是我国创业孵化的现代阶段，随着我国经济的快速发展，互联网和移动互联网崛起，创业孵化的形式开始多元化，出现了加速器、孵化器联盟、众创空间等新型创业孵化器。2015年，国务院发布了《关于大力推进大众创业万众创新若干政策措施的意见》（国发〔2015〕32号），提出了大力发展众创空间、加快创业孵化器建设等政策，为创业孵化器的发展提供了更好的政策环境和支持。这一时期，创业孵化器开始向社区化、国际化、生态化等方向发展，通过打造生态系统，为创业者提供更为全面的创业支持服务，加速初创企业的成长和发展。同时，政府、大学、企业等也纷纷加入到创业孵化的行列，形成了政府引导、市场化运作、多元化服务的创业孵化生态系统。

### 11.1.3 创业孵化器的类型及功能

1. 创业孵化器的类型

创业孵化器根据所有者、管理者、服务对象等，可以分为以下几种类型。

（1）公共孵化器

公共孵化器通常由政府、高校、科研院所、园区等公共机构创办，面向大众开放。公共孵化器的目标是促进地方经济发展和创业创新，为创业者提供创业资源、管理服务、技术和资金等方面的支持，以提高创业成功率和促进经济增长。这类孵化器有北京中关村国家自主创新示范区、深圳高新技术产业园区服务中心等。

（2）企业孵化器

企业孵化器通常由大型企业或跨国公司创办，旨在培育和孵化符合其战略发展方向的初创企业。企业孵化器通常会提供资金、技术、市场和管理等方面的支持，以帮助初创企业快速成长和发展。企业孵化器也可以通过并购、投资等方式将优质的初创企业纳入自己的生态系统，促进自身的创新和发展。这类孵化器有腾讯企业孵化器、阿里巴巴创新中心等。

2. 创业孵化器的功能和服务

创业孵化器的主要功能和服务涵盖了创业生态系统中的各个方面，主要包括以下内容。

（1）创业资源提供

创业资源提供是创业孵化器的核心功能之一，旨在为入驻企业提供各种必要资源，帮助其快速成长和发展。具体来说，创业孵化器会为入驻企业提供合适的办公场地，包括工位、办公室、会议室等稳定、安全、舒适的工作环境；会为入驻企业提供各种基础设施，包括电力、水、网络等，确保企业正常运营；会提供人才招聘服务，帮助企业寻找合适的人才，包括技术人才、营销人才、行政人才等；会提供市场营销支持，帮助企业制定营销策略，提高品牌知名度和影响力；会促进入驻企业之间的合作和资源共享，包括技术、市场、人才等方面的资源；还会提供其他资源支持，如投资机会、政策支持等，帮助企业降低成本、提高效率，推动企业发展。

（2）创业孵化器管理支持

创业孵化器管理支持是创业孵化器的重要功能之一，旨在为入驻企业提供管理和运营方面的支持，帮助企业实现良性循环和可持续发展。具体来说，创业孵化器会帮助入驻企业编写商业计划书，帮助企业梳理经营思路、明确目标和计划，为企业的发展提供方向；会提供管理咨询服务，帮助入驻企业解决管理方面的问题，包括人力资源管理、财务管理、法律合规等方面的问题；会利用自身的资源和网络，为入驻企业提供相关资源和联系，帮助企业与政府、行业组织、投资人等建立联系和合作关系；会为入驻企业提供行政支持，包括注册、纳税、办公用品采购等方面的服务，帮助企业解决后勤方面的问题；会提供团队建设支持，包括团队协作、沟通技巧、领导力培养等方面的培训和支持，帮助企业建立稳定、协调的团队。此外，创业孵化器还会提供其他管理支持，如协助企业建立规章制度、提供政策咨询、组织企业文化建设等，帮助企业实现可持续发展。

（3）创业培训与咨询

创业培训与咨询是创业孵化器为入驻企业提供的另一个重要服务，旨在帮助企业提升创新能力、管理能力和市场竞争力。具体来说，创业孵化器会为入驻企业提供创业基础培训，包括市场调研、商业模式设计、融资策略等方面的知识和技能培训，帮助企业掌握创业必备的基础知识；会为入驻企业提供行业分析和前沿趋势研究服务，帮助企业了解市场状况、分析市场竞争格局和趋势，为企业的发展提供有力支持；会为入驻企业提供商业模式创新和优化服务，帮助企业设计出适合自身的商业模式，提升企业的市场竞争力；会为入驻企业提供融资咨询和支持服务，包括资金申请、融资方案设计、投资人对接等方面的服务，帮助企业获得融资支持，实现可持续发展。此外，创业孵化器还会根据入驻企业的需求，提供其他创业咨询和培训服务，如法律咨询、知识产权保护、营销策略制定等，帮助企业实现可持续发展和快速成长。

（4）商业模式设计与优化

商业模式设计与优化是创业孵化器为入驻企业提供的另一个重要服务。创业孵化器的专业团队会为入驻企业的商业模式进行全面分析，深入了解企业的商业逻辑、市场定位、竞争优势等方面的情况，为企业制定可行的商业模式提供依据。根据入驻企业的实际情况，创业孵化器为企业制定创新的商业模式，帮助企业建立可持续发展的商业模式，提升企业的竞争力。有些创业孵化器也会对入驻企业的商业模式进行持续优化，包括优化产品设计、服务流程、营销策略等方面，帮助企业不断提升自身的竞争力和盈利能力。创业孵化器为入驻企业提供业务流程咨询和设计服务，帮助企业优化业务流程，提高工作效率，降低成本，提升企业的盈利能力。

（5）资金和技术支持

资金支持是创业孵化器为入驻企业提供的重要服务之一。创业孵化器一般可以为入驻企业制定融资策略和方案，提高融资成功率，降低融资成本。有的创业孵化器会为入驻企业提供初创资金支持，包括天使投资、种子轮融资、Pre-A轮融资等。通过这些资金的支持，帮助企业度过初创期，提高企业的发展速度和竞争力。有些创业孵化器也会帮助入驻企业与投资人对接，为企业寻找合适的投资人，提供投资人介绍和推荐服务，帮助企业获得更多的融资机会。

技术支持是创业孵化器为入驻企业提供的另一个重要服务。创业孵化器会为入驻企业提供技术咨询和支持，帮助企业解决技术问题，提高技术水平，增强企业的竞争力。创业孵化器会为入驻企业提供技术人才招聘和培训服务，帮助企业招聘到合适的技术人才，提高团队的技术水平和创新能力。创业孵化器会为入驻企业提供技术资源共享服务，包括硬件设备、软件平台、技术数据库等，通过共享技术资源，帮助企业降低成本，提高效率，提高企业的核心竞争力。

## 11.1.4　创业孵化器的组织架构与运营模式

1. 创业孵化器的组织架构

创业孵化器作为一个组织实体，其组织架构通常包括管理团队、导师和顾问、投资人和董事会等部分。

（1）管理团队

创业孵化器的管理团队通常由执行董事或总经理、财务负责人、创业孵化器管理员、市场营销负责人等职位构成。管理团队是创业孵化器的核心力量，负责制定创业孵化器的发展战略和规划、招募和管理创业孵化器的导师和顾问、管理创业孵化器的日常运营等工作。

（2）导师和顾问

导师和顾问是创业孵化器的核心资源，负责为入驻企业提供咨询和指导服务，帮助企业解决经营问题、规划发展战略、拓展市场等。导师和顾问通常是一些具有创业经验、行业经验和管理经验的人士，他们可以提供实用的建议和指导，帮助入驻企业快速成长。

（3）投资人和董事会

创业孵化器通常需要投资人的支持才能发展壮大，投资人可以提供创业孵化器所需的资金和资源，帮助创业孵化器吸引更多的优秀企业入驻。董事会是创业孵化器的最高决策机构，负责监督和指导创业孵化器的发展方向和管理运营。董事会通常由资深企业家、投资人和创业孵化器管理团队成员组成，具有丰富的管理经验和创业经验。

2. 创业孵化器运营模式

（1）商业模式

创业孵化器的商业模式是提供创业生态系统中所需的资源和支持，帮助初创企业成长和发展。具体而言，创业孵化器提供办公空间、基础设施、管理服务、咨询、技术支持、市场拓展、人才引进等方面的支持，帮助初创企业克服创业困境，快速发展。创业孵化器的商业模式通常基于两种主要收入来源：租金和服务收费。

（2）盈利模式

① 入驻企业股权分成

创业孵化器通常会在创业公司的初期阶段进行投资，获得一定的股权。当创业公司获得成功并实现融资或收购时，创业孵化器可以获得相应的股权收益。

② 管理费用

创业孵化器通常会收取管理费用，包括办公空间、基础设施、咨询、技术支持等方面的管理费用。这些费用通常是按月或季度收取的，其是创业孵化器的重要收入来源之一。

③ 服务费用

孵化器可以向入驻企业提供一系列的服务，如法律咨询、财务咨询、技术支持、市场推广、人才招聘等，收取相应的服务费用。

④ 投资收益

创业孵化器通常会在创业公司的初期阶段进行投资，当创业公司成功获得融资或被收购时，孵化器可以获得相应的投资收益。

⑤ 政府补贴

一些创业孵化器可以获得政府的补贴和支持，如税收优惠、贷款担保等，这些补贴和支持可以提高创业孵化器的盈利能力。

## 11.1.5　创业孵化器的品牌和市场营销

创业孵化器的品牌和市场营销是其吸引和留住优秀初创企业的关键。以下是一些常见的创业孵化器品牌和市场营销策略。

建立品牌形象。创业孵化器需要建立自己的品牌形象，以吸引潜在的入驻企业。这可以通过广告宣传、社交媒体、公关活动等方式实现。此外，创业孵化器的品牌形象还应与其定位和服务一致，以增强品牌的认知度和影响力。

提供优质服务和资源。创业孵化器需要提供优质的服务和资源，以赢得入驻企业的信任和口碑。这可以通过专业培训、商业支持、办公空间和设施等方面的服务实现。同时，创业孵化器还需要不断改进和更新服务和资源，以保持其竞争优势。

合作伙伴关系的建立和维护。创业孵化器需要与各种合作伙伴，如投资人、企业、加速器、高校等建立并维护良好的关系。这可以为创业孵化器提供更多的资源和支持，同时也可以增加其影响力和知名度。

参加行业活动和赛事。创业孵化器可以参加各种行业活动和赛事，以展示自己的实力和优势，吸引潜在的入驻企业和投资人。此外，参加行业活动和赛事还可以增加创业孵化器的知名度和影响力。

## 11.2 创业孵化器与加速器的选择和申请

### 11.2.1 创业孵化器、加速器的区别与联系

创业孵化器是一种提供创业生态系统支持的组织形式，旨在为初创企业提供资源、知识和网络支持，帮助初创企业快速发展和成长。加速器是一种对成长期创业企业提供资本、资源和指导的组织形式，旨在帮助成长期创业企业实现快速扩张和成功上市。

创业孵化器和加速器的联系在于，它们都是为了促进创业生态系统的发展，为创业企业提供资源、知识和网络支持，帮助创业企业更快地实现创业梦想。但它们的服务对象和提供的服务内容有所不同，孵化器更侧重于初创企业，帮助企业实现从想法到产品原型的开发和验证；而加速器更侧重于成长期的创业企业，帮助企业实现快速扩张和成功上市。

创业孵化器和加速器的区别和联系见表 11-1。

表 11-1 创业孵化器和加速器的区别和联系

| 分类 | 创业孵化器 | 加速器 |
| --- | --- | --- |
| 定义 | 创业孵化器是一个提供场地、资源和服务，帮助初创企业发展壮大的机构。创业孵化器主要关注的是帮助初创企业在初期阶段实现可持续发展，并提供相关支持，如场地、基础设施、导师、资金、法律等 | 加速器是一个专注于推进成长期创业企业的机构。加速器通常在企业成长的早期阶段（通常是产品开发和初创期）提供有限的支持，如金融支持、导师和一些资源。加速器的目标是帮助成长期创业企业尽快实现产品市场化并获得更多的投资 |
| 优点 | 提供资源和服务支持、降低创业风险、帮助初创企业打造社交网络、提供指导和建议等 | 提供资金和资源支持、强化成长期创业企业的商业模式和产品市场化、帮助成长期创业企业获得更多的投资等 |
| 缺点 | 对初创企业有一定程度的控制和影响、可能存在资源和服务质量不稳定等问题 | 过于关注成长期创业企业的短期成果，对成长期创业企业的控制和影响较大等 |
| 在创业生命周期的不同阶段的作用 | 在创业生命周期的早期阶段提供支持，帮助初创企业搭建基础设施、获得融资、建立社交网络等，帮助初创企业快速入门 | 更加关注成长期创业企业在市场化阶段的表现，通过提供资金和资源支持，帮助成长期创业企业加速产品落地、快速获得市场份额并获得更多的投资 |

**11.2.2 筛选和选择创业孵化器、加速器的方法和注意事项**

首先，研究不同创业孵化器和加速器的类型和特点。不同的创业孵化器和加速器有不同的专注领域和业务方向，如某些创业孵化器和加速器专注于技术创新，而另一些则专注于市场营销和销售策略。在决定选择哪个创业孵化器或加速器之前，应该仔细了解每个创业孵化器或加速器的优势和特点。

其次，研究不同创业孵化器和加速器的历史业绩。看看创业孵化器或加速器曾经帮助哪些公司成功，并且这些公司现在的情况如何，这可以帮助创业者判断创业孵化器或加速器的成功率和可信度。

再次，了解创业孵化器和加速器的资源和支持。创业孵化器和加速器的导师和专家团队是非常重要的，他们将为创业企业提供指导和支持。了解创业孵化器和加速器的导师和专家的背景和经验，并了解他们是否了解企业的业务。除了导师和专家，创业孵化器和加速器还提供许多其他资源和支持，如办公空间、市场营销和销售支持、投资机会等，了解这些资源和支持，以确定哪个创业孵化器或加速器最适合创业企业的需求。

最后，考虑费用和股份。有些创业孵化器和加速器可能要求企业支付入驻费用或交换股份，以换取他们的支持和资源。在选择创业孵化器或加速器时，应该考虑这些费用和股份的代价。

**11.2.3　申请入驻创业孵化器、加速器**

1. 搜寻合适的创业孵化器或加速器

在申请入驻创业孵化器或加速器之前，创业者需要先找到适合企业的创业孵化器或加速器。在网上搜索相关创业孵化器或加速器的信息，如其官方网站、社交媒体的评价等；参加创业孵化器或加速器组织的相关活动和会议，与相关人士交流并了解其活动范围和特点；参加各种创业活动，了解不同的孵化器或加速器，并找到适合的创业孵化器或加速器。

2. 准备申请材料

在申请入驻创业孵化器或加速器之前，创业者需要准备相关的申请材料。具体要求可能会因不同创业孵化器或加速器而异，但是通常需要的申请材料包括以下。商业计划书：这是申请入驻创业孵化器或加速器最重要的一项材料，需要详细说明企业的业务计划和愿景。团队介绍：需要介绍企业的团队成员和其职责。财务预算：需要列出企业的财务预算和相关信息。市场研究报告：需要提供企业的市场研究报告，以便创业孵化器或加速器了解企业的业务。其他材料：根据创业孵化器或加速器的要求，可能需要提供其他相关材料。

3. 提交申请

完成准备工作后，创业者需要将申请材料提交给创业孵化器或加速器。不同的创业孵化器或加速器可能有不同的提交方式，但通常会有官方网站或联系人供创业者提交申请。在提交申请时，请确保企业的申请材料完整、准确、详细和有条理。如果创业者有任何问题或疑问，请及时与创业孵化器或加速器联系。

4. 面试

在提交申请后,创业者可能需要面试或对企业进行评估,以便创业孵化器或加速器更好地了解企业的业务计划和团队情况。在面试过程中,请创业者展示专业能力和实际经验,同时回答问题时应准确、真实和详细。

5. 决策和入驻

经过面试或评估后,创业孵化器或加速器将会根据创业者的申请材料和面试表现做出决策。如果被录取,创业者将会收到正式入驻的通知,并需要签署相关合同。

## 11.3 创业孵化的流程管理和案例分享

1. 创业孵化的业务流程

创业孵化的业务流程通常可以分为以下三个阶段:申请入驻、孵化期服务、结束孵化。

(1) 申请入驻

申请入驻是企业进入创业孵化器的第一步。创业者需要在创业孵化器官网或招商平台填写申请表格并提交申请。申请表格通常包括企业基本信息、商业计划书、市场调研报告、创始人简历等内容。创业孵化器会对提交的申请进行审核,审核通过后通知创业者进行面试,以了解创业者和创业项目的情况。

(2) 孵化期服务

创业孵化器为入驻企业提供一系列的服务和支持,帮助企业快速成长。这些服务和支持通常包括以下几个方面。

提供办公空间和基础设施:创业孵化器通常提供包括办公桌、椅子、电话、网络、会议室等在内的办公设施,为企业提供舒适的工作环境。

提供投资:创业孵化器会为入驻企业提供种子资金或初期投资,帮助企业启动和发展。

提供导师和咨询服务:创业孵化器通常会配备专业的导师,提供商业模式创新、市场营销策略、人才管理等方面的咨询服务。

提供培训和活动:创业孵化器会为入驻企业组织各种培训和活动,如投资人见面会、企业路演、创业比赛等,帮助企业与投资人、合作伙伴建立联系,并提升企业的知名度和影响力。

提供资源共享:创业孵化器会为入驻企业提供共享资源,如市场调研报告、法律顾问、人力资源等方面的服务,帮助企业解决实际问题。

(3) 结束孵化

当企业达到一定的成长阶段或孵化期满时,就需要结束孵化,独立发展。在结束孵化前,创业孵化器会为企业提供相关的服务和支持,如对接投资人、寻找合作伙伴、提供市场推广服务等。同时,创业孵化器也会对企业在孵化期间的表现和成果进行总结和评价。对于优秀的企业,创业孵化器通常会提供更多的支持和帮助,以帮助企业独立发展。

## 2. 创业孵化的项目管理和评估

### （1）创业孵化的项目管理

创业孵化项目管理是指通过规划、组织、领导和控制等管理活动，以有效地管理和协调孵化项目的各项工作和任务，达成孵化项目的目标。创业孵化项目管理包括项目计划、项目执行、项目监控和项目评估等阶段，旨在确保孵化项目的成功。

在创业孵化项目管理中，需要涉及多个方面，如人员管理、资源管理、时间管理等。其中，人员管理包括对团队成员进行指导、协调和激励等工作，以提高团队成员的工作效率和协作能力；资源管理包括对资金、技术、设备等资源进行管理和分配，以确保资源的有效利用和最大化价值；时间管理包括制定项目计划和时间表，监控项目进度和时间节点，以确保项目按时完成。创业孵化项目的成功与否在很大程度上取决于有效的项目管理和评估。

制定项目计划和时间表是创业孵化项目管理的一个关键步骤。确定项目目标和需求：在制订项目计划之前，需要明确项目的目标和需求，这将有助于定义项目的范围和规模，并帮助团队理解项目的重点。划分项目任务：将项目分解成小任务，以便更好地管理任务，每个小任务应该具有清晰的定义和可衡量的目标，并应该分配给适当的团队成员。制定项目时间表：基于项目目标和任务，制定一个详细的时间表，这有助于团队了解项目的进度和里程碑。分配资源：确定需要的资源，如人员、资金、技术和设备等，并将这些资源分配给适当的团队成员，确保每个团队成员都知道所负责的任务，以及可以使用哪些资源来完成任务。跟踪和更新时间表：在项目的整个周期中，团队应该定期更新时间表，并跟踪任务进度，如果任务完成情况不符合预期，需要及时调整时间表并重新分配任务。建立优先级：确定哪些任务是最重要的，并确定完成这些任务所需的时间和资源，这有助于确保团队在关键时刻集中精力完成最重要的任务。定义阶段性目标：将项目分解成阶段性目标，以便在项目的整个周期内实现可量化的进展，这有助于团队了解项目进展情况，并帮助他们保持对整个项目有清晰的认识。管理团队和资源：团队应该了解每个团队成员的技能和能力，分配适当的资源和任务给团队成员，以确保每个成员都在正确的方向上工作。制订风险管理计划：团队应该制订一个风险管理计划，以减轻项目可能面临的风险的影响，风险管理计划应该包括识别和评估可能的风险，并制定应对策略。建立有效的沟通渠道：为了确保团队成员之间的信息共享和沟通，建议使用一些团队协作工具，如 Slack、Trello 等，这有助于团队成员了解项目进展情况，及时发现和解决问题。监测和评估项目进展：团队应该定期监测和评估项目的进展情况，并与项目计划进行比较，这有助于及时发现和解决问题，确保项目按计划进行。调整项目计划：如果发现项目进展不如预期，团队应该及时调整项目计划和时间表，并制定新的项目计划和时间表。

### （2）创业孵化项目评估

创业孵化项目评估是指对已经孵化的项目进行评估，以了解项目的整体效果和价值，发现项目中存在的问题和不足，并提出改进方案，以提高孵化项目的成功率和价值。

孵化项目评估通常包括以下几个方面。

① 项目成果评估：对孵化项目所取得的成果进行评估，包括项目的市场前景、技术水

平、商业模式、团队能力等,以了解项目的商业价值和可持续性。

②项目经济效益评估:对孵化项目的经济效益进行评估,包括投资回报率、市场占有率、盈利能力等,以了解项目的商业可行性和投资价值。

③项目管理评估:对孵化项目的管理进行评估,包括人员管理、资源管理、时间管理,以了解项目管理的有效性和效率。

④孵化环境评估:对孵化项目所处的孵化环境进行评估,包括孵化机构的支持力度、创业政策的配套措施、行业市场的发展趋势等,以了解孵化环境对项目的影响和作用。

⑤项目社会影响评估:对孵化项目的社会影响进行评估,包括对就业、环境、社会公益等方面的影响,以了解项目的社会效益和社会责任。

根据综合评估结果,发现孵化项目存在的问题和不足,并提出改进方案,以提高孵化的成功率和价值。在评估过程中,需要注意客观性、全面性和科学性,采用多种评估方法和工具,如问卷调查、访谈、数据分析等,以获取准确的评估结果。此外,评估结果需要及时反馈给项目管理团队,并根据评估结果制定改进方案,以提高项目的整体效果和价值。

3. 创业孵化的案例

创新工场是国内的一家知名创业孵化器。该孵化器是专注于早期项目投资孵化和大企业产业创新的创业社区。该孵化器是为初创企业提供高质量的创业服务和支持,包括提供办公场地、投资、导师辅导、市场推广等方面的资源,旗下包括创业孵化器、产业加速器、创新院、创投社和天使投资,构建起体系完善、充满活力的创业服务生态,在上海、深圳、南京等地设有四个孵化器和两个加速器。

创新工场联合天使投资人、创投机构、创业导师、技术导师,同时利用园区内成熟企业以及周边高校的资源,共同帮助初创企业成长。与一般创企孵化器不同,创新工场除了提供创业物理空间和基础设施外,还依托创智天地社区平台,提供一系列特色服务和支持,探索出"孵化+投资"的模式,旨在建设成为上海市最具开放性和国际化的早期互联网项目孵化基地。

创新工场主要服务项目有InnoSpace孵化器(初创企业孵化)、InnoSpace加速器(垂直产业加速)、InnoSpace天使投资(投融资服务)、InnoSpace创投社(创投交流平台)、InnoSpace创新院(创新人才培养)、InnoSpace大企业创新(产业资源对接)。

InnoSpace孵化器于2012年成立,是国内最早的一批新型孵化器,也是科技部火炬中心备案的众创空间,总孵化面积超1.5万平方米,累计孵化服务了近500家初创企业,项目五年存活率高达70%,孵化出惠租车、无他相机、跳跳、行者等一大批优秀的明星项目。孵化服务包括企业人才招聘、品牌建设、市场推广、财税法培训、政策申报、办公场地等。

InnoSpace加速器是国内为数不多的"硬科技"加速器,其通过与大企业合作,帮助初创团队精准对接产业资源、催化验证概念、优化融资结构、助力初创企业通过产业渠道快速切入市场。加速服务包括行业专家指导、产品研发中心、项目集训加速、海外渠道拓展、产业加速基地项目孵化等。InnoSpace集训营是一个为期3个月的创业加速计划,由

InnoSpace 加速器倾力打造。帮助多个创业团队开启创业并取得里程碑式成功，超过60%的项目获得下一轮融资，累计产生8个估值过亿元的明星创业项目，项目最高增值倍数超过200倍。

InnoSpace 天使投资依托多年的孵化+投资经验，与独家战略合作基金，为初创团队和在孵企业解决发展过程的投融资需求，提供从种子轮、天使轮到成长期的精细化融资辅导和风险投资服务。投融资服务包括融资对接、股权投资、投后服务等。

InnoSpace 创投社以"高效、共赢"为宗旨，致力于打造极具深度的创投圈交流平台，通过资源圈层的搭建和共享，为好的项目找到对的投资人。创投社前身为IPOclub，成立于2011年，是上海市最受投资人关注的早期项目路演品牌。经过多年精心运营，创投社主要分为两个活动版块IPO路演日（私密式主题路演）、InnoPitch（开放式项目对接），每月至少举办两期。

InnoSpace 创新院致力于打造创新人才培养、知识分享的社区平台。其依托InnoSpace社区平台的开放性，汇聚不同的创业人群，并通过邀请行业内的知识导师，为创新创业者提供高品质的课程，建立精准、全面的知识培训体系。课程类型主要包括公开课、专业课及创业课堂。已开设课程包括如下。①创业课：人力资源、股权机制、企业管理、法律财税、政策宣讲、体验思维训练营等；②技能培训课：区块链开发、人工智能、5G通信、产品设计、运营实战、编程开发、网站搭建等。

创新工场孵化了众多成功的创业公司，以下是其中几个有名的成功案例。

滴滴出行：国内领先的出行服务平台，成立于2012年，通过创新工场获得了早期投资。

小红书：国内领先的社交电商平台，成立于2013年，通过创新工场获得了早期投资。

神策数据：国内领先的数据分析与营销服务提供商，成立于2015年，通过创新工场获得了投资。

Keep：国内领先的健身APP，成立于2015年，通过创新工场获得了投资。

这些公司有的成为领先的行业品牌，为创新工场的投资策略和孵化模式提供了很好的证明和支持。

## "孵化器"激发创业活力

今年43岁的王茂盛是甘肃省临洮县中铺镇王家沟村村民。走进王茂盛家的庭院，百合的清香扑鼻而来。分拣、打包、装箱，各环节有序进行。直播之余，他会推着轮椅走走转转，看上去乐观开朗、充满自信。

2013年外出务工时，王茂盛不幸意外受伤，导致高位截瘫。做完手术康复训练的那几年，他找不到未来的方向，一度消沉绝望。在甘肃省级创业就业孵化示范基地新狄电商的帮助下，通过上门培训、手把手指导，王茂盛学会了开网店、做运营。"不能走路，还可以靠双手吃饭！"2022年，王茂盛的网店销售额突破300万元。自己致富的同时，王茂盛还为村民的百合找到了销路，提供了家门口的就业机会。

创业就业孵化示范基地是公共就业服务体系的主要组成部分。甘肃省把省级创业就业孵化示范基地（园区）建设作为推动大众创业、万众创新工作的重要抓手，采取政府推动、企业参与、社会支持的方式，积极搭建创业孵化平台，落实创业创新政策，多举措扶持创业带动就业。截至目前，全省累计评定省级创业就业孵化示范基地156家，其中有5家被人社部评定为全国创业孵化示范基地。

### 政策扶持促企业"破壳"成长

"被认定为省级创业就业孵化示范基地（以下简称省级孵化基地）的当年，我们就获得了60万元的补助资金，主要用于入孵创业实体劳务费、培训费、咨询费、物业费等的减免。"定西马铃薯产业创业就业孵化示范基地负责人告诉记者，目前基地累计入孵创业实体324户，出孵创业实体50户，带动就业3000余人。

"创业就业孵化示范基地是以培育和壮大创业主体为目的，为创业者提供生产经营场所、政策咨询、创业培训和创业实训、开业指导、风险评估、投融资服务、法律援助、事务代理等服务的专业平台。"甘肃省人社厅相关负责人介绍，2022年，省人社厅修订印发了省级创业就业孵化示范基地（园区）管理办法，调整省级孵化基地评定条件，完善对孵化基地和在孵创业实体的扶持政策，明确规定开展实地评估和分级认定，强化省级创业就业孵化示范基地的动态管理。

一揽子扶持政策，为孵化基地做大做强、为入孵企业"破壳"成长提供了有力保障——专项资金扶持，从省级创业带动就业扶持资金中对当年新评定的省级孵化基地按照60万元的标准予以一次性补助；激励省级孵化基地提质增效、创先争优，对评定为优秀的省级孵化基地给予一定补助；激励省级孵化基地争创全国创业孵化示范基地，对创建成功的给予80万元的一次性补助。

2016年以来，累计为省级孵化基地落实省级创业带动就业扶持资金1.98亿元，惠及了绝大多数省级孵化基地，有效降低了入驻（孵）小微企业和创业者的创业成本，增强了小微企业和创业者的发展动力。

### 建设具有地方特色的孵化基地

在兰州市会宁路双创示范街，记者见到整齐的写字间和工作坊依街而建，这里是兰州大学科技园孵化基地，街对面就是有着百年历史的兰州大学。"我们发挥高校优势，形成'高校+政府'的叠加效应，推动科技成果培育、转化和产业化，为在校大学生和高校毕业生等青年群体创业提供全方位、一站式精准服务。"兰州大学科技园相关负责人说。

在省级孵化基地创建过程中，甘肃各地紧密结合地域特点，建设具有地方特色的孵化基地。因地制宜建好"摇篮"，企业孵化跑出"加速度"。

在兰白科技改革创新实验区，重点打造白银科技企业孵化器等一批科技类孵化基地。基地通过共享基础服务设施、打造科技金融服务平台、共建兰州大学白银产业技术研究院等，为创业企业提供政策咨询、创业培训、融资对接等系列孵化服务，降低企创业风险，提高创业成功率。

在河西地区，发挥文创产业特色鲜明的优势，培育打造酒泉故事文化创意产业园等孵化基地。在敦煌小镇，围绕敦煌元素，打造集文创、旅游、特色餐饮、工艺品销售等为一体的综合创业就业孵化基地，入孵创业实体110余户，带动就业1200余人。

在陇东地区，结合地产丰富、电商产业发展迅速的特点，建设天水智能众创科技有限公司等一批电子商务孵化基地。秉承产业化、多样化、本土化、流程化的孵化思路，先后创新开展"冀农大讲堂""陇创大讲堂""创客俱乐部""千店计划"等系列活动，同时开设"直播创业辅导"抖音号、"创业就业在甘谷"视频号等，开展线上培训，营造创业氛围，释放创业带动就业倍增效应。

"在省级孵化基地创建过程中，我们还注重对民族地区和乡村振兴重点帮扶县的倾斜支持。"甘肃省人社厅相关负责人介绍，"通过适当降低省级孵化基地评定条件，积极引导这些地区有创业意愿的各类群体进入孵化基地创业，带动更多农村劳动力就近就地就业，帮助当地产业发展。"

### 提供全方位、一站式创业孵化服务

"我们的土豆加工制品以前是传统制作，规模小、利润少，现在是产业化制作，怎么设计商标、品牌.logo，如何按照品牌去打造市场？孵化基地提供全流程服务，给我们带来了很大的发展契机。"

"入驻孵化基地后，有专门的创业培训。怎样建立销售团队，如何更好地提供售后服务，方方面面学到了很多。现在我们的销售量已经上升了50%。"

"孵化基地有专门的创业导师，针对企业涉及的领域提供针对性的创业指导，还有一站式服务。作为创业者省去了很多时间，可以专心在自己的产品里，做出更好的品质。"

采访过程中，记者听到了很多这样的话语，感受到了创业者的创业梦想和干劲活力。

"孵化基地建设工作始终坚持以全要素资源集聚和提供优质孵化服务为目标，建立孵化基地管理制度、创业导师制度、出孵入孵（驻）制度、专职工作人员职责、创业指导和事务代办流程等制度体系，为入孵创业实体和创业者提供全方位、一站式的服务。"甘肃省人社厅相关负责人介绍，以甘肃鼎誉创业孵化园为例，采用"创业导师＋创业辅导员＋创业联络员"的服务体系，聘请11名资深创业导师和成功企业家组建导师团队，对接6名资深从业人员担任创业辅导员，配备8名业务人员作为专业服务人员，为入孵企业提供高效、便捷的创业孵化服务。

为了给创业企业提供优质高效的服务，甘肃省人社厅还先后组织多期省级创业就业孵化示范基地（园区）建设工作培训班，旨在提高省级孵化基地专职工作人员专业化、综合性的创业服务水平。

立足省内，对接省外。甘肃省人社厅还利用东西部劳务协作的战略机遇，积极促进山东孵化基地与省内孵化基地结对共建，成立鲁甘创业孵化基地联盟，在临夏州、定西市、陇南市挂牌成立鲁甘创业导师之家，充分利用山东省人才、智力、资金等资源优势，在基地运营、创业指导、项目孵化、项目落地转化、融资对接、团队建设等方面为甘肃省孵化基地发展给予帮扶指导，不断提升基地孵化能力和运营管理水平。（中国组织人事报记者 刘娟）

资料来源：中国就业网 http://chinajob.mohrss.gov.cn/c/2023-10-12/388500.shtml（2023-10-12）

◆ **思考与讨论**

1. 如何运用孵化器的资源优势培育、壮大初创企业？
2. 如何为入孵企业提供高效、便捷的创业孵化服务？
3. 如何通过搭建创业孵化平台来落实创新创业政策？

# 第12章 创业政策

**本章学习目标**

1. 了解各级创业政策的基本内容
2. 熟悉创业基金/补贴的申报流程
3. 掌握运用创业政策提升创业成效的方法

创业政策是在一个地区或国家为达到经济目标,促进创业活动并保持均衡创业活动水平的有关政策。一系列创业政策的颁布实施,一方面满足国家对创新型人才的需要,另一方面有助于缓解大学生的就业压力。自《国务院关于大力推进大众创业万众创新若干政策措施的意见》(国发〔2015〕32号)印发以来,我国的创新创业活动爆发式增长。纵深推进大众创业、万众创新是深入实施创新驱动发展战略的重要支撑,大学生是大众创业、万众创新的生力军,支持大学生创新创业具有重要意义。近年来,越来越多的大学生投身创新创业实践,但面临融资难、经验少、服务不到位等问题。为提升大学生创新创业能力、增强创新活力,进一步支持大学生创新创业,国家和各级政府出台了许多支持政策,涉及创业融资、创业培训、创业指导等诸多方面,对打算创业的大学生来说,了解这些政策会在创业的道路上走得更好。

## 12.1 国家创业政策

本书作者于2023年4月通过网络查询的方式,在国务院政策文件库检索标题"创新创业"一词,共显示169条政策文件,其中,国务院文件13条,国务院部门文件20条,政策解读136条。为了让大学生对国家创业政策有一个全面的掌握,现根据发布时间反序,对部分文件的重点内容进行简要梳理。

1.《国务院办公厅关于进一步支持大学生创新创业的指导意见》(国办发〔2021〕35号)

2021年10月12日,《国务院办公厅关于进一步支持大学生创新创业的指导意见》(国办发〔2021〕35号)发布。

(1)深化高校创新创业教育改革,健全课堂教学、自主学习、结合实践、指导帮扶、文化引领融为一体的高校创新创业教育体系,增强大学生的创新精神、创业意识和创新创业能力。建立以创新创业为导向的新型人才培养模式,健全校校、校企、校地、校所协同的创新创业人才培养机制,打造一批创新创业教育特色示范课程。打造一批高校创新创业培训活动品牌，创新培训模式，面向大学生开展高质量、有针对性的创新创业培训，提升大学生创新创业能力。组织双创导师深入校园举办创业大讲堂，进行创业政策解读、经验分享、实践指导等。支持各类创新创业大赛对大学生创业者给予倾斜。

（2）持续提升企业开办服务能力，为大学生创业提供高效便捷的登记服务。推动众创空间、孵化器、加速器、产业园全链条发展，鼓励各类孵化器面向大学生创新创业团队开放一定比例的免费孵化空间，并将开放情况纳入国家级科技企业孵化器考核评价，降低大学生创新创业团队入驻条件。政府投资开发的孵化器等创业载体应安排30%左右的场地，免费提供给高校毕业生。有条件的地方可对高校毕业生到孵化器创业给予租金补贴。落实大学生创业帮扶政策，加大对创业失败大学生的扶持力度，按规定提供就业服务、就业援助和社会救助。加强政府支持引导，发挥市场主渠道作用，鼓励有条件的地方探索建立大学生创业风险救助机制，可采取创业风险补贴、商业险保费补助等方式予以支持，积极研究更加精准、有效的帮扶措施，及时总结经验、适时推广。

（3）毕业后创业的大学生可按规定缴纳"五险一金"，减少大学生创业的后顾之忧。高校毕业生在毕业年度内从事个体经营，符合规定条件的，在3年内按一定限额依次扣减其当年实际应缴纳的增值税、城市维护建设税、教育费附加、地方教育附加和个人所得税；对月销售额15万元以下的小规模纳税人免征增值税，对小微企业和个体工商户按规定减免所得税。对创业投资企业、天使投资人投资于未上市的中小高新技术企业以及种子期、初创期科技型企业的投资额，按规定抵扣所得税应纳税所得额。对国家级、省级科技企业孵化器和大学科技园以及国家备案众创空间按规定免征增值税、房产税、城镇土地使用税。做好纳税服务，建立对接机制，强化精准支持。

（4）鼓励金融机构按照市场化、商业可持续原则对大学生创业项目提供金融服务，解决大学生创业融资难题。落实创业担保贷款政策及贴息政策，将高校毕业生个人最高贷款额度提高至20万元，对10万元以下贷款、获得设区的市级以上荣誉的高校毕业生创业者免除反担保要求；对高校毕业生设立的符合条件的小微企业，最高贷款额度提高至300万元；降低贷款利率，简化贷款申报审核流程，提高贷款便利性，支持符合条件的高校毕业生创业就业。鼓励和引导金融机构加快产品和服务创新，为符合条件的大学生创业项目提供金融服务。

（5）充分发挥社会资本作用，以市场化机制促进社会资源与大学生创新创业需求更好对接，引导创新创业平台投资基金和社会资本参与大学生创业项目早期投资与投智，助力大学生创新创业项目健康成长。加快发展天使投资，培育一批天使投资人和创业投资机构。发挥财政政策作用，落实税收政策，支持天使投资、创业投资发展，推动大学生创新创业。

2.《国务院关于推动创新创业高质量发展打造"双创"升级版的意见》（国发〔2018〕32号）

2018年9月26日，《国务院关于推动创新创业高质量发展打造"双创"升级版的意见》（国发〔2018〕32号）发布。

（1）在全国高校推广创业导师制，把创新创业教育和实践课程纳入高校必修课体系，允许大学生用创业成果申请学位论文答辩。支持高校、职业院校（含技工院校）深化产教融合，引入企业开展生产性实习实训。

（2）继续扎实开展各类创新创业赛事活动，办好全国大众创业万众创新活动周，拓展"创响中国"系列活动范围，充分发挥"互联网+"大学生创新创业大赛、中国创新创业大赛、"创客中国"创新创业大赛、"中国创翼"创业创新大赛、全国农村创业创新项目创意大赛、中央企业熠星创新创意大赛、"创青春"中国青年创新创业大赛、中国妇女创新创业大赛等品牌赛事活动作用。对各类赛事活动中涌现的优秀创新创业项目加强后续跟踪支持。

（3）对科教类事业单位实施差异化分类指导，出台鼓励和支持科研人员离岗创业实施细则，完善创新型岗位管理实施细则。健全科研人员评价机制，将科研人员在科技成果转化过程中取得的成绩和参与创业项目的情况作为职称评审、岗位竞聘、绩效考核、收入分配、续签合同等的重要依据。建立完善科研人员校企、院企共建双聘机制。

（4）深入推进农民工返乡创业试点工作，推出一批农民工返乡创业示范县和农村创新创业典型县。进一步发挥创业担保贷款政策的作用，鼓励金融机构按照市场化、商业可持续原则对农村"双创"园区（基地）和公共服务平台等提供金融服务。安排一定比例年度土地利用计划，专项支持农村新产业新业态和产业融合发展。

3.《国务院关于强化实施创新驱动发展战略进一步推进大众创业万众创新深入发展的意见》（国发〔2017〕37号）

2017年7月27日，《国务院关于强化实施创新驱动发展战略进一步推进大众创业万众创新深入发展的意见》（国发〔2017〕37号）发布。

（1）以科技创新为基础支撑，实现创新带动创业、创业促进创新的良性循环。坚持质量效率并重，引导创新创业多元化、特色化、专业化发展，推动产业迈向中高端。坚持创新创业与实体经济相结合，实现一二三产业相互渗透，推动军民融合深入发展，创造新供给、释放新需求，增强产业活力和核心竞争力。

（2）以深化改革为核心动力，主动适应、把握、引领经济发展新常态，面向新趋势、新特征、新需求，主动作为，针对重点领域、典型区域、关键群体的特点精准发力，出实招、下实功、见实效。着力破除制约创新创业发展的体制机制障碍，促进生产、管理、分配和创新模式的深刻变革，继续深入推进"放管服"改革，积极探索包容审慎监管，为新动能的成长打开更大空间。

（3）以人才支撑为第一要素，改革人才引进、激励、发展和评价机制，激发人才创造潜能，鼓励科技人员、中高等院校毕业生、留学回国人才、农民工、退役士兵等有梦想、有意愿、有能力的群体更多投身创新创业。加强科研机构、高校、企业、创客等主体协同，促进大中小微企业优势互补，推动城镇与农村创新创业同步发展，形成创新创业多元主体合力汇聚、活力迸发的良性格局。

（4）充分发挥市场配置资源的决定性作用，整合政府、企业、社会等多方资源，建设众创、众包、众扶、众筹支撑平台，健全创新创业服务体系，推动政策、技术、资本等各类要素向创新创业集聚，充分发挥社会资本作用，以市场化机制促进多元化供给与多样化需求更好对接，实现优化配置。

（5）以价值创造为本质内涵，大力弘扬创新文化，厚植创业沃土，营造敢为人先、宽容失败的良好氛围，推动创新创业成为生活方式和人生追求。践行共享发展理念，实现人人参与、人人尽力、人人享有，使创新创业成果更多更公平地惠及全体人民，促进社会公平正义。

4.《国务院办公厅关于支持返乡下乡人员创业创新促进农村一二三产业融合发展的意见》（国办发〔2016〕84号）

2016年11月29日，《国务院办公厅关于支持返乡下乡人员创业创新促进农村一二三产业融合发展的意见》（国办发〔2016〕84号）发布。

（1）丰富创业创新方式。鼓励和引导返乡下乡人员按照法律法规和政策规定，通过承包、租赁、入股、合作等多种形式，创办领办家庭农场林场、农民合作社、农业企业、农业社会化服务组织等新型农业经营主体。通过聘用管理技术人才组建创业团队，与其他经营主体合作组建现代企业、企业集团或产业联盟，共同开辟创业空间。通过发展农村电商平台，利用互联网思维和技术，实施"互联网+"现代农业行动，开展网上创业。通过发展合作制、股份合作制、股份制等形式，培育产权清晰、利益共享、机制灵活的创业创新共同体。

（2）开展创业培训。实施农民工等人员返乡创业培训五年行动计划和新型职业农民培育工程、农村青年创业致富"领头雁"计划、贫困村创业致富带头人培训工程，开展农村妇女创业创新培训，让有创业和培训意愿的返乡下乡人员都能接受培训。建立返乡下乡人员信息库，有针对性地确定培训项目，实施精准培训，提升其创业能力。地方各级人民政府要将返乡下乡人员创业创新培训经费纳入财政预算。鼓励各类培训资源参与返乡下乡人员培训，支持各类园区、星创天地、农民合作社、中高等院校、农业企业等建立创业创新实训基地。采取线上学习与线下培训、自主学习与教师传授相结合的方式，开辟培训新渠道。加强创业创新导师队伍建设，从企业家、投资者、专业人才、科技特派员和返乡下乡创业创新带头人中遴选一批导师。建立各类专家对口联系制度，对返乡下乡人员及时开展技术指导和跟踪服务。

5.《国务院关于大力推进大众创业万众创新若干政策措施的意见》（国发〔2015〕32号）

2015年6月16日，《国务院关于大力推进大众创业万众创新若干政策措施的意见》（国发〔2015〕32号）发布。

（1）坚持需求导向，释放创业活力。尊重创业创新规律，坚持以人为本，切实解决创业者面临的资金需求、市场信息、政策扶持、技术支撑、公共服务等瓶颈问题，最大限度释放各类市场主体创业创新活力，开辟就业新空间，拓展发展新天地，解放和发展生产力。

（2）坚持政策协同，实现落地生根。加强创业、创新、就业等各类政策统筹，部门与地方政策联动，确保创业扶持政策可操作、能落地。鼓励有条件的地区先行先试，探索形成可复制、可推广的创业创新经验。

（3）坚持开放共享，推动模式创新。加强创业创新公共服务资源开放共享，整合利用全球创业创新资源，实现人才等创业创新要素跨地区、跨行业自由流动。依托"互联网+"、大数据等，推动各行业创新商业模式，建立和完善线上与线下、境内与境外、政府与市场开放合作等创业创新机制。

（4）支持大学生创业。深入实施大学生创业引领计划，整合发展高校毕业生就业创业基金。引导和鼓励高校统筹资源，抓紧落实大学生创业指导服务机构、人员、场地、经费等。引导和鼓励成功创业者、知名企业家、天使和创业投资人、专家学者等担任兼职创业导师，提供包括创业方案、创业渠道等创业辅导。建立健全弹性学制管理办法，支持大学生保留学籍休学创业。

（5）健全创业人才培养与流动机制。把创业精神培育和创业素质教育纳入国民教育体系，实现全社会创业教育和培训制度化、体系化。加快完善创业课程设置，加强创业实训体系建设。加强创业创新知识普及教育，使大众创业、万众创新深入人心。加强创业导师队伍建设，提高创业服务水平。加快推进社会保障制度改革，破除人才自由流动制度障碍，实现党政机关、企事业单位、社会各方面人才顺畅流动。加快建立创业创新绩效评价机制，让一批富有创业精神、勇于承担风险的人才脱颖而出。

（6）丰富创业融资新模式。支持互联网金融发展，引导和鼓励众筹融资平台规范发展，开展公开、小额股权众筹融资试点，加强风险控制和规范管理。丰富完善创业担保贷款政策。支持保险资金参与创业创新，发展相互保险等新业务。完善知识产权估值、质押和流转体系，依法合规推动知识产权质押融资、专利许可费收益权证券化、专利保险等服务常态化、规模化发展，支持知识产权金融发展。

（7）支持返乡创业集聚发展。结合城乡区域特点，建立有市场竞争力的协作创业模式，形成各具特色的返乡人员创业联盟。引导返乡创业人员融入特色专业市场，打造具有区域特点的创业集群和优势产业集群。深入实施农村青年创业富民行动，支持返乡创业人员因地制宜围绕休闲农业、农产品深加工、乡村旅游、农村服务业等开展创业，完善家庭农场等新型农业经营主体发展环境。

6.《国务院办公厅关于深化高等学校创新创业教育改革的实施意见》（国办发〔2015〕36号）

2015年5月13日，《国务院办公厅关于深化高等学校创新创业教育改革的实施意见》（国办发〔2015〕36号）发布。

（1）完善人才培养质量标准。制订实施本科专业类教学质量国家标准，修订实施高职高专专业教学标准和博士、硕士学位基本要求，明确本科、高职高专、研究生创新创业教育目标要求，使创新精神、创业意识和创新创业能力成为评价人才培养质量的重要指标。相关部门、科研院所、行业企业要制修订专业人才评价标准，细化创新创业素质能力要求。不同层次、类型、区域高校要结合办学定位、服务面向和创新创业教育目标要求，制订专业教学质量标准，修订人才培养方案。

（2）创新人才培养机制。实施高校毕业生就业和重点产业人才供需年度报告制度，完善学科专业预警、退出管理办法，探索建立需求导向的学科专业结构和创业就业导向的人才培养类型结构调整新机制，促进人才培养与经济社会发展、创业就业需求紧密对接。深入实施系列"卓越计划"、科教结合协同育人行动计划等，多形式举办创新创业教育实验班，探索建立校校、校企、校地、校所以及国际合作的协同育人新机制，积极吸引社会资源和国外优质教育资源投入创新创业人才培养。高校要打通一级学科或专业类下相近学科专业的基础课程，开设跨学科专业的交叉课程，探索建立跨院系、跨学科、跨专业交叉培养创新创业人才的新机制，促进人才培养由学科专业单一型向多学科融合型转变。

（3）健全创新创业教育课程体系。各高校要根据人才培养定位和创新创业教育目标要求，促进专业教育与创新创业教育有机融合，调整专业课程设置，挖掘和充实各类专业课程的创新创业教育资源，在传授专业知识过程中加强创新创业教育。面向全体学生开发开设研究方法、学科前沿、创业基础、就业创业指导等方面的必修课和选修课，纳入学分管理，建设依次递进、有机衔接、科学合理的创新创业教育专门课程群。各地区、各高校要加快创新创业教育优质课程信息化建设，推出一批资源共享的慕课、视频公开课等在线开放课程。建立在线开放课程学习认证和学分认定制度。组织学科带头人、行业企业优秀人才，联合编写具有科学性、先进性、适用性的创新创业教育重点教材。

（4）改革教学方法和考核方式。各高校要广泛开展启发式、讨论式、参与式教学，扩大小班化教学覆盖面，推动教师把国际前沿学术发展、最新研究成果和实践经验融入课堂教学，注重培养学生的批判性和创造性思维，激发创新创业灵感。运用大数据技术，掌握不同学生学习需求和规律，为学生自主学习提供更加丰富多样的教育资源。改革考试考核内容和方式，注重考查学生运用知识分析、解决问题的能力，探索非标准答案考试，破除"高分低能"积弊。

（5）强化创新创业实践。各高校要加强专业实验室、虚拟仿真实验室、创业实验室和训练中心建设，促进实验教学平台共享。各地区、各高校科技创新资源原则上向全体在校学生开放，开放情况纳入各类研究基地、重点实验室、科技园评估标准。鼓励各地区、各高校充分利用各种资源建设大学科技园、大学生创业园、创业孵化基地和小微企业创业基地，作为创业教育实践平台，建好一批大学生校外实践教育基地、创业示范基地、科技创业实习基地和职业院校实训基地。完善国家、地方、高校三级创新创业实训教学体系，深入实施大学生创新创业训练计划，扩大覆盖面，促进项目落地转化。举办全国大学生创新创业大赛，办好全国职业院校技能大赛，支持举办各类科技创新、创意设计、创业计划等专题竞赛。支持高校学生成立创新创业协会、创业俱乐部等社团，举办创新创业讲座论坛，开展创新创业实践。

（6）改革教学和学籍管理制度。各高校要设置合理的创新创业学分，建立创新创业学分积累与转换制度，探索将学生开展创新实验、发表论文、获得专利和自主创业等情况折算为学分，将学生参与课题研究、项目实验等活动认定为课堂学习。为有意愿有潜质的学生制定创新创业能力培养计划，建立创新创业档案和成绩单，客观记录并量化评价学生开展创新创业活动情况。优先支持参与创新创业的学生转入相关专业学习。实施弹性学制，放宽学生修业年限，允许调整学业进程、保留学籍休学创新创业。设立创新创业奖学金，并在现有相关评优评先项目中拿出一定比例用于表彰优秀创新创业的学生。

（7）加强教师创新创业教育教学能力建设。各地区、各高校要明确全体教师创新创业教育责任，完善专业技术职务评聘和绩效考核标准，加强创新创业教育的考核评价。配齐配强创新创业教育与创业就业指导专职教师队伍，并建立定期考核、淘汰制度。聘请知名科学家、创业成功者、企业家、风险投资人等各行各业优秀人才，担任专业课、创新创业课授课或指导教师，并制定兼职教师管理规范，形成全国万名优秀创新创业导师人才库。将提高高校教师创新创业教育的意识和能力作为岗前培训、课程轮训、骨干研修的重要内容，建立相关专业教师、创新创业教育专职教师到行业企业挂职锻炼制度。加快完善高校科技成果处置和收益分配机制，支持教师以对外转让、合作转化、作价入股、自主创业等形式将科技成果产业化,并鼓励带领学生创新创业。

（8）改进学生创业指导服务。各地区、各高校要建立健全学生创业指导服务专门机构,做到"机构、人员、场地、经费"四到位,对自主创业学生实行持续帮扶、全程指导、一站式服务。健全持续化信息服务制度,完善全国大学生创业服务网功能,建立地方、高校两级信息服务平台,为学生实时提供国家政策、市场动向等信息,并做好创业项目对接、知识产权交易等服务。各地区、各有关部门要积极落实高校学生创业培训政策,研发适合学生特点的创业培训课程,建设网络培训平台。鼓励高校自主编制专项培训计划,或与有条件的教育培训机构、行业协会、群团组织、企业联合开发创业培训项目。各地区和具备条件的行业协会要针对区域需求、行业发展,发布创业项目指南,引导高校学生识别创业机会、捕捉创业商机。

（9）完善创新创业资金支持和政策保障体系。各地区、各有关部门要整合发展财政和社会资金,支持高校学生创新创业活动。各高校要优化经费支出结构,多渠道统筹安排资金,支持创新创业教育教学,资助学生创新创业项目。部委属高校应按规定使用中央高校基本科研业务费,积极支持品学兼优且具有较强科研潜质的在校学生开展创新科研工作。中国教育发展基金会设立大学生创新创业教育奖励基金,用于奖励对创新创业教育作出贡献的单位。鼓励社会组织、公益团体、企事业单位和个人设立大学生创业风险基金,以多种形式向自主创业大学生提供资金支持,提高扶持资金使用效益。深入实施新一轮大学生创业引领计划,落实各项扶持政策和服务措施,重点支持大学生到新兴产业创业。有关部门要加快制定有利于互联网创业的扶持政策。

7.《国务院办公厅关于发展众创空间推进大众创新创业的指导意见》（国办发〔2015〕9号）

2015年3月11日,《国务院办公厅关于发展众创空间推进大众创新创业的指导意见》（国办发〔2015〕9号）发布。

（1）鼓励科技人员和大学生创业。加快推进中央级事业单位科技成果使用、处置和收益管理改革试点,完善科技人员创业股权激励机制。推进实施大学生创业引领计划,鼓励高校开发开设创新创业教育课程,建立健全大学生创业指导服务专门机构,加强大学生创业培训,整合发展国家和省级高校毕业生就业创业基金,为大学生创业提供场所、公共服务和资金支持,以创业带动就业。

（2）支持创新创业公共服务。综合运用政府购买服务、无偿资助、业务奖励等方式,支持中小企业公共服务平台和服务机构建设,为中小企业提供全方位专业化优质服务,支持服务机构为初创企业提供法律、知识产权、财务、咨询、检验检测认证和技术转移等服务,促进科技基础条件平台开放共享。加强电子商务基础建设,为创新创业搭建高效便利的服务平台,提高小微企业市场竞争力。完善专利审查快速通道,对小微企业亟需获得授权的核心专利申请予以优先审查。

（3）完善创业投融资机制。发挥多层次资本市场作用,为创新型企业提供综合金融服务。开展互联网股权众筹融资试点,增强众筹对大众创新创业的服务能力。规范和发展服务小微企业的区域性股权市场,促进科技初创企业融资,完善创业投资、天使投资退出和流转机制。鼓励银行业金融机构新设或改造部分分（支）行,作为从事科技型中小企业金融服务的专业或特色分（支）行，提供科技融资担保、知识产权质押、股权质押等方式的金融服务。

（4）丰富创新创业活动。鼓励社会力量围绕大众创业、万众创新组织开展各类公益活动。继续办好中国创新创业大赛、中国农业科技创新创业大赛等赛事活动，积极支持参与国际创新创业大赛，为投资机构与创新创业者提供对接平台。建立健全创业辅导制度，培育一批专业创业辅导师，鼓励拥有丰富经验和创业资源的企业家、天使投资人和专家学者担任创业导师或组成辅导团队。鼓励大企业建立服务大众创业的开放创新平台，支持社会力量举办创业沙龙、创业大讲堂、创业训练营等创业培训活动。

8.《农业农村部 国家发展改革委 教育部 科技部 财政部 人力资源社会保障部 自然资源部 退役军人部 银保监会关于深入实施农村创新创业带头人培育行动的意见》（农产发〔2020〕3号）

2020年6月13日，《农业农村部 国家发展改革委 教育部 科技部 财政部 人力资源社会保障部 自然资源部 退役军人部 银保监会关于深入实施农村创新创业带头人培育行动的意见》（农产发〔2020〕3号）发布。

（1）扶持返乡创业农民工。以乡情感召、政策吸引、事业凝聚，引导有资金积累、技术专长、市场信息和经营头脑的返乡农民工在农村创新创业。遴选一批创业激情旺盛的返乡农民工，加强指导服务，重点发展特色种植业、规模养殖业、加工流通业、乡村服务业、休闲旅游业、劳动密集型制造业等，吸纳更多农村劳动力就地就近就业。

（2）鼓励入乡创业人员。营造引得进、留得住、干得好的乡村营商环境，引导大中专毕业生、退役军人、科技人员等入乡创业，应用新技术、开发新产品、开拓新市场，引入智创、文创、农创，丰富乡村产业发展类型，带动更多农民学技术、闯市场、创品牌，提升乡村产业的层次水平。

（3）发掘在乡创业能人。挖掘"田秀才""土专家""乡创客"等乡土人才，以及乡村工匠、文化能人、手工艺人等能工巧匠，支持创办家庭工场、手工作坊、乡村车间，创响"乡字号""土字号"乡土特色产品，保护传统手工艺，发掘乡村非物质文化遗产资源，带动农民就业增收。

（4）加大培训力度。实施返乡入乡创业带头人培养计划，对具有发展潜力和带头示范作用的返乡入乡创业人员，依托普通高校、职业院校、优质培训机构、公共职业技能培训平台等开展创业培训。将农村创新创业带头人纳入创业培训重点对象，支持有意愿人员参加创业培训。

（5）创新培训方式。支持有条件的职业院校、企业深化校企合作，依托大型农业企业、知名村镇、大中专院校等建设一批农村创新创业孵化实训基地，为返乡入乡创新创业带头人提供职业技能培训基础平台。充分利用门户网站、远程视频、云互动平台、微课堂、融媒体等现代信息技术手段，提供灵活便捷的在线培训，创新开设产品研发、工艺改造、新型业态、风险防控、5G技术、区块链等前沿课程。

（6）提升培训质量。积极探索创业培训+技能培训，创业培训与区域产业相结合的培训模式。根据返乡入乡创新创业带头人特点，开发一批特色专业和示范培训课程。大力推行互动教学、案例教学和现场观摩教学，开设农村创新创业带头人创业经验研讨课。组建专业化、规模化、制度化的创新创业导师队伍和专家顾问团,建立"一对一""师带徒"培养机制。

9.教育部关于印发《国家级大学生创新创业训练计划管理办法》的通知(教高函〔2019〕13号)

2019年7月10日,教育部关于印发《国家级大学生创新创业训练计划管理办法》的通知(教高函〔2019〕13号)发布。

(1)国创计划坚持以学生为中心的理念,遵循"兴趣驱动、自主实践、重在过程"原则,旨在通过资助大学生参加项目式训练,推动高校创新创业教育教学改革,促进高校转变教育思想观念、改革人才培养模式、强化学生创新创业实践,培养大学生独立思考、善于质疑、勇于创新的探索精神和敢闯会创的意志品格,提升大学生创新创业能力,培养适应创新型国家建设需要的高水平创新创业人才。

(2)国创计划围绕经济社会发展和国家战略需求,重点支持直接面向大学生的内容新颖、目标明确、具有一定创造性和探索性、技术或商业模式有所创新的训练和实践项目。国创计划实行项目式管理,分为创新训练项目、创业训练项目和创业实践项目三类。①创新训练项目是本科生个人或团队,在导师指导下,自主完成创新性研究项目设计、研究条件准备和项目实施、研究报告撰写、成果(学术)交流等工作。②创业训练项目是本科生团队,在导师指导下,团队中每个学生在项目实施过程中扮演一个或多个具体角色,完成商业计划书编制、可行性研究、企业模拟运行、撰写创业报告等工作。③创业实践项目是学生团队,在学校导师和企业导师共同指导下,采用创新训练项目或创新性实验等成果,提出具有市场前景的创新性产品或服务,以此为基础开展创业实践活动。

(3)国创计划项目申报基本条件:①项目选题具有一定的学术价值、理论意义或现实意义。鼓励面向国家经济社会发展、具有一定理论和现实意义的选题,鼓励直接来源于产业一线、科技前沿的选题。②选题具有创新性或明显创业教育效果,鼓励开展具有一定创新性的基础理论研究和有针对性的应用研究课题,鼓励新兴边缘学科研究和跨学科的交叉综合研究选题。③选题方向正确,内容充实,论证充分,难度适中,拟突破的重点难点明确,研究思路清晰,研究方法科学、可行。鼓励支持学生大胆创新,包容失败,营造良好创新创业教育文化。④项目团队成员原则上为全日制普通本科在读学生,成员基本稳定,专业、能力结构较为合理。每位学生同一学年原则上只能参与一个项目。鼓励跨学科、跨院系、跨专业的学生组成团队。⑤项目申请团队应选择具有较高学术造诣、较好创新性成果、热心教书育人、关爱学生成长的教师作为导师,鼓励企业人员参与指导或共同担任导师。⑥创新训练项目和创业训练项目获得经费支持平均不低于2万元/项,创业实践项目获得经费支持平均不低于10万元/项。高校根据学科专业特点,确定项目资助额度标准。

(4)高校是国创计划实施和管理的主体,主要职责是:①制定本校大学生创新创业教育管理办法,开展创新创业教育教学研究与改革。②负责国创计划项目的组织管理,开展项目遴选推荐、过程管理、结题验收等工作。③制定相关激励措施,引导教师和学生参与国创计划。④为参与项目的学生提供技术、场地、实验设备等条件支持和创业孵化服务。⑤搭建项目交流平台,定期开展交流活动,支持学生参加相关学术会议,为学生创新创业提供交流经验、展示成果、共享资源的机会。⑥做好本校国创计划年度总结和上报工作。

## 12.2　陕西省创业政策

本书作者于2023年4月通过网络查询的方式在陕西省省级政策文件库检索标题"创新创业"一词，共显示12条政策文件，其中省政府文件2条，省政府办公厅文件6条，省政府部门文件2条，政策解读2条。为了让大学生对陕西省创业政策有一个系统的了解，现根据发布时间反序，对部分文件的重点内容进行简要梳理。

1.《陕西省人民政府办公厅关于印发进一步支持大学生创新创业若干措施》（陕政办函〔2022〕80号）

2022年6月7日，《陕西省人民政府办公厅关于印发进一步支持大学生创新创业若干措施》（陕政办函〔2022〕80号）发布。

（1）全生命周期深化创新创业教育改革。构建创新创业课程、创新训练、创业实践有机衔接的创新创业教育体系，扩大创新创业教育普及率和覆盖面，将创新创业教育贯穿人才培养全过程。围绕"新工科、新医科、新农科、新文科"建设，构建校校、校企、校地、校所协同育人机制，推动高校创新创业人才培养模式改革。加大"深化创新创业教育改革示范高校"建设力度，推动省级示范校覆盖面达到50%以上。建设培育一批高水平创新创业学院（实验班）、双创实践教育中心，鼓励高校设立创新创业微专业。健全创新创业课程体系，建设一批"专创融合""思创融合"的省级特色示范课程。完善弹性学制，允许学生保留学籍休学创新创业。各高校应将学生创新创业成果作为学生综合素质评价的重要指标。

（2）高质量标准打造创新创业师资队伍。深化教育评价改革，在职称评聘、绩效考核等方面充分体现教师创新创业教育成果。完善高校教师到行业企业挂职锻炼激励政策，推动教师将国际前沿学术研究、行业精尖技术和实践经验反哺教学，探索产教融合教学模式。实施校外双创导师专项人才计划，探索驻校企业家制度，校外双创导师数量与在校学生人数比例不低于1∶2000，驻校企业家每校不少于3名。开展高校教师创新创业教育专题培训，落实省级"创新创业教育研究与培训基地"工作任务，各基地每年面向全省高校举办的各类培训活动不少于2次，每次培训参加学校不少于5所，实现新进教师创新创业教育相关培训全覆盖。发挥省高等学校教学指导委员会"创新创业教育工作委员会"智库作用，加强创新创业教育重要理论和现实问题研究。强化高校创新创业教育专职人员队伍建设，配齐配强专职人员。

（3）强激励举措激发"互联网＋"大赛效能。加大办赛经费支持力度，对"互联网＋"大赛国家级金奖和银奖项目分别给予一定奖励。建立健全大赛与各级各类创新创业比赛联动机制，增强创新创业教育国际交流合作。深入实施大学生创新创业训练计划，构建"课程引领、项目实践、大赛遴选、成果孵化"的一体化链条。将大赛获奖情况作为本科高校"双万"计划、职业院校"双高""双优"计划考核评估重要指标，将"青年红色筑梦之旅"活动纳入高校思想政治工作考核评价体系，鼓励支持大学生创新创业团队就地或返乡创业。国赛金奖、银奖项目指导教师可依托相关成果申报省级教学成果奖，或直接立项为省级教育教学改革重点项目及高校思想政治工作精品项目，申报指标单列。

（4）提升高校创新创业平台水平。完善高校"创新+孵化器+人才培养"的创新创业教育模式，推进高校大学科技园、大学生创业园、大学生创客空间等校内创新创业实践平台建设，开展专业化孵化服务。整合国家和省部级实验室、专业实验室、校企合作实验室等实验实训平台资源，面向在校大学生免费开放。鼓励高校主动对接陕西经济发展需求，建设一批特色鲜明的校内创新创业训练基地、校企联合研发中心。结合学校学科专业特色优势，联合有关行业企业建设一批校外大学生创新创业实践教学基地。"十四五"期间评定50个省级特色创新创业训练基地、300个省级大学生校外创新创业实践基地。

（5）发挥社会创新创业平台作用。充分发挥秦创原创新驱动平台、丝绸之路国际产学研用合作会议平台、国家级大众创业万众创新示范基地等平台作用，加速"两链"深度融合，建立大学生创新创业项目与平台有机衔接机制，促进科技成果转化。加快构建以地方政府为主导的环大学创新经济圈，规划和布局高校周边产业，积极承接大学生创新成果和人才等要素，打造"城校共生"的创新创业生态。推动企业、科研院所和相关公共服务机构利用自身技术、人才、场地、资本等优势，建设一批集研发、孵化、投资等于一体的大学生创新创业培育中心、互联网双创平台、孵化器和科技产业园区。建设一批省级双创示范基地，建立开放共享制度，推动优势资源向大学生创新创业主体开放。

（6）整合创新创业网络平台资源。依托陕西高等教育综合管理系统，搭建省级"大学生创新创业信息服务功能模块"，积极对接全国高校毕业生就业管理系统、大学生创业服务网、产业和孵化网络平台以及国家智慧教育平台，加强信息资源整合。积极筹建校地联动的"智能+"科技资源共享服务板块。汇集创新创业帮扶政策、产业激励政策和创新创业教育优质资源，做好国家和地方的政策发布、解读等工作。及时收集国家、区域、行业需求，发布科技创新信息与行业企业技术与管理创新需求清单，为大学生精准推送行业和市场动向等信息，提高信息服务时效性和有效性。加强对创新创业大学生和项目的跟踪、服务，畅通供需对接渠道。支持各地举办大学生创新创业项目需求与投融资对接会。

（7）服务高校学生便利化开展创新创业。降低大学生创新创业门槛，为大学生创业提供高效便捷的登记服务。政府投资开发的孵化器等创业载体应安排一定比例场地，在孵化期内免费提供给高校毕业生。鼓励各类孵化器面向大学生创新创业团队开放一定比例的免费孵化空间，并将相关指标纳入省级科技企业孵化器考核评价。放宽大学生创新创业团队入驻条件，加大对双创平台、载体扶持力度，提升初创企业生存率。鼓励各级政府设立创新创业服务中心（站），协助高校加强与相关部门的协作交流，做好大学生创新项目的知识产权保护工作，帮助创业大学生用足用好企业登记、税费减免等支持政策。

（8）落实大学生创新创业减税降费政策。加大高校教育教学改革支持力度，将创新创业教育和大学生创新创业情况作为因素纳入高校财政拨款制度改革体系。高校毕业生在毕业年度内从事个体经营，符合规定条件的，在3年内按一定限额依次扣减其当年实际应缴纳的增值税、城市维护建设税、教育费附加、地方教育附加和个人所得税。对增值税小规模纳税人、小微企业和个体工商户按规定减免增值税、所得税。对创业投资企业、天使投资人投资于未上市的中小高新技术企业以及种子期、初创期科技型企业的投资额，按规定抵扣所得税应纳税所得额。对国家级、省级科技企业孵化器和大学科技园以及国家备案众创空间按规定免征增值税、房产税、城镇土地使用税。各级政府设立的创新创业服务中心（站）要做好纳税服务，建立对接机制，强化精准支持。

（9）实施大学生创新创业普惠金融政策。鼓励和引导金融机构加快产品和服务创新，为符合条件的大学生创业项目提供金融服务。落实创业担保贷款政策，对符合规定条件的高校毕业生个人及小微企业申请贷款，给予优先重点支持，降低贷款利率，简化贷款申报审核流程，提高贷款便利性。落实创业担保贷款贴息及奖补政策，高校毕业生个人最高贷款额度为20万元，对10万元以下贷款、获得设区市级以上荣誉的高校毕业生创业者免除反担保要求。高校毕业生设立的符合条件的小微企业，最高贷款额度为1000万元，财政部门承担300万元以内的贷款贴息。

（10）引导社会资本支持大学生创新创业。充分发挥社会资本作用，以市场化机制促进社会资源与大学生创新创业需求更好对接，助力大学生创新创业项目健康成长。加快发展天使投资，培育一批天使投资人和创业投资机构。成立"陕西省高校科技成果"投资联盟，吸引全国知名创投机构来陕投资。推动私募创投机构与高校孵化器、科技园等合作，为大学生创业办企、创新成果转化落地提供融资融智支持。支持各高校出台成立校内天使投资平台、创业投资平台的相关政策，鼓励投早、投小、投科技、投创新。鼓励资产公司、校友企业适应陕西产业发展需求，发起设立校属创投基金，助推大学生创新创业。

2.《陕西省人民政府关于印发优化创新创业生态着力提升技术成果转化能力行动方案（2021—2023年）的通知》（陕政发〔2021〕7号）

2021年4月29日，《陕西省人民政府关于印发优化创新创业生态着力提升技术成果转化能力行动方案（2021—2023年）的通知》（陕政发〔2021〕7号）发布。

（1）深化高校创新创业教育改革。把创新创业教育和实践课程纳入高校课程体系，推行创新创业学分积累与转换制度。推广创业导师制，支持高校聘任科技型上市企业创始人等为创业导师。指导大学生参与创业训练计划项目和"互联网＋"大学生双创大赛等品牌赛事活动。强化"双创"示范高校、校外实践基地建设和评估，提升高校创新创业教育水平。

（2）加快大学科技园建设。进一步规范大学科技园建设与管理，推动创新资源集成、科技成果转化、科技创业孵化、创新人才培养和开放协同发展，促进科技、教育和经济融合。支持在陕高校依托优势学科、大科学装置、国家级科研平台，在全省范围内异地建设或联合建设大学科技园。各市（区）政府应加强与在陕高校合作，将大学科技园建设纳入发展规划，支持主城区利用高校资源建设环大学创新经济圈，建立奖补机制，优先资源保障，促进高校科研成果在本地转化，师生在本地创业。各级政府可采取发行专项债券等政策，积极和国内外知名产业投资机构、风险投资机构、科技企业孵化器联合在陕高校建设大学科技园和环大学创新经济圈，为高校技术成果转化提供资金和平台保障。

（3）引进培育领军型创业团队。围绕国家关键核心技术攻关工程以及我省"十四五"规划重点产业涉及的关键技术和产品，采取揭榜挂帅制，重点引进支持创新路径清晰、创业成果显著、产品研发基本完成、预期效益明显的10家左右领军型创业团队、30家左右青年创业团队。创业团队在我省大学科技园或科技企业孵化器等落地转化的，经大学科技园（创业中心）和省技术审查机构评估确认后，省财政经审核后给予创业团队不低于2000万元的资金支持。

（4）完善创新创业融资体系。推进省级政府性融资担保基金设立运行，推动政府性融资担保机构为科技型中小企业、高新技术企业等进行融资担保。推动担保机构与银行"总对总"批量化业务合作，落实降费奖补政策，鼓励担保机构将担保费率降至1%以内；打通政府性融资担保和创业担保业务渠道，推动开发批量化创业担保贷款产品。在符合条件的市（区）探索实施政银保联动授信担保、建立风险缓释资金池等改革举措，支持科技型企业融资。力争到2023年，实现大学科技园、国家级科技企业孵化器、重点创业中心融资担保业务全覆盖。

3.《陕西省人民政府办公厅关于支持返乡下乡人员创业创新促进农村一二三产业融合发展的实施意见》（陕政办发〔2017〕46号）

2017年6月20日，《陕西省人民政府办公厅关于支持返乡下乡人员创业创新促进农村一二三产业融合发展的实施意见》（陕政办发〔2017〕46号）发布。

（1）丰富创业创新方式。鼓励和引导返乡下乡人员通过承包、租赁、入股、合作等多种形式，创办领办家庭农（林）场、农民合作社、农业企业、农业社会化服务组织等新型农业经营主体。通过聘用管理技术人才组建创业团队，与其他经营主体合作组建现代企业、企业集团或产业联盟，共同开辟创业空间。利用互联网技术，依托农村电子商务，实施"互联网+"现代农业行动，大力发展农产品电商，开展网上创业。通过合作制、股份制等形式，培育产权清晰、利益共享、机制灵活的创业创新共同体。

（2）开展创业培训。实施返乡下乡人员职业技能提升培训"春潮行动"、新型职业农民培育工程、农村青年创业致富"领头雁"计划、贫困村创业致富带头人培训工程、农村青年电商培育工程，开展农村妇女创业创新培训，让有创业意愿的返乡下乡人员都能接受培训。建立返乡下乡人员信息库，有针对性地确定培训项目，实施精准培训，提升其创业能力。各市（区）、县（市、区）政府要将返乡下乡人员创业创新培训纳入创业补贴范围。支持各类园区、星创天地、农民合作社、高等院校、农业企业等建立创业创新实训基地。采取线上学习与线下培训、自主学习与教师传授相结合的方式，开辟培训新渠道。（省人力资源和社会保障厅、省教育厅、省科技厅、省财政厅、省农业厅、省扶贫办、团省委、省妇联、各设区市政府负责）

（3）积极开展创新指导。建立专家对口联系制度，对返乡下乡人员及时开展技术指导和跟踪服务。加强创业创新导师队伍建设，从企业家、专业人才、科技特派员和返乡下乡创业创新带头人中遴选辅导员，发挥全省青年创业导师联盟的作用，为返乡下乡人员创新提供技术支持。支持返乡下乡人员与省内高等院校、科研院所合作，促进创业创新创意项目与科研成果对接。鼓励高校及研究机构将科研成果以股份合作、转让等方式与返乡下乡人员合作，促进产学研与创业创新融合发展。积极推荐指导返乡下乡人员参加有关创业创新大赛。

（4）创建创业园区基地。按照政府搭建平台、平台聚集资源、资源服务创业的思路，依托现有开发区、现代农业园区等各类园区以及农业企业、专业市场、农民合作社、规模种养基地等，整合发展一批具有区域特色的返乡下乡人员创业创新示范园区及创业孵化示范基地。各类现代农业示范区、农业产业化示范基地、农产品加工产业示范园区等要发挥辐射带动和示范作用，成为返乡下乡人员创业创新的重要载体。支持中高等院校、大型企业采取众创空间、创新工厂等创建一批面向初创期"种子培育"的孵化园（基地），有条件的市（区）、县（市、区）对返乡下乡人员到孵化园（基地），可免除租金或给予补贴。

（5）开展创业试点示范。结合新型城镇化建设开展返乡下乡人员创业试点工作，支持扶风县、澄城县、商南县、延安市宝塔区、杨凌示范区等试点，优化返乡下乡创业的体制机制环境。将农村一二三产业融合发展与返乡下乡人员创新创业试点相结合，支持蓝田县、大荔县、榆林市榆阳区开展创新创业试点工作。重点抓好资源整合、服务平台和服务能力建设，围绕新型城镇化建设，加快发展农村电商、培育特色产业集群，在返乡下乡创业促扶贫脱贫、化解产能、产城融合等方面探索新路径、形成新模式。

4.《陕西省人民政府关于大力推进大众创业万众创新工作的实施意见》（陕政发〔2016〕10号）

2016年3月29日，《陕西省人民政府关于大力推进大众创业万众创新工作的实施意见》（陕政发〔2016〕10号）发布。

（1）培育一批创业示范园区。各地要积极争取国家小微企业创业创新基地城市示范，充分发挥战略性新兴产业集聚区、高新技术产业园区（基地）、高技能人才培养示范基地和创新型龙头企业等优势，依托现有机构或引进国内外高层次创业运营团队，各打造1家运行模式先进、配套设施完善、服务环境优良、影响力和带动力强的示范创业创新中心。每个市（区）建立1家以上科技企业孵化器（包括孵化大楼、孵化工场、孵化园区等），在全省加速形成"创业苗圃+孵化器+加速器+产业园"阶梯型孵化体系。

（2）发挥各类科技创新平台作用。充分发挥省科技资源统筹中心服务平台作用，各级政府建设的重点（工程）实验室、工程（技术）研究中心等科技基础设施利用财政资金购置的重大科学仪器设备按照成本价向创业创新企业开放。建设集创新创业联盟、创业苗圃、创客中心、种子基金、创业课堂、创业导师、商务秘书服务等于一体的、市场化运作的创新创业服务体系；支持众创空间、创业社区、孵化器等面向创业企业发展。

（3）发展"互联网+"创业创新服务。通过"互联网+"整合盘活全省创业创新服务资源，加强资源共享与合作，为创业创新者提供绿色通道。推进政府和社会信息资源共享，以特许经营等方式优先支持省内企业和创业创新团队开发运营政务信息资源。发挥创业创新各类服务平台作用，定期举办创客与投资机构对接活动。

（4）支持科技人员创业创新。建立更为灵活的人才管理机制，打通人才流动、使用、发挥作用中的体制障碍，最大限度支持和帮助科技人员创业创新。高等学校、科研院所职务科技成果转化收益可由重要贡献人员、所属单位约定分配，未约定的，转化收益的至少80%划归成果完成人及其团队所有。从事创业创新活动的业绩作为职称评定、岗位聘用、绩效考核的重要依据。

（5）积极吸引高端人才，鼓励大学生创业创新。完善医疗养老等社会保障和子女就学、居留居住、进出境、外汇等服务机制，吸引海外高层次人才来陕创新创业。大学生自主创业可申请最高10万元创业担保贷款，合伙创业可申请最高50万元创业担保贷款。大学生回原籍创业，可获不高于2万元的一次性创业补贴。加强对高校毕业生创业的管理和服务，建立健全弹性学制管理办法。鼓励教师带领或辅导学生创业，在校大学生休学创业保留2年学籍。对众创空间内企业招用有困难的高校毕业生，给予一次性补贴支持。

（6）加强创业创新教育。在普通高等院校、职业学校、技工学校开设创业创新类课程，并融入专业课程和就业指导课程体系。成立"陕西创业学院"，聘任高校教师、金融机构专家、天使投资人、企业家、律师等组建"双创"认证导师团队，为"众创空间"孵化基地等提供项目咨询、诊断、评价以及法律咨询等服务。对于符合条件的科技创业导师授予陕西"众创空间"创业导师证书；每年评选全省优秀创业导师10名，分别给予1万元奖励，特别优秀的导师可给予重奖。

## 12.3 创业政策落地见效

1. 创新创业成为乡村振兴的新动能

农村创新创业带头人饱含乡土情怀、具有超前眼光、充满创业激情、富有奉献精神，是带动农村经济发展和农民就业增收的乡村企业家。培育农村创新创业带头人，就是培育农村创新创业的"领头雁"，就是培育乡村产业发展的动能。农村创新创业日益成为国家创新驱动发展战略的重要"战场"，但还存在配套政策、服务和基础设施还相对薄弱等问题，亟须培育一批农村创新创业带头人促进乡村振兴。

产业兴旺是乡村振兴的重点，创新创业是乡村产业振兴的新动能。实施农村创新创业带头人培育行动，有利于吸引更多农民工、大中专毕业生、退役军人、科技人员等返乡入乡在乡开办新企业、开发新产品、开拓新市场、培育新业态，有利于促进农业与现代产业融合发展，打通城乡人才、技术、资金等要素双向流动渠道，促进乡村全面振兴。

近年来，返乡入乡创新创业已成为一种趋势。一大批农民工返乡创业，一大批退役军人、大中专毕业生和科技人员入乡创业，一大批"田秀才""土专家""乡创客"和能工巧匠在乡创业。这些都是各类创业政策实施的效果。

（1）扶持返乡创业农民工。返乡农民工具有一定的资金积累、技术专长、市场信息和经营头脑，他们是农村创新创业带头人的主体。据调查，返乡农民工占农村创新创业人员的70%，他们的创业成绩决定了农村创新创业总体情况。要支持引导返乡农民工重点发展特色种植业、规模养殖业、加工流通业、乡村服务业、休闲旅游业、劳动密集型制造业等，吸纳更多农村劳动力就地就近就业。

（2）鼓励入乡创业人员。近年来，大量经过系统教育训练、具有一技之长或掌握前沿科技的大中专毕业生、退役军人和科技人员入乡创业，为农村创新创业引入了新理念、应用了新技术、开发了新产品、拓展了新市场。我们要加快营造引得进、留得住、干得好的乡村营商环境，鼓励更多入乡人员发展智创、文创、农创等创意新颖、受众年轻、效益良好的乡村新产业新业态，通过培育一批优秀的入乡创业带头人，带动更多农民学技术、闯市场、创品牌，提升乡村产业的层次水平。

（3）发掘在乡创业能人。在乡村，潜藏有大批传承中国乡土文化、手工技艺等的"田秀才""土专家""乡创客"和能工巧匠。我们要将这些乡土人才挖掘出来，支持他们创办家庭工场、手工作坊、乡村车间，培育一批在乡创业能人，打造一批"乡字号""土字号"

乡土特色产品，保护传统手工艺，发掘乡村非物质文化遗产资源，带动农民就业增收。

2. 创新创业成为高质量发展的新动力

（1）创新创业实现了从局部到整体、从现象到机制的跨越

当前，我国经济已由高速增长阶段转向高质量发展阶段，大众创业万众创新持续向更大范围、更高层次和更深程度推进，对推动创新创业提出新的更高要求。创业支持政策经过几年的深入实施，创新创业实现了"从局部到整体""从现象到机制"的跨越，已经成为推动经济增长的重要动力，促进转型升级的重要力量，稳定和扩大就业的重要支撑。市场主体活力充分激发，带动就业效应显著增强。一大批创新型企业高速成长，市场主体呈现爆发式增长态势。发展培育壮大新动能，为经济高质量发展提供了强大动力。

（2）从各方面为创新创业者提供最大便利

科技人员离岗创业得到鼓励和支持，创新型岗位管理的实施细则不断完善，创新创业教育和实践课程已纳入高校必修课程体系。国家产业创新中心和国家技术创新中心等平台加快建设，高校和科研机构建立专业化的技术转移机构。众创空间向专业化、精细化方向发展，大中小企业融通发展专项行动计划实施，形成大中小企业专业化分工协作的产业供应链体系，为创新创业者提供最大的便利。

创新创业是一个"三高"的活动——高风险、高投入、高成长。国家新兴产业创投引导基金、国家中小企业发展基金等引导基金的作用充分发挥，科技成果转化贷款风险补偿试点不断开展。国家鼓励各地方先行先试，大胆探索，建立容错免责机制，加强对政策落实情况的督查和评估，对发现的问题督促相关部门和地方限期解决。

3. 创新创业成为大学生就业创造的新举措

目前，大学生的就业前景较好，但由于竞争激烈，对将来毕业的大学生找工作产生一定困难，因此，国家对大学生创新创业发展采取政策支持的态度，营造出适合大学生创新创业的环境。

（1）大学生创新创业家庭政策环境持续优化

在创新创业政策的影响下，大学生所处的家庭环境也发生了变化，国家大力推广创新创业政策，促进大学生进行创新创业发展，能够培养大学生的能力，使大学生具有更高层次的发展空间，因此很多家长响应国家的号召，在较为传统的学生家长眼中，认为大学生进行创业是容易失败、没有前途的，很多家长认为大学生应循规蹈矩地到单位、企业上班，因此造成之前很多大学生没能走上创新创业的道路，在国家政策的支持下，很多家长改变了想法，甚至鼓励孩子去创新创业，因此，大学生在家庭环境的影响下，也潜移默化地接受了创新创业的政策发展，因此提高了大学生创业的创业率。同时，在很多具有能力而没有财力的大学生中，由于国家政策的支持，家长会为孩子提供一定的资金支持，从而促进大学生进行创新创业活动。

（2）大学生创新创业学校政策环境持续优化

在学校创新创业政策环境中，为给大学生提供优秀的服务，促进大学生进行创新创业活动，使其明确创新创业活动的具体理论，建设了创新创业服务管理机构。在该机构中提供免费的创新创业服务咨询，为大学生提供帮助。在创新创业管理机构的建立上，设置各

个部门,具有专职人员针对大学生进行服务,主要服务内容有创业的方向、创业目标的设立、创业行业的选择等,大学生可以根据自身的需求,针对不同的问题向机构寻求帮助,得到适合自己的答案。学校结合创新创业的国家政策,对每一项工作内容进行落实,具有分工明细的特点。

在创新创业管理机构的设置上,其主要为公益性服务机构,学校安排专业人员进行创新创业问题上的服务,能够结合大学生的实际情况开展工作,为大学生提供充满创新创业氛围的环境,使有兴趣的大学生能够对创新创业政策有更多的了解,少走弯路,不再盲目地寻找方向,减少创新创业的失败率,加快大学生进步的速度。

学校在师资团队的组建上也融入了创新创业的政策,创立了具有创新创业性质的师资团队。在传统的教学过程中,学校主要以进行教学科研为主要工作,缺乏对创新创业政策相关的认识,不能够引起学校的重视,因此在推广创新创业政策时,学校在原有的师资团队中加入了创新创业的元素,推动大学生进行创新创业活动。

在创新创业政策环境下,创新创业的课程体系也达到了完善,将创新创业的专业化课程纳入了学校教师教学的课程体系中,根据创新创业的内容,对教学内容进行编排,设立了创新创业这门正式学科,学生在完成一定学时后,可以认定学分。

(3)大学生创新创业社会政策持续优化

在大学生创新创业的社会政策环境下,社会上的企业对大学生创新创业提供了大力的支持,主要分为以下两个方面:企业给予大学生创新创业的空间和企业协助学校举办创新创业大赛。企业给予大学生创新创业的空间主要是根据相应的政策,通过提供相应的实习场地,为大学生进行创新创业的空间建设,主要体现在设备、设施、服务等供给,为大学生创造良好的创新创业发展空间,通过结合行业内部的前景展望,为大学生提供创新创业实践空间。企业举办创新创业大赛,负责创新创业的项目作品等级的评定,其能够培养大学生创新创业的知识,提高大学生创新创业的竞争能力,大学生在创新创业比赛中能够获得社会上对自己创新创业项目的判定,同时,企业还能够从创新创业比赛中,选定优秀的人才进行培养,关注比赛的选手是企业在创新创业大赛中重要的环节之一,因此,在创新创业的社会政策环境下,企业与大学生之间形成了共赢的合作关系。

## 以高质量创新创业教育赋能共同富裕

共同富裕是全体中国人民的质朴理想,也是中国共产党矢志不渝的信念和追求。百年来,中国共产党牢记初心使命,践行全心全意为人民服务的根本宗旨,领导人民逐步走上了实现共同富裕的康庄大道。党的十八大以来,以习近平同志为核心的党中央带领全国人民创造了人类减贫史的奇迹,把实现全体人民共同富裕摆上了更加突出的战略位置。党的十九届六中全会明确提出,推动人的全面发展、全体人民共同富裕取得更为明显的实质性进展。

纵观世界高等教育发展史，一流大学都是在服务自己国家发展中成长起来的。中国特色社会主义大学必须始终坚持为党育人、为国育才，努力构建以服务国家战略和经济社会发展为导向的创新创业人才培养体系。作为我国高等教育普及化阶段支撑区域经济发展的主体力量，地方高水平大学必须始终牢记"国之大者"，面向区域重大需求，服务国家重大战略，以高质量创新创业教育赋能共同富裕，扛起实现第二个百年奋斗目标的政治责任和历史使命。

**高质量创新创业教育是高等教育赋能共同富裕的战略使命**

今天，党和国家事业发展对高等教育的需要，对科学知识和优秀人才的需要，比以往任何时候都更为迫切。检验一所大学的办学成效，归根结底要看为国家培养了多少社会主义建设者和接班人，要看在此基础上涌现出多少优秀的创新创业人才。

高质量创新创业教育培养高素质劳动者，增强社会个体的发展能力。高等教育是科技第一生产力、人才第一资源和创新第一动力的重要结合点。地方高水平大学必须主动作为，五育并举、以德为先、能力为重、全面发展，实现通识教育、专业教育与创新教育的融合，以高质量创新创业教育培养学生"准确识变"的能力、"科学应变"的才智、"主动求变"的意识，实现从提高就业率向提升就业层次、就业质量转变，提高大学生个体的就业胜任力和面向未来的可持续发展能力。同时，要坚持创新创业教育资源面向社会群体开放，提升全要素生产率，从增量和存量两方面持续为社会发展提供高素质劳动者，以努力奋斗融入共同富裕。

高质量创新创业教育培养卓越创业者，释放社会群体的创造活力。高等教育不但要培养高素质就业者，还要培养卓越创业者；高等教育不但要适应新经济的发展，还要引领新经济的发展。地方高水平大学要基于学科专业开展科创融合、产创融合的教育，培育学生创业精神和革新能力，鼓励学生在今后工作岗位上率领团队研发新产品、开发新技术、探索新业态、形成新模式，在岗位创业过程中凝聚创新创业合力，释放社会群体更为广泛的创造活力，在共创共建共享共同富裕大局中成就事业。

高质量创新创业教育培养未来企业家，锻造命运共同体的信念伟力。中国高等教育因民族救亡而生，依国家需要而变，在实现人民幸福和民族复兴的伟大进程中不断发展。地方高水平大学必须构建立德树人新格局，在厚植大众创业、万众创新土壤的基础上开展以知识创新和技术创新为基础、思创融合的高质量创业教育，引导青年学子立志创新强国，矢志创业报国，铸牢中华民族共同体意识，着力培养一批富有家国情怀和国际视野的未来战略型企业家，既有先富带动后富、实现共同富裕的能力，又有服务中华民族伟大复兴和人类命运共同体的志向，在共同富裕的伟大征程中铸就伟业。

**形塑高质量创新创业教育"扎根—融通—铸魂"的时代范式**

当前，世界百年未有之大变局和新冠肺炎疫情全球大流行交织影响世界，高等教育作为推动共同富裕的关键变量，必须以创新创业教育发展范式的变革赋能共同富裕，为经济社会发展发挥导航、助推、黏合的重要作用。

坚持立地扎根，以创新创业需求引领"机会窗口"。地方高水平大学的创新创业教育要扎根祖国大地，快速把握社会的新需求、新脉动，建构扎根式、在地化的创新创业教育框架。首先，确立创新创业教育的"扎根"立场，引导学生明白创新创业"从何而来，为何而往"，立足本来，服务未来，厚植创新创业的中国根脉、社会根脉。其次，形成创新创业教育的问题意识，主动面向行业产业领域的核心、重大问题和区域发展中的共性、关键难题，指导学生提炼、验证、解决源涌于产业前沿的实际问题，认知社会价值的传递规律。最后，构建创新创业教育的需求链条，有组织地强化产业链—人才链—教育链的创新需求传动，在地创建地方研究院和现代产业学院，把产业界的需求真实、及时地输入到创新创业教育体系之中，引领学生把握、探寻社会的"机会窗口"。

坚持融会贯通，以创新创业能力启航"知识窗口"。地方高水平大学的创新创业教育要坚持系统思维、整合设计，促成学生触类旁通、通权达变。首先，引领学生知识汇通，促进创新创业人才培养由学科单一型向学科融合型转变，通过"课程超市"实现课程资源开放与共享，涵育"人"之"全人"特质，培养"才"之开阔的学科视角。其次，引领学生文化联通，从知识走向文化，既要了解西方文化、东方文化等多种文化，促成多元文化的理解、包容，又要聚焦中华优秀传统文化的育人功能与当代价值，树立文化自信。最后，引领学生视野开通，通过第二校园经历、国际化课程、全球志愿者、公共创客空间等渠道，培养学生的全球视野、共情能力，实现知识、能力和素质的融会贯通，打开学生创新创业的"知识窗口"。

坚持铸魂育人，以创新创业思政教育开启"心灵窗口"。地方高水平大学的创新创业教育要融入高等教育凝魂聚气、固本培元的铸魂育人系统工程，以社会主义核心价值观为引领，推动创新创业实践与思政教育相结合。首先，创新创业教育就是凝心、培根、铸魂的自然过程，要积极挖掘创新创业教育中生动的思政教育资源，在创新创业教育实践中淬炼学生敢闯会创的过硬本领、爱拼敢赢的意志品质。其次，创新创业教育是"后浪"不断追逐"前浪"、不断超越前人的过程，教育学生坚守创新创业目标要有信仰之旗、坚持创新创业过程要有精神支柱、坚定创新创业情怀要有心灵家园，造就学生艰苦奋斗、锲而不舍的进取精神。最后，创新创业教育是引领学生实现自我价值、追求社会价值的过程，创新创业的实践要有造福人类的责任感、百折不挠的意志力、胸怀天下的精气神，增强创新创业助推共同富裕的责任担当，从而开启学生的"心灵窗口"。

### 迭代高质量创新创业教育"政府－市场－社会"的开环生态

在新发展格局构建过程中，第四次工业革命加速科技更迭，外部世界和大学的关系日益密切。高质量创新创业教育体系的构建，不能局限于高校"小圈子"，既需要地方高水平大学自身加强与外部世界的对话，也需要政府、市场和社会为创新创业教育不断迭代形成系统化的支持体系。

依靠政府驱动，健全支持创新创业教育的政策链。当前，中国高校创新创业教育已从最初的试点探索上升为国家行动，迅速发展的背后是中央到地方完备而又层层推进的政策支持体系。但是，如何打通政策落实的"最后一公里"、形成有效的政策支持链，还需进一步强化大众创业支持政策的关联性、协同性，促进创新创业相关政策形成相互联动、共同促进、有效衔接的有机整体。同时，需要构建政策实施效果的评估反馈机制，释放制度创新空间，优化创业政策生态，强化共同富裕导向，为大学生以创新创业实践赋能共同富裕提供驱动机制。

依靠市场拉动，打造服务创新创业教育的产业链。市场通过与高校协同搭建产教融合、校企合作平台，促进高校自觉围绕市场需求开展人才培养、技术攻关、管理创新，实行学科专业的动态调整，主动以供给侧结构性改革适应需求侧变迁，提升创新创业人才培养的契合度。一个个企业以市场力量拉动、以产业链条服务高校创新创业教育落地化、精准化。

依靠社会联动，塑造认同创新创业教育的价值链。创新创业教育关涉社会、高校、家庭、教师、学生等多方主体，同向、统一的主体认知有助于形成整体的行动逻辑。创新创业教育只有在高校、社会和家庭之间寻求最大公约数，学校教育、社会教育和家庭教育在整体目标和组成要素之间交互联动、有机整合，构建起高校主导、社会协同、家庭参与的整体式生态，才能为创新创业教育赋能共同富裕提供坚实的社会支持。

资料来源：中国就业网 http://chinajob.mohrss.gov.cn/c/2022-11-02/363673.shtml （2022-11-02）

◆ **思考与讨论**

1. 作为创业者，如何学习并运用好创业政策？
2. 作为创业主管单位，如何督促落实好创业政策？
3. 如何根据创业形势的变化及时调整创业政策？
4. 如何以高质量创新创业教育赋能共同富裕？

# 参 考 文 献

[1] 蔡啟明,刘益平,2020.创业管理[M].北京:科学出版社.
[2] 陈劲,2023.创新与创业管理:第27辑[M].北京:科学出版社.
[3] 段洪波,刘炎,2018.创业管理理论与实践[M].北京:科学出版社.
[4] 龚荒,2013.创业管理—理论、实训、案例[M].北京:机械工业出版社.
[5] 蒋键,2018.创业管理与实务[M].上海:上海交通大学出版社.
[6] 蒋侃,王淑萍,胡峰,2021.创业基础[M].北京:北京大学出版社.
[7] 郎宏文,郝婷,高晶,2011.创业管理[M].北京:科学出版社.
[8] 李成钢,马琳,邵争艳,等,2019.创新创业基础[M].北京:中国纺织出版社.
[9] 李改欣,李延瑾,2021.创业基础与实践[M].北京:科学出版社.
[10] 李合龙,谭鹏程,2023.创业管理概论[M].北京:人民邮电出版社.
[11] 李华晶,2020.创业管理[M].北京:机械工业出版社.
[12] 李莉,陈建华,2014.创业管理实务[M].北京:电子工业出版社.
[13] 李莉,韩燕平,2021.创业管理实务[M].2版.北京:电子工业出版社.
[14] 李时椿,2015.创业管理[M].3版.北京:清华大学出版社.
[15] 李肖鸣,2021.大学生创业基础[M].5版.北京:清华大学出版社.
[16] 李学东,潘玉香,2006.大学生创业实务教程[M].北京:经济科学出版社,中国铁道出版社.
[17] 林必越,2021.创业管理[M].北京:中国财政经济出版社.
[18] 刘志阳,2020.创业管理[M].北京:高等教育出版社.
[19] 刘志阳,李斌,任荣伟,等,2016.创业管理[M].上海:上海财经大学出版社.
[20] 刘志阳,林嵩,路江涌,2021.创新创业基础[M].北京:机械工业出版社.
[21] 楼天宇,2021.创业基础[M].北京:电子工业出版社.
[22] 卢福财,2007.创业通论[M].2版.北京:高等教育出版社.
[23] 吕爽,2017.大学生创新创业实务指导[M].北京:中国铁道出版社.
[24] 吕爽,郝亮,李倩雯,2022.创业管理[M].北京:清华大学出版社.
[25] 陆毅,王鹏翔,2020.从创业教学到创业实践—理论教育对创业实训的价值研究[J].现代经济信息(10):184-185,187.
[26] 马海鹰,刘健,赵婷,2021.创业基础[M].哈尔滨:哈尔滨工业大学出版社.
[27] 木志荣,2022.陈嘉庚创业管理之道[M].厦门:厦门大学出版社.
[28] 斯晓夫,吴晓波,陈凌,等,2020.创业管理:理论与实践[M].2版.杭州:浙江大学出版社.
[29] 宋来,朱姝,倪炜,2022.创业基础[M].上海:华东理工大学出版社.
[30] 宋山梅,2019.创业管理理论与实务[M].北京:科学出版社.
[31] 苏世彬,2019.创业管理[M].2版.北京:高等教育出版社.
[32] 孙德林,黄林,黄小萍,2012.创业基础教程[M].北京:高等教育出版社.
[33] 孙喜,2019.创新与创业管理[M].北京:中国人民大学出版社.
[34] 唐亚阳,张伟,2017.创业学[M].2版.长沙:湖南大学出版社.
[35] 王长青,2017.大学生就业创业指导[M].南京:南京大学出版社.

［36］王呈斌，2023.创业基础［M］.2版.北京：高等教育出版社.

［37］王涛，2023.创新创业基础［M］.北京：清华大学出版社.

［38］王涛，顾新，2017.创新与创业管理［M］.北京：清华大学出版社.

［39］王贤国，2006.大学生创业教育教程［M］.大连：辽宁师范大学出版社.

［40］吴月瑞，2020.创业管理：理论、案例与实操［M］.北京：中国人民大学出版社.

［41］夏兴林，2021.新时代创业管理500问［M］.北京：中国商务出版社.

［42］徐德力，钱军，刘勤华，等，2022.创新创业管理［M］.苏州：苏州大学出版社.

［43］徐小洲，2017.创业概论［M］.北京：教育科学出版社.

［44］杨华东，2012.中国青年创业案例精选［M］.3版.北京：清华大学出版社.

［45］杨秋玲，王鹏，2018.创业基础［M］.北京：北京理工大学出版社.

［46］杨震宁，杨德林，2018.创业管理［M］.北京：经济科学出版社.

［47］杨智云，2023.产教融合背景下民办高校创新创业实践平台与孵化基地建设［J］.人才资源开发（11）：35-37.

［48］尹小娟，史祎馨，张煌强，2017.大学生创新思维与创业基础［M］.西安：西北工业大学出版社.

［49］于春杰，2020.创业基础［M］.北京：清华大学出版社.

［50］张涛，陈瑶，2023.创业管理［M］.4版.北京：清华大学出版社.

［51］张帏，姜彦福，2018.创业管理学［M］.2版.北京：清华大学出版社.

［52］张喜梅，吕雅文，2005.大学生创业导论［M］.北京：高等教育出版社.

［53］张晓蕊，马晓娣，岳志春，2019.大学生创业基础［M］.北京：北京理工大学出版社.

［54］张秀娥，2017.创业管理［M］.北京：清华大学出版社.

［55］张艺，容庆，2020.创业管理［M］.北京：清华大学出版社.

［56］张玉利，薛红志，陈寒松，等，2020.创业管理［M］.5版.北京：机械工业出版社.

［57］张哲彰，2019.创新创业管理案例汇编［M］.武汉：华中科技大学出版社.

［58］赵波，焦永纪，2022.创业管理理论与实践［M］.2版.北京：高等教育出版社.

［59］赵炎，2017.创新管理［M］.2版.北京：北京大学出版社.

［60］郑成华，2021.大学生创新创业能力培养与实践教程［M］.西安：西安交通大学出版社.

［61］周欢伟，黎惠生，2023.创新思维与创业管理［M］.北京：北京理工大学出版社.